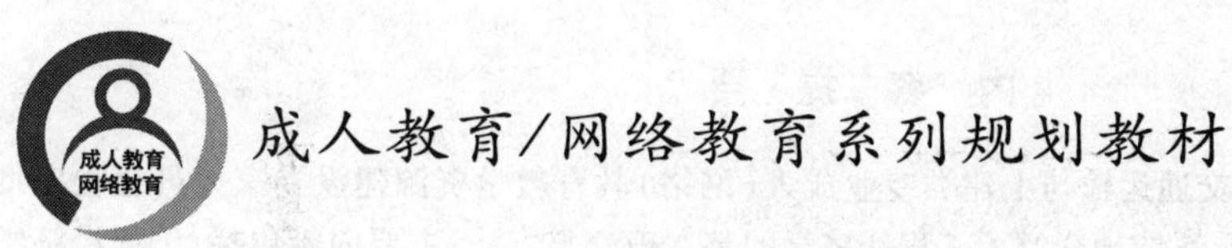


# Gongcheng Jingjixue

# 工 程 经 济 学

王恩茂　主　编

人民交通出版社股份有限公司
China Communications Press Co.,Ltd.

## 内 容 提 要

本教材为人民交通出版社高等院校交通运输与土建类专业成人(网络)教育教学资源建设专家委员会立项批准的全国成人(网络)教育规划教材。本教材全面、系统地介绍了工程经济学的基本理论与方法,主要内容包括:工程经济学的研究对象与范围、现金流量与资金时间价值、工程经济分析的基本要素与评价的基本指标、方案的经济比较与选择、建设项目可行性研究、建设项目财务评价与经济分析、不确定性分析与风险分析、建设项目后评价、设备更新的经济分析与价值工程原理等。

本书可作为高等学校成人(网络)教育工程管理、工程造价和土木工程等专业工程经济学课程的专业教材,也可作为工程技术人员和项目管理人员的工具性参考书。

**图书在版编目(CIP)数据**

工程经济学/王恩茂主编. —北京:人民交通出版社股份有限公司,2015.1

ISBN 978-7-114-11891-3

Ⅰ.①工… Ⅱ.①王… Ⅲ.①工程经济学—高等学校—教材 Ⅳ.①F062.4

中国版本图书馆 CIP 数据核字(2014)第 284330 号

成人教育/网络教育系列规划教材

**书　　名**:**工程经济学**
**著 作 者**:王恩茂
**责任编辑**:王　霞　温鹏飞
**出版发行**:人民交通出版社股份有限公司
**地　　址**:(100011)北京市朝阳区安定门外外馆斜街 3 号
**网　　址**:http://www.ccpress.com.cn
**销售电话**:(010)59757973
**总 经 销**:人民交通出版社股份有限公司发行部
**经　　销**:各地新华书店
**印　　刷**:北京鑫正大印刷有限公司
**开　　本**:880×1230　1/16
**印　　张**:16
**字　　数**:391 千
**版　　次**:2015 年 1 月　第 1 版
**印　　次**:2015 年 1 月　第 1 次印刷
**书　　号**:ISBN 978-7-114-11891-3
**定　　价**:38.00 元

# 成人教育/网络教育教学资源及教材建设专家委员会

# 出版说明

随着社会和经济的发展,个人的从业和在职能力要求在不断提高,使个人的终身学习成为必然。个人通过成人教育、网络教育等方式进行在职学习,提升自身的专业知识水平和能力,同时获得学历层次的提升,成为一个有效的途径。

当前,我国成人及网络教育的学生多以在职学习为主,学习模式以自学为主、面授为辅,具有其独特的学习特点。在教学中使用的教材也大多是借用普通高等教育相关专业全日制学历教育学生使用的教材,因为两者的生源背景、教学定位、教学模式完全不同,所以带来极大的不适用,教学效果欠佳。总的来说,目前的成人及网络教育,尚未建立起成熟的适合该层次学生特点的教材及相关教学服务产品体系,教材建设是一个比较薄弱的环节。因此,建设一套适合其教育定位、特点和教学模式的有特色的高品质教材,非常必要和迫切。

《国家中长期教育改革和发展规划纲要(2010—2020年)》和《国家教育事业发展第十二个五年规划》都指出,要加大投入力度,加快发展继续教育。在国家的总体方针指导下,为推进我国成人及网络教育的发展,提高其教育教学质量,人民交通出版社特联合一批高等院校的继续教育学院和相关专业院系,成立了"成人及网络教育系列规划教材专家委员会",组织各高等院校长期从事成人及网络教育教学的专家和学者,编写出版一批高品质教材。

本套规划教材及教学服务产品包括:纸质教材、多媒体教学课件、题库、辅导用书以及网络教学资源,为成人及网络教育提供全方位、立体化的服务,并具有如下特点。

(1)系统性。在以往职业教育中注重以"点"和"实操技能"教育的基础上,在专业知识体系的全面性、系统性上进行提升。

(2)简明性。该层次教育的目的是注重培养应用型人才,与全日制学历教育相比,教材要相应地降低理论深度,以提供基本的知识体系为目的,"简明","够用"即可。

(3)实用性。学生以在职学习为主,因此要能帮助其提高自身工作能力和加强理论联系实际解决问题的能力,讲求"实用性"。同时,教材在内容编排上更适合自学。

作为从我国成人及网络教育实际情况出发,而编写出版的专门的全国性通用教材,本套教材主要供成人及网络教育土建类专业学生教学使用,同时还可供普通高等院校相关专业的师生作为参考书和社会人员进修或自学使用,也可作为自学考试参考用书。

本套教材的编写出版如有不当之处,敬请广大师生不吝指正,以使本套教材日臻完善。

人民交通出版社

成人教育/网络教育系列规划教材专家委员会

# 前　　言

工程经济学是高等学校成人(网络)教育工程管理、工程造价、房地产开发与管理等专业的一门专业基础核心必修课程;同时也是面向土木工程、水利水电工程等专业开设的一门选修课程。本教材凝聚了编者多年的教学与科研成果,以及为成人授课的经验,目的是为成人(网络)教育提供一部实用型专业基础课程教材,使学生掌握工程经济学的基本理论、方法和技能,具备从事各类工程项目可行性研究及经济分析与评价的初步能力。

本教材在编写过程中,注重突出以下特点:

(1)系统性。在查阅了大量国内外同类及相关教材和应用实例的基础上,较为全面地阐述和介绍了工程经济学的基本理论和基本方法,又涵盖了项目可行性研究、风险分析、建设项目后评价等内容,形成了一套完整的知识体系。

(2)简明性。考虑到成人教育学生已有相近的专业教育背景和受教育经历,学习主要以提升自身知识水平和能力为目的,教材相应地降低了理论深度,以图表的形式对各知识点的介绍尽量以简明扼要为基点。

(3)实用性。教材紧密结合我国工程经济活动的实践,注重与国家现行财经法规及标准相衔接。同时,为了加强学生对知识点的理解与应用,每章章末均附有相应的习题或完整案例的详解,力求缩短理论学习与实际工作之间的距离。

本教材由兰州交通大学王恩茂教授担任主编并统筹定稿,各章编写分工如下:第一、二章由兰州交通大学王恩茂编写;第三章由兰州交通大学郝伟和广东白云学院赵蓓蕾编写;第四章由兰州交通大学谢斌编写;第五章由兰州理工大学王艳红编写;第六章由兰州交通大学王恩茂和兰州铁路局中川铁路公司董朝阳编写;第七章由兰州交通大学王恩茂和鲍学英编写;第八章由兰州交通大学鲍学英和陈小娟编写;第九章由兰州交通大学王琳和广州中医药大学罗水兰编写;第十章由兰州交通大学王恩茂和广州大学刘文莉编写;第十一章和附录1由兰州交通大学宋承珠和兰州商学院陇桥学院吴贵第编写;第十二章由兰州交通大学王恩茂和鲁东大学刘丽华编写;自学指导及第一、二、三、四、五、六、九、十、十一、十二章的章首页、习题与答案和附录2由兰州交通大学谢斌编写;第七、八章的章首页、习题与答案由兰州交通大学陈小娟编写。

本教材在编写过程中参考了国内外大量教材、文献资料,在此谨向它们的作者表示衷心的感谢。同时,本教材在编写过程中还受到了人民交通出版社的资助,在此一并表示谢意。

由于作者水平有限,在编写的过程中虽几经修改,但错误与不足之处在所难免,敬请读者批评指正。

编　者

**2014年9月**

# 自学指导

**一、课程性质**

本课程是工程管理、工程造价、房地产开发与管理等专业的一门专业基础核心必修课程;同时也是面向土木工程、水利水电工程等本科专业以及其他相关专业开设的一门选修课程。主要讲述对工程技术实践活动的经济效果进行分析与评价的基本理论与方法。

**二、课程地位和作用**

工程经济学是介于自然科学和社会科学之间的边缘科学,属于应用经济学的一个重要分支。通过本课程的学习,学生应掌握现代工程项目经济分析的基本原理和基本方法及其在工程技术实践中的应用,从而具备在工程项目投资决策中进行工程经济分析的基本能力和基本素质。

**三、学习目的与要求**

了解工程经济学的性质、研究对象、产生与发展以及工程经济分析的基本原则;掌握现金流量及资金时间价值的基本概念、资金等值的计算公式和应用;熟悉工程经济分析的基本要素如工程项目投资、成本费用、经营收入、销售税金、利润等的概念、构成及其计算;掌握工程项目经济评价的动、静态评价指标的含义、计算、判别准则及其在方案评价与优选中的应用;熟悉不确定性分析的基本方法;熟悉设备更新与选择经济分析的基本方法;掌握价值工程的基本原理与基本方法;了解工程项目的建设程序及决策程序;熟悉对项目进行财务评价与国民经济评价的流程及评价报表的编制与指标的计算。

**四、课程学习方法**

首先,学习态度要端正,目的要明确。学习过程中要踏踏实实,不能仅仅满足知道了一些基本理论,掌握了一些简单的计算方法;要能够对所学的知识灵活运用,碰到类似问题要能够举一反三,这样才能达到本门课程的学习要求。

其次,要注意理论联系实际。在学习的过程中,既需要对其中的概念以及基本理论,有针对性地做些笔记,重点摘录,方便学习和复习;更需要与工程实践相结合,对实际工作中所接触到的工程技术实践活动,运用工程经济学的知识进行分析和评审。

最后,学习时要勤动手、多练习。练习是发现问题、解决问题的一个很好的过程,往往在实际中会出现很多看似自学懂了的内容,但是在做练习题的时候会出现这样那样的问题,因此要多练。在练习的过程中要找不同类型的典型习题进行练习,做到少而精。对自己练习中出现问题较多的内容,要加强练习,找出原因,吸取教训,逐步提高。

**五、自学内容与指导**

## 第一章 绪 论

(一)自学内容

工程经济学的产生与发展,工程经济学的研究对象与范围,工程经济分析的原则与思路。

(二)本章考点

工程经济学的研究对象,工程经济分析的原则与思路。

(三)学习指导

本章是对本课程的一个概要介绍,应了解本课程的研究对象与工程经济分析的基本思路。

## 第二章　现金流量与资金时间价值

（一）自学内容

现金流量的概念、现金流量图的绘制；资金时间价值的概念；名义利率和实际利率的关系；等值的概念、等值计算的公式；资金等值计算的应用。

（二）本章考点

（1）现金流量的概念、现金流量图的绘制；

（2）资金时间价值的概念、等值的概念；

（3）等值计算；

（4）名义利率转化为实际利率的计算。

（三）学习指导

本章内容是该课程的基石。通过对本章学习，应熟悉现金流量的概念；了解各类技术实践活动所产生的主要现金流量；掌握资金等值计算所涉及的基本概念、公式及其应用。

## 第三章　工程经济分析的基本要素

（一）自学内容

工程项目投资的概念及构成；总成本、经营成本、固定成本和变动成本、沉入成本、机会成本、折旧的概念及其计算方法；营业收入、销售税金及附加的含义及计算；利润总额的计算及利润的分配。

（二）本章考点

（1）工程项目投资的概念及构成；总成本、经营成本、固定成本和变动成本的概念；

（2）建设期贷款利息、折旧、销售税金及附加的计算；

（3）利润总额、所得税的计算及净利润的分配顺序。

（三）学习指导

本章内容是工程经济分析的基本要素之一。通过对本章学习，应熟悉工程项目投资概念及构成、熟悉成本费用的概念及构成、掌握工程项目的收入和销售税金及附加的计算；掌握利润总额、所得税的计算及净利润的分配顺序；熟悉经营成本、固定成本和变动成本、机会成本、沉入成本的概念等内容。

## 第四章　工程经济评价的基本指标

（一）自学内容

工程经济评价指标体系的含义及分类；各静态评价指标的含义、特点、计算、评价标准；各动态评价指标的含义、特点、计算、评价标准。

（二）本章考点

（1）投资回收期、净现值、内部收益率等指标的概念；

（2）投资回收期、净现值、内部收益率等指标的计算；

（3）净现值与内部收益率的关系。

（三）学习指导

本章内容是工程技术实践经济效果评价的基石。通过对本章学习，应熟悉和掌握静态、动态经济效果评价指标的含义、特点、计算方法和评价准则四个方面。

## 第五章　方案的经济比较与选择

（一）自学内容

方案的类型；独立方案的评价与选择；互斥方案的评价与选择；相关方案的评价与选择。

（二）本章考点

（1）独立方案、互斥方案、相关方案的含义；

(2)互斥方案的静态及动态比选,独立方案的比选。

(三)学习指导

本章是该课程的重要基础内容之一。通过对本章学习,应能熟练判断方案之间的关系,掌握互斥方案和独立方案经济评价比选方法。

### 第六章　工程项目可行性研究

(一)自学内容

可行性研究的含义与作用;可行性研究的依据;可行性研究的主要内容;可行性研究报告的编制。

(二)本章考点

(1)可行性研究的含义与作用;

(2)可行性研究的内容。

(三)学习指导

本章是本门课程的一个过渡性章节。通过对本章学习,应了解可行性研究的作用和含义,熟悉可行性研究的内容,熟悉编制可行研究报告的步骤和内容。

### 第七章　建设项目财务评价

(一)自学内容

财务评价的作用和步骤;分析、计算项目直接发生的财务效益和费用,编制财务评价报表;计算财务分析指标,考察项目盈利能力以及清偿能力等财务状况。

(二)本章考点

(1)财务评价的方法;

(2)财务评价报表的编制。

(三)学习指导

通过对本章的学习,应了解财务评价的作用和步骤;熟悉财务评价的方法;掌握项目财务评价报表的编制和财务评价指标之间的关系。

### 第八章　建设项目经济评价

(一)自学内容

经济评价的作用和步骤;识别、计算项目经济效益与经济费用,编制经济评价基本报表;计算经济评价的基本指标,从国民经济全局的角度,考察项目的经济合理性。

(二)本章考点

(1)经济评价的方法;

(2)经济评价报表的编制。

(三)学习指导

通过对本章的学习,应了解经济评价的作用;熟悉经济效益与经济费用的内容;掌握经济效益与经济费用的计算、经济分析基本报表的编制以及评价指标的计算。

### 第九章　不确定性分析与风险分析

(一)自学内容

不确定性分析的概念;盈亏平衡分析的含义及其模型的建立和计算;敏感性分析的原理,单因素、多因素敏感性分析;概率分析。

(二)本章考点

(1)独立方案的线性盈亏平衡分析;

(2)互斥方案的盈亏平衡分析。

(三)学习指导

本章是重点章节之一。通过对本章学习，应熟悉不确定性分析的目的和意义；掌握盈亏平衡分析和敏感性分析的方法；熟悉概率分析的基本方法。

### 第十章 建设项目后评价

(一)自学内容

项目后评价的概念、特点、作用及其程序；项目后评价的内容和方法；项目后评价报告的撰写。

(二)本章考点

(1)项目后评价的概念、特点、作用；

(2)项目后评价的内容和方法。

(三)学习指导

通过对本章学习，应了解项目后评价的概念、特点、作用及其程序；熟悉后评价的内容和方法；了解项目从前期准备一直到项目运营整个过程中的评价内容。

### 第十一章 设备更新的经济分析

(一)自学内容

设备的磨损与设备的补偿的含义及其分类、设备大修的经济分析；设备更新的经济分析；设备现代化技术改进的经济分析；设备购买与租赁的决策分析。

(二)本章考点

(1)设备的磨损与设备的补偿的含义及其分类；

(2)设备大修、更新及购买与租赁的经济分析。

(三)学习指导

通过对本章学习，应熟悉设备磨损与补偿的含义及其分类；了解设备大修的经济分析原理；掌握设备更新的经济分析方法；熟悉设备现代化技术改造的经济分析；熟悉设备购买与租赁的决策分析。

### 第十二章 价 值 工 程

(一)自学内容

价值工程的概念、特点，提高价值工程的途径；价值工程的工作程序；价值工程方法在实际工程经济分析中的应用。

(二)本章考点

(1)价值工程的概念、特点与工作程序；

(2)提高价值工程的途径。

(三)学习指导

通过对本章学习，应熟悉价值工程的概念、特点以及提高产品价值的途径；了解价值工程的工作程序以及价值工程对象的选择和信息资料收集；掌握功能分析和功能评价的方法；了解价值工程在工程建设经济分析中的具体应用。

**六、学习计划**

本课程共计64学时，其中自学48学时，课堂面授16个学时。

# 目　录

# 第一章 DIYIZHANG

# 绪　论

## 本章导读

工程技术实践的经济效果是如何引起人们的注意的？工程经济学是如何产生的？是一门解决什么问题的学科？它的研究对象是什么？工程经济分析的基本原则和一般思路是什么？带着这一系列的疑问，我们将走进工程经济学这门学科的知识殿堂，来寻求我们所需要的答案。

## 学习目的

1. 了解工程经济学的产生与发展；
2. 熟悉工程经济学的研究范围和对象；
3. 掌握工程经济分析的基本思路。

## 学习重点

1. 工程经济学的研究范围和对象；
2. 工程经济分析的基本思路。

## 学习难点

工程经济分析的基本原则。

## 本章学习计划

| 内　　容 | 建议自学时间（学时） | 学习建议 | 学习记录 |
|---|---|---|---|
| 第一节　工程经济学的产生与发展 | 0.3 | 了解工程经济学的产生背景 | |
| 第二节　工程经济学的研究对象与范围 | 0.3 | 熟悉工程经济学的研究对象与经济分析的基本思路 | |
| 第三节　工程经济分析的原则与思路 | 0.4 | | |

## 第一节 工程经济学的产生与发展

### 一、工程经济学萌芽与形成

工程经济学是随着工程技术实践的飞速发展和人们对其经济效果的逐步认识和研究而产生与发展起来的。

最早认识到工程技术实践活动中经济问题的重要性并进行研究的学者是美国的土木工程师惠灵顿(A. M. Wellington)。当时正是美国大规模修建铁路的时期,他发现许多工程师在铁路布局决策的时候,很少考虑铁路建造这一技术活动所需要的投资和将来可能带来的效益等经济问题。基于此,他在自己的工作实践中,首次尝试运用资本化的成本分析方法来选择铁路的最佳长度和路线的曲率问题并获成功。1887 年,他完成了专著《铁路布局的经济理论》,书中指出:"不把工程学简单地理解和定义为建造艺术是很有好处的。从某种意义来说,工程经济并不是建造艺术。我们不妨把它粗略定义为一门少花钱多办事的艺术。"

惠灵顿的精辟见解被后来的工程经济学家所承袭。1915 年,美国斯坦福大学菲什(J. C. L. Fish)教授出版了第一部直接冠以《工程经济学》名称的著作,他将投资模型与证券市场联系起来,分析内容包括投资、利率、初始费用与运营费用、商业组织与商业统计、估价与预测、工程报告等。

1920 年,戈尔德曼(O. B. Goldman)教授在其《财务工程学》一书中提出了复利的计算方法并建立了决定相对价值的复利模型,为工程经济学中的许多经济分析奠定了基础。同时,他还批评了当时研究工程技术问题不考虑成本、不讲究效益的错误倾向,强调指出:"有一种奇怪而遗憾的现象,许多作者在他们所著的工程著作中,没有或很少考虑到工程师的最基本职责是分析成本以达到真正的经济性,即赢得最大可能数量的货币,获得最佳的财务效益。"

然而,真正使工程经济学成为一门系统化科学的学者,则是格兰特(E. L. Grant)教授。1930 年,他出版了被誉为工程经济学经典之作的《工程经济学原理》一书,以复利为基础讨论了投资决策的基本理论和方法。这本书作为教材在美国被上百所大学所使用,此外,还被广大工程技术人员作为参考书使用。他的贡献得到了社会的认可,他也被誉为"工程经济学之父"。

从惠灵顿到格兰特,历经 40 多年的曲曲折折,一门独立的、系统的工程经济学终于形成了。

### 二、工程经济学的发展

第二次世界大战结束之后,工程经济学受凯恩斯主义经济理论的影响,研究内容从单纯的工程费用效益分析扩大到市场供求和投资分配方面,从而取得重大进展。这些进展与两门相关的学科——管理经济学和公司理财学的快速发展有关。

1951 年,乔尔·迪安(Joel Dean)教授出版了《管理经济学》,开创了应用经济学新领域;虽然 20 世纪初就有公司理财学(当时称企业财务管理学),但其在 20 世纪 50 年代发生了重要变化;二者在对研究公司的资产投资方面,都把计算现金流量的现值方法应用到资本支出的分析上,更重大的转折发生于 1961 年,乔尔·迪安教授的《资本预算》一书,不仅发展了现金流量的贴现方法,而且开创了资本限额分配的现代分析方法。

1982 年,美国里格斯(J. L. Riggs)教授出版了《工程经济学》一书。该书内容丰富新颖,论述严谨,系统地阐明了货币的时间价值、时间的货币价值、经济分析、货币管理、经济决策、风险与不

学习记录 确定性等工程经济学的内容,把工程经济学的学科水平向前推进了一大步。

20 世纪 90 年代以来,西方工程经济学理论逐渐突破了传统的对工程项目或技术方案本身的经济效益的研究,出现了微观经济与宏观经济研究的新趋势。例如,对某些工程项目要分析它对行业技术进步、区域经济发展、社会发展、生态环境及可持续发展的影响。工程经济中的微观经济效果分析正逐渐同宏观的费用效益分析、社会效益分析和环境效益分析结合在一起,国家的经济制度和政策等宏观问题、国际经济环境变化等内容已成为当代工程经济学研究的新内容。

我国对工程经济学的引进、研究和应用起步于 20 世纪 70 年代后期。随着改革开放的推进,传统计划经济不讲经济效益、不讲核算的观点逐渐被摈弃,国外工程经济分析基本理论和方法在国家大规模经济建设的众多项目决策中得到了广泛的推广和应用,尤其是随着我国社会主义市场经济体制的建立和发展,以及新的财务税收会计制度的逐步建立和完善,结合我国当前工程项目经济分析中的一些实际做法,有关工程经济学的理论研究非常活跃,逐步形成了较为系统的、符合我国国情的工程经济学。与此同时,我国近年来大规模的工程建设也为工程经济学的普及应用和发展提供了更为广阔的空间。

## 第二节　工程经济学的研究对象与范围

### 一、工程经济学的研究对象

工程经济学是一门研究如何根据既定的工程技术实践活动目标,分析技术实践活动的代价及其对目标实现的贡献,并在此基础上设计、评价、选择以最低的代价,可靠地实现最佳目标或相对令人满意的活动方案的学科,其核心内容是一套工程技术经济分析的思想和方法,是人类提高工程技术实践活动效率的基本工具。

由此可见,工程经济学的研究对象应是:对工程技术实践活动(如建设工程项目的规划方案、设计方案、建造方案,设备工程的购买与更新方案等)的经济效果进行分析与评价的一整套系统的理论与方法。即运用哪些经济学理论,采用何种分析工具,建立什么样的方法体系,才能寻求到技术与经济的最佳结合点,从而达到提高工程技术实践活动经济效果的目的。

### 二、工程经济学的研究范围

在明确了工程经济学的研究对象后,本教材所确定的研究范围如图 1-1 所示。

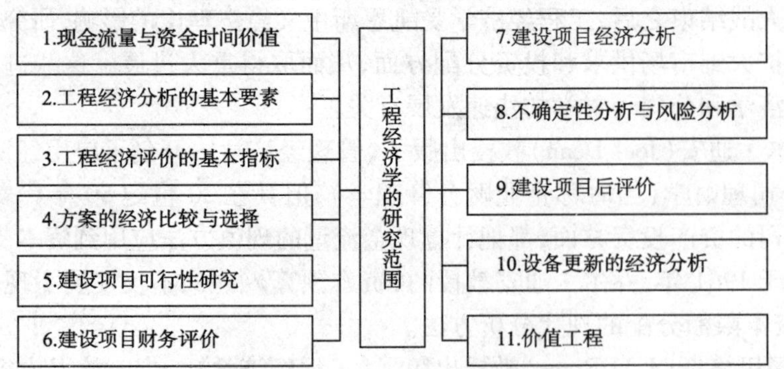


图 1-1　工程经济学的研究范围

## 第三节　工程经济分析的原则与思路

### 一、工程经济分析的原则

对工程技术实践活动的经济效果进行分析与评价是工程经济学这门学科要解决的主要问题。因此，在工程经济分析这项实际工作中，首先要解决它应遵循的分析原则问题，这样才能保证工程项目分析与评价结论的正确性和科学性。一般来讲，工程经济分析应遵循的基本原则如图1-2所示。

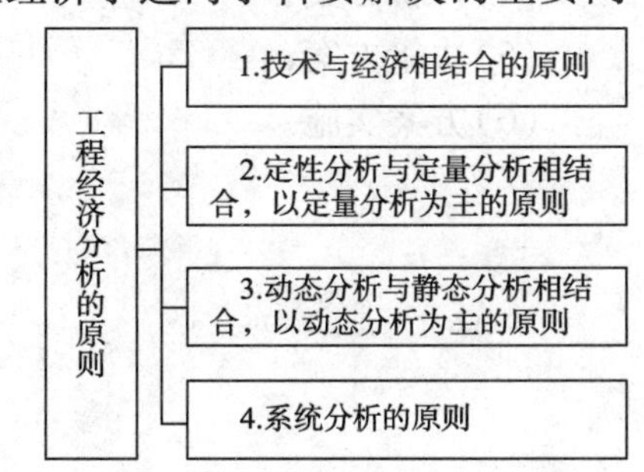


图1-2　工程经济分析的基本原则

### 二、工程经济分析的思路

当明确了工程经济分析的原则后，工程经济分析人员还应熟悉工程经济分析的过程，这样才有助于从各种备选的技术方案中做出相对令人满意的选择，为项目决策提供科学依据。

一般来讲，工程经济分析的技术路线可大致概括为以下六个步骤(图1-3)。

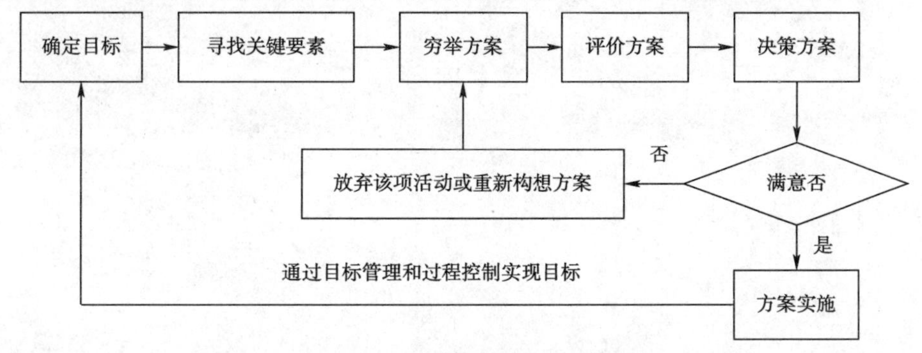


图1-3　工程经济分析的基本思路

## 习题与答案

1. 简述工程经济学的研究对象与范围。

答：工程经济学的研究对象为：对工程技术实践活动(如建设工程项目的规划方案、设计方案、建造方案，设备工程的购买与更新方案等)的经济效果进行分析与评价的一整套系统的理论与方法。即运用哪些经济学理论，采用何种分析工具，建立什么样的方法体系，才能寻求到技术与经济的最佳结合点，从而达到提高工程技术实践活动经济效果的目的。

工程经济学的研究范围为：现金流量与资金时间价值；工程经济分析的基本要素；工程经济评价的基本指标；方案的经济比较与选择；建设项目可行性研究；建设项目财务评价；建设项目经济分析；不确定性分析与风险分析；建设项目后评价；设备更新的经济分析与价值工程共十一个方面的内容。

2. 简述工程经济分析的原则与一般思路。

答：工程经济分析应遵循的基本原则有：技术与经济相结合的原则；定性分析与定量分析相

学习记录 结合，以定量分析为主的原则；动态分析与静态分析相结合，以动态分析为主的原则以及系统分析的原则。

工程经济分析的一般思路为：

(1)确定目标；

(2)调查研究、寻找关键要素；

(3)穷举方案；

(4)评价方案；

(5)决策方案；

(6)方案实施。

# 第二章 DI'ERZHANG

# 现金流量与资金时间价值

## 本章导读

任何一项工程技术的实践活动,总是伴随着一定的物质流和货币流,也就是说存在资金流。在工程经济分析中,我们把这种在所研究的经济系统中各个时点上实际所发生的资金流出或资金流入称为现金流量。本章将在引入现金流量及资金时间价值概念的基础上,考虑资金的时间价值对所研究经济系统的现金流量进行分析与等值计算。

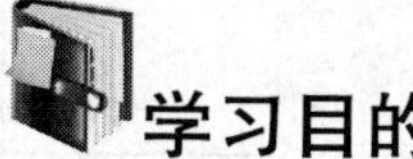

## 学习目的

1. 了解现金流量及资金时间价值的基本概念;
2. 熟悉现金流量图的绘制;
3. 掌握资金等值的计算及其公式应用。

## 学习重点

1. 现金流量的概念、现金流量图的绘制与分析;
2. 资金时间价值的概念;
3. 等值的概念、等值计算的公式及应用。

## 学习难点

1. 等值的应用计算;
2. 名义利率和实际利率之间的关系。

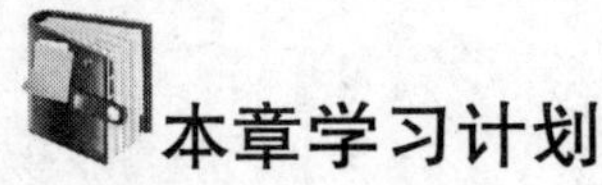

## 本章学习计划

| 内　　容 | 建议自学时间（学时） | 学习建议 | 学习记录 |
| --- | --- | --- | --- |
| 第一节　现金流量 | 0.5 | 熟悉现金流量的概念 | |
| 第二节　资金的时间价值 | 2.5 | 掌握资金时间价值的计算 | |

# 第一节 现金流量

## 一、现金流量的概念

在工程经济分析中，通常是将工程技术的实践活动即一个工程项目或技术方案视为一个独立的经济系统来考察其经济效果。这个经济系统总是伴随着一定的物质流和货币流。从物质形态来看，该系统通过消耗各种资源等投入物而获得一定的产出物；从货币形态来看，表现为投入一定量的资金，花费一定量的成本即资金流出，又通过产出物的销售等而获取一定量的货币收入即资金流入。我们把这种在所研究的经济系统中各个时间点上实际所发生的资金流出或资金流入称为现金流量，其中流出系统的资金称为现金流出（Cash Outflows），通常用*CO*表示；流入系统的资金称为现金流入（Cash Inflows），通常用*CI*表示；现金流入与现金流出之差称为净现金流量，通常用（*CI-CO*）来表示。净现金流量有正有负，正现金流量表示某一时间点的净收入，负现金流量表示某一时点的净支出。现金流入与现金流出统称为现金流量。工程经济分析的目的就是要根据所考察的经济系统的预期目标和所拥有的资源条件，分析该系统的现金流量情况，选择合适的工程技术方案，以获得最佳的经济效果。

## 二、现金流量图

在解决某一问题时，人们往往可以借助于直观的图形来帮助理解和分析。例如物理学中分析物体的受力状况，可以借助于受力图来进行分析一样。对于一个经济系统而言，为了考察其在整个寿命期或计算期内的现金流入和现金流出情况，我们可以用现金流量图来进行经济效果分析。所谓现金流量图，就是一种能反映某一经济系统现金流量运动状态的图式，它可以直观地、形象地把项目的现金收支情况在一张图上表示出来，如图 2-1 所示。

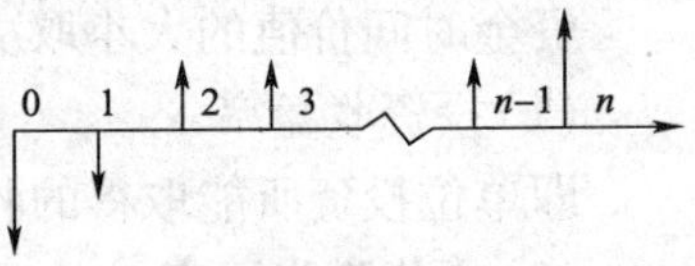

0　1　2　3　*n*-1　*n*

图 2-1　现金流量图

现以图 2-1 为例来说明现金流量图的绘制方法和规则：

（1）画一条水平线作为时间轴。根据需要把水平线划分成若干刻度，轴上每一刻度表示一个时间单位，可以取年、半年、季、月等；时间轴上的点称为时点，时点通常表示的是该期的期末，同时也是下一期的期初。0 表示时间序列的起点，*n* 表示时间序列的终点。

（2）根据所研究的经济系统的实际情况，用垂直于时间轴的箭线来表示该经济系统不同时间点上的现金流量情况，在横轴上方的箭线表示现金流入，即表示效益，在横轴下方的箭线表示现金流出，即表示费用。

（3）在现金流量图中，箭线长短与现金流量数值的大小应成比例。实际工作中，由于经济系统中各时点现金流量常常因数值差额悬殊而无法成比例绘出，故在现金流量图的绘制中，箭线长短只要能示意性地体现各时点现金流量数值的差异，并在各箭线上方（或下方）注明其现金流量的具体数值即可。

（4）箭线与时间轴的交点即为现金流量发生的时点。

从上述可知，要正确绘制现金流量图，必须把握好现金流量的三要素：大小（资金数额）、方向（资金流入或流出）和时间点（资金发生的时间点）。

学习记录

## 第二节　资金的时间价值

### 一、资金时间价值的概念

1. 资金时间价值的含义

在工程经济分析中，无论是技术方案所发挥的经济效益，还是所消耗的人力、物力和自然资源，最后基本上都是以货币形态，即资金的形式表现出来的。资金运动反映了物化劳动和活劳动的运动过程，而这个过程也是资金随时间运动的过程。因此，在工程经济分析时，不仅要着眼于方案资金量的大小（资金收入和支出的多少），而且也要考虑资金发生的时点。因为今天可以用来投资的一笔资金，即使不考虑通货膨胀的因素，也比将来同等数量的资金更有价值。这是由于当前可用的资金能够立即用来投资，带来收益。由此看来，资金是时间的函数，资金随时间的推移而增值，其增值的这部分资金就是原有资金的时间价值。

对于资金时间价值的含义，可以从以下两个方面加深理解：

首先，资金随着时间的推移，其价值会增值（这种现象叫资金增值）。资金是属于商品经济范畴的概念，在商品经济条件下，资金是不断运动着的。资金运动伴随着生产与交换的进行，生产与交换活动会给投资者带来利润，表现为资金的增值，资金增值的实质是劳动者在生产过程中创造了剩余价值。从投资者的角度来看，资金的增值特性使资金具有时间价值。

其次，资金一旦用于投资，就不能用于现期消费。牺牲现期消费是为了能在预期得到更多的消费，个人储蓄的动机与国家积累的目的都是如此。从消费者的角度来看，资金的时间价值体现为对放弃现期消费的损失所应作的必要补偿。

2. 影响资金时间价值大小的因素

资金时间价值的大小取决于多方面的因素，从投资者的角度来看主要有：

（1）投资收益率

即单位投资所能取得的收益。投资收益率越大，资金的时间价值就越大。

（2）通货膨胀因素

即对因货币贬值造成的损失所应作的补偿。通货膨胀率越高，资金时间价值越大。

（3）风险因素

即对因风险的存在可能带来的损失所应作的补偿。技术实践活动风险越大，资金时间价值越大。

3. 资金时间价值的表现形式

在工程经济分析中，资金的利息和利率是具体体现资金时间价值的两个尺度，利息是衡量资金时间价值的绝对尺度，利率是衡量资金时间价值的相对尺度。事实上，利率就是投资者将资金存入银行所带来的投资收益率。

（1）利息

利息是指为得到资金的使用权所付出的代价（或放弃了资金的使用权所得到的补偿）。如果将一笔资金存入银行，这笔资金称为本金，经过一段时间后，储户可在本金之外再得到一笔利息。相反，如果向银行贷一笔资金，经过相同的一段时间后，贷款人除了偿还银行的本金外，还需额外支付一笔利息。通常情况下，这笔贷款利息会比存款利息高一些。

(2)利率

利息通常是根据利率来计算的。利率是指在一个计算周期内所得到的利息额与期初借贷资金额(即本金)之比,一般以百分数表示。相同金额相同期限的本金,向银行借贷所产生不等的利息就显示出利率大小的差异。利率周期通常以一年为周期,但也会有小于一年的情况。用以表示利率的时间单位称为利率周期。

(3)利息的计算

借贷资金的计息制度分为单利计息制和复利计息制两种,相应地称为单利法和复利法。

①单利法。所谓的单利法,就是每期只对原始本金计息,对所获得的利息不再进行计息。这就使得每个计息周期所获得的利息是相等的,而与计息次数无关。单利法的计算公式为:

$$F = P(1 + in) \tag{2-1}$$

式中:$P$——本金;

$i$——年利率;

$n$——计息次数;

$F$——本利和,即本金与利息之和。

**【例 2-1】** 某人购买 5000 元的 4 年期国库券,年利率为 10%,4 年后应得的本利和是多少?

**【解】** 由题设知:$P = 5000$ 元,$i = 10\%$。则:

$$F = P(1 + in) = 5000 \times (1 + 10\% \times 4) = 7000(\text{元})$$

②复利法。所谓复利法,是指不仅本金生息,利息在每一计息周期结束后如果不付也要生息,是一种“利滚利”的计息方法。在国外,通常商业银行的贷款是按复利计算的。复利法的计算公式为:

$$F = P(1 + i)^n \tag{2-2}$$

**【例 2-2】** 某人向银行贷款 5000 元,贷款利率为 10%,按复利计息,则 4 年后本利一次偿付应为多少元?

**【解】** $F = P(1 + i)^n = 5000(1 + 10\%)^4 = 7320.5(\text{元})$

(4)名义利率和实际利率

在现实的经济活动中,通常采用年利率,并且每年只计算一次,但有时也见到每半年、季或月甚至是天计算一次利息的情况。这样,一年的复利计算次数就是 2、4、12 或 365。我们把计息周期为一年的年利率称为年实际利率,而把计息周期小于一年(如半年、季、月甚至是天等等)的年利率称为年名义利率。我们把这种利率周期与计息周期一致的利率称为实际利率;利率周期与计息周期不一致的利率称为名义利率。例如,年利率为 15%,每季计息一次,则此年利率就是名义利率,实际的季利率为 15%/4 = 3.75%,而实际年利率是比 15% 略大的一个数。

设年名义利率为 $r$,一年中计息次数为 $m$,则一个计息周期的利率为 $r/m$,一年后的本利和为:

$$F = P(1 + \frac{r}{m})^m \tag{2-3}$$

根据利率定义得到实际年利率 $i$ 为:

$$i = \frac{p\left(1 + \frac{r}{m}\right)^m - p}{p} = \left(1 + \frac{r}{m}\right)^m - 1 \tag{2-4}$$

从上式可以看出,当计息周期为一年时,也即 $m = 1$ 时,实际利率等于名义利率;当计息周期

学习记录 小于一年($m>1$)时，实际利率大于名义利率，且随着计息周期的缩短或名义利率的增加，实际利率与名义利率的差值都会增大。

【例 2-3】 若有一笔资金，本金为 10000 元，年利率为 15%，每月计息一次，试求其实际利率及第 1 年年末本利和。

【解】 由题设知，$P=10000$ 元，$i=15\%$，$m=12$，$n=1$ 年。

则实际利率为：

$$i=\left(\frac{1+15\%}{12}\right)^{12}-1=16.075\%$$

本利和为：

$$F=P(1+i)=10000\times(1+16.075\%)=11607.5(\text{元})$$

## 二、资金等值的概念

1. 资金等值的概念

资金等值是指在考虑资金时间价值因素后，不同时点上数额不等的资金在一定利率条件下可能具有相等的价值。利用资金等值原理，我们可以把某一时间点上的资金值按照给定的利率换算为与之等值的另一时间点上的资金值，这一换算过程称之为资金的等值计算。

在工程经济分析中，等值是一个十分重要的概念。利用等值的概念，可以把一个时点发生的资金额换算成另一个时点的等资金额。把将来某一时点的资金额换算成现在时点的等资金额称为“折现”或“贴现”，折现后的金额称为“现值”。与现值等价的将来某时点的资金额称为“终值”或“将来值”。需要说明的是，“现值”并非专指资金“现在”的价值，它是一个相对的概念。显然，影响资金等值的因素有：

(1)资金额的大小。

(2)资金发生的时间。

(3)利率的大小。

2. 等值计算的有关参数

在进行资金等值计算之前，先来明确几个计算参数的含义。

(1)利率或折现率——$i$

在工程经济分析中把根据未来的现金流量求现在的现金流量时所使用的利率称为折现率。本书对利率和折现率一般不加以区分，统一用 $i$ 来表示。

(2)计息期数(计息次数)——$n$

在利息计算中，计息期数是指计算利息的次数；在工程经济分析中，它与工程项目的计算期有关。

(3)现值——$P$

现值表示资金发生在某一特定时间序列始点上的价值。在工程经济分析中，它表示在现金流量图中 0 点的投资数额或现金流量折现到 0 点时的价值。

(4)将来值或终值——$F$

表示资金发生在某一特定时间序列终点上的价值。其含义是指期初投入或产出的资金转换为计算期末的期终值，即期末本利和的价值。

(5)年金或年值——$A$

是指每年(时间段)等额收入和支付的金额，通常以等额序列表示，即在某一特定时间序列期内，每隔相同时间（不一定是年）内收支的等额款项。



从以上参数的含义可以看出，现值 $P$ 与终值 $F$ 是相对而言的，某一个时间序列的终值，也是以该时间序列终点为起点的另一个时间序列的现值。

## 三、资金等值的计算

在资金等值的计算中，根据时间的不同和评价的需要，常用的资金等值变换有两种：第一种是现值 $P$ 与终值 $F$ 之间的变换，我们称之为一次支付或整付类型，这类支付方式是现金流量无论是流入还是流出，均在一个时间点上发生；第二种是年值 $A$ 与现值 $P$ 或与终值 $F$ 之间的相互变换，我们称之为多次支付类型，多次支付是指现金流入和流出在多个时点上同时发生，而不是集中在某个时点上。现金流量数额的大小可以是不等的，也可以是相等的。

1. 一次支付类型

一次支付的等值计算公式有两种情形，即已知现值 $P$ 求终值 $F$ 和已知终值 $F$ 求现值 $P$。其典型的现金流量图如图 2-2 所示。

(1) 一次支付终值公式

如果现在存入银行 $P$ 元，年利率为 $i$，$n$ 年后可得到的本利和是多少？

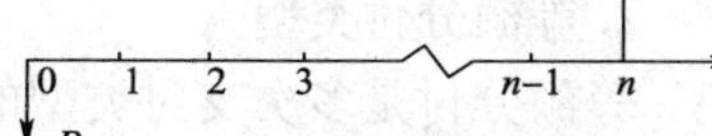


图 2-2　一次支付现金流量图

计算过程为：

第一年年末本利和为：

$$F_1 = P + P \times i = P(1+i)$$

第二年年末本利和为：

$$F_2 = P(1+i) + P(1+i)i = P(1+i)^2$$

……

第 $n$ 年年末本利和为：

$$F_n = P(1+i)^{n-1} + P(1+i)^{n-1}i = P(1+i)^n$$

因此，一次支付终值公式为：

$$F = P(1+i)^n \tag{2-5}$$

式中：$(1+i)^n$——一次支付终值系数，也可用符号 $(F/P,i,n)$ 表示，可以从书后附表查得该系数的值。

所以式(2-5)又可以表示为：

$$F = P(F/P,i,n) \tag{2-6}$$

**【例 2-4】** 某人欲购买一辆轿车，现向银行借款 10 万元，年利率为 12%，5 年后一次还清，到期后应向银行归还的本利和是多少？

**【解】** 由题设知，$P=10$ 万元，$i=12\%$，$n=5$ 年。

依据式(2-5)计算得：

$$F = P(1+i)^n = 10(1+12\%)^5 = 17.62(\text{万元})$$

也可以从附表中查得 $(F/P,i,n) = 1.762$，故：

$$F = P(F/P,i,n) = 10 \times 1.762 = 17.62(\text{万元})$$

(2) 一次支付现值公式

已知 $n$ 年后的一笔资金 $F$，在利率 $i$ 下，相当于现在多少钱？这就是一次支付现值计算的问题，对一次支付终值公式进行逆运算便可得到一次支付现值公式：

学习记录

$$P=\frac{F}{(1+i)^n} \tag{2-7}$$

式中：$\frac{1}{(1+i)^n}$——一次支付现值系数，也可用符号$(P/F,i,n)$表示。该系数的值同样也可以从书后附表中查得。

所以，一次支付现值公式又可以表示为：

$$P=F(P/F,i,n) \tag{2-8}$$

【例2-5】 某人计划5年后从银行提取1万元，如果银行利率为12%，现在应存入多少钱？

【解】 由题设知，$F=1$万元，$i=12\%$，$n=5$年。

依据式(2-7)计算得：

$$P=\frac{F}{(1+i)^n}=\frac{1}{(1+12\%)^5}=0.5674(\text{万元})$$

同样，也可以通过查表计算。

2. 等额分付类型

等额分付是多次支付类型的一种。其现金流量序列是连续的，且数额是相等的，我们把这样的现金流量称为等额系列现金流量。下面介绍等额系列现金流量的四个等值计算公式。

(1)等额分付终值公式

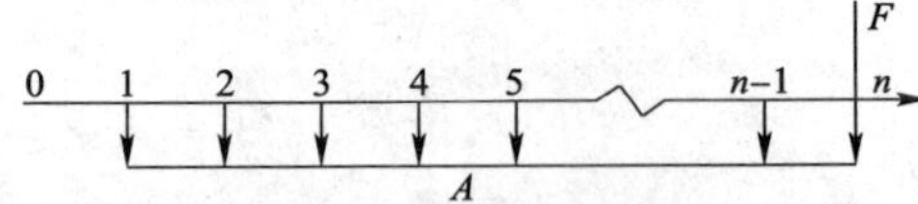


图2-3 等额分付终值的现金流量图

等额分付终值的现金流量图如图2-3所示，从第1年年末至第$n$年年末有一等额的现金流量序列，每年的金额均为$A$，称为等额年金。同时，也可以看出，第$n$年末的终值总额$F$等于各年存入资金$A$的终值总和，即：

$$\begin{aligned}F&=A+A(1+i)+A(1+i)^2+\cdots+A(1+i)^{n-2}+A(1+i)^{n-1}\\&=A[1+(1+i)+(1+i)^2+\cdots+(1+i)^{n-2}+(1+i)^{n-1}]\end{aligned}$$

运用等比数列前$n$项求和公式得：

$$F=A\times\frac{(1+i)^n-1}{i} \tag{2-9}$$

式中：$\frac{(1+i)^n-1}{i}$——等额分付终值系数，可以用符号$(F/A,i,n)$表示，其值可由书后附表查得。

因此，等额分付终值公式也可表示为：

$$F=A(F/A,i,n) \tag{2-10}$$

【例2-6】 某夫妇准备为其刚出生的孩子向银行存入备用金，孩子每岁岁末存入1000元，连续存款18年，若银行存款年利率为8%，18年后的本利和是多少？

【解】 由题设知，$A=1000$元，$n=18$年，$i=8\%$。

依据式(2-9)计算得：

$$F=A\times\frac{(1+i)^n-1}{i}=1000\times\frac{(1+8\%)^{18}-1}{8\%}=1000\times37.45=37450(\text{元})$$

同样，也可以通过查表进行计算。

(2)等额分付偿债基金公式

已知第$n$年年末要从银行提取$F$元，在利率为$i$的情况下，现在每年年末等额存入多少钱可以实现上述提取。这就是已知$F$，求$A$的情形。显然，它是等额分付终值公式的逆运算。因此，

学习记录

可以由等额分付终值公式直接导出等额分付偿债基金公式。

$$A = F \times \frac{i}{(1+i)^n - 1} \tag{2-11}$$

式中：$\frac{i}{(1+i)^n - 1}$——等额分付偿债基金系数，可以用$(A/F,i,n)$表示，其数值可从附表查得。

因此，等额分付偿债基金公式也可以表示为：

$$A = F(A/F,i,n) \tag{2-12}$$

**【例 2-7】** 某企业欲积累一笔基金，用于5年后更新某大型设备。更新费用为500万元，银行利率为10%，每年至少要存款多少？

**【解】** 由题设知，$F=500$ 万元，$n=5$ 年，$i=10\%$。

依据式(2-11)计算得：

$$A = F \times \frac{i}{(1+i)^n - 1} = 500 \times \frac{10\%}{(1+10\%)^5 - 1} = 500 \times 0.1638 = 81.9(\text{万元})$$

(3)等额分付现值公式

如图2-4所示，如果从第一年末到第$n$年末有一个现金流量序列，每年的金额均为$A$，这一等额年金序列在利率为$i$的条件下，其现值是多少？为了公式推导的方便，这个问题不妨这样来考虑：先通过式(2-9)求出与其相对应的$F$，然后再对所得到的$F$折现，这样就可以得到所要求的$P$。其推导过程也即$A \rightarrow F \rightarrow P$。因此对式(2-10)所计算得到的终值$F$两边各除以$(1+i)^n$，得：

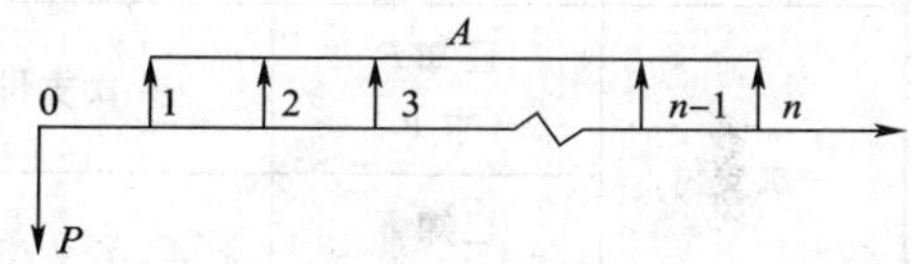


图2-4　等额分付现值的现金流量图

$$P = A \times \frac{(1+i)^n - 1}{i(1+i)^n} \tag{2-13}$$

式中：$\frac{(1+i)^n - 1}{i(1+i)^n}$——等额分付现值系数，也可以记为$(P/A,i,n)$，其数值可以从附表中查到。

因此，等额分付现值公式也可以表示为：

$$P = A(P/A,i,n) \tag{2-14}$$

**【例 2-8】** 某机械设备经济寿命为5年，预计年净收益为10万元，残值为0，若投资者要求收益率至少为15%，投资者最多愿意出多少钱购买该设备？

**【解】** 由题设知，$A=10$ 万元，$n=5$ 年，$i=15\%$。

依据式(2-13)计算得：

$$P = A \times \frac{(1+i)^n - 1}{i(1+i)^n} = 10 \times \frac{(1+15\%)^5 - 1}{15\%(1+15\%)^5} = 33.522(\text{万元})$$

所以，投资者最多愿意出价33.522万元购买此设备。

同样也可以通过查表进行计算。

(4)等额分付资金回收公式

等额分付资金回收公式是已知$P$，求$A$的情形。显然，它是等额分付现值公式的逆运算，因此可以由式(2-13)直接导出：

$$A = P \times \frac{i(1+i)^n}{(1+i)^n - 1} \tag{2-15}$$

学习记录

式中：$\frac{i(1+i)^n}{(1+i)^n-1}$ ——等额分付资本回收系数，也可表示为$(A/P,i,n)$。

因此，等额分付资金回收计算公式也可以表示为：

$$A=P(P/A,i,n) \tag{2-16}$$

**【例 2-9】** 某投资项目贷款500万元，预计在5年内等额还清贷款，已知贷款利率为12%，每年的净收益不应少于多少？

**【解】** 由题设知，$P=500$万元，$i=12\%$，$n=5$年，依据式(2-15)计算得：

$$A=P\times\frac{i(1+i)^n}{(1+i)^n-1}=500\times\frac{12\%(1+12\%)^5}{(1+12\%)^5-1}=500\times0.2774=138.7(\text{万元})$$

所以，该项目每年的净收益至少应为138.7万元。

前面所介绍的六个公式，在工程经济计算和分析中有着非常重要的地位，它们是等值计算的基础，为了便于记忆，现将它们汇总于表2-1中。

常用资金等值计算公式 表2-1

| 类型 | 求解关系 | 系数名称及符号 | 公式 | 相互关系 |
|---|---|---|---|---|
| 一次支付 | 已知$P$求$F$ | 一次支付终值系数$(F/P,i,n)$ | $F=P(1+i)^n$ | 互为逆运算 |
| | 已知$F$求$P$ | 一次支付现值系数$(P/F,i,n)$ | $P=\frac{F}{(1+i)^n}$ | |
| 等额分付 | 已知$A$求$F$ | 等额分付终值系数$(F/A,i,n)$ | $F=A\times\frac{(1+i)^n-1}{i}$ | 互为逆运算 |
| | 已知$F$求$A$ | 等额分付偿债基金系数$(A/F,i,n)$ | $A=F\times\frac{i}{(1+i)^n-1}$ | |
| | 已知$A$求$P$ | 等额分付现值系数$(P/A,i,n)$ | $P=A\times\frac{(1+i)^n-1}{i(1+i)^n}$ | 互为逆运算 |
| | 已知$P$求$A$ | 等额分付资本回收系数$(A/P,i,n)$ | $A=P\times\frac{i(1+i)^n}{(1+i)^n-1}$ | |

## 习题与答案

1. 什么是资金的时间价值？资金为什么会具有时间价值？

答：资金会随着时间的推移而增值，其增值的这部分就是资金的时间价值。

资金之所以会有时间价值，是因为：从投资者的角度来看，资金的增值特性使资金具有时间价值；从消费者的角度来看，放弃现期消费的损失所应得的必要补偿产生了资金的时间价值。

2. 借贷资金的计息制度分为哪几种形式？什么是单利法及复利法？各有何特点？

答：借贷资金的计息制度分为单利计息制和复利计息制。所谓单利法，就是每期只对原始本金计息，对所获得的利息不再进行计息，其特点是：每个计息周期所获得的利息是相等的，而与计息的次数无关。所谓复利法，就是不仅本金要生息，利息在每一次计息周期结束后如果不付也要生息，其特点是：符合商品化社会生产的资金运动情况，并有间断复利与连续复利之分。

3. 什么是名义利率和实际利率？其关系如何？

答：利率周期与计息周期一致的利率称为实际利率，利率周期与计息周期不一致的利率称为名义利率。

其关系式为：

$$i=(1+r/m)^m-1$$

其中，$i$ 为实际利率；$r$ 为名义利率；$m$ 为计息次数。

4. 某企业获得一笔 50 万元的贷款，偿还期为 5 年，年利率为 8%，有如下四种还款方式：

（1）每年年末偿还 10 万元本金和所欠利息。

（2）每年年末偿还所欠利息，第 5 年年末一次还清本金。

（3）在 5 年中每年年末等额偿还。

（4）在第 5 年年末一次还清本息。

试分别计算各种还款所付出的总金额。

解：（1）$F=50+50\times8\%+40\times8\%+30\times8\%+20\times8\%+10\times8\%=62$（万元）

（2）$F=50+50\times8\%\times5=70$（万元）

（3）$F=5A=5\times P(A/P,8\%,5)=50\times50\times0.2505=62.625$（万元）

（4）$F=P(F/P,8\%,5)=50\times(1+8\%)^5=74.8$（万元）

5. 某企业拟购某大型设备，价值为 500 万元，有两种支付方式可供选择：方式一，一次性付款，优惠 12%；方式二，分期付款，则不享受优惠，首次支付必须达到 40%，第一年末付 30%，第二年末付 20%，第三年末付 10%。假若企业购买设备所用资金全部来自借款，借款的利率为 10%，应选择哪种付款方式？如果借款的利率为 16%，则应选择哪种付款方式？

解：（1）若资金的成本为 10%，则：

①一次性付款，实际支出 500×88% =440（万元）。

②分期付款，为了具备可比性，可把各期付款折现然后求和得：

$$P=500\times40\%+500\times30\%\times\frac{1}{(1+10\%)^1}+500\times20\%\times\frac{1}{(1+10\%)^2}+500\times10\%\times\frac{1}{(1+10\%)^3}=456.57\text{（万元）}$$

显然，应该选择一次性付款的方式。

（2）若资金的成本为 16%，则一次性付款方式的实际支出仍为 440 万元，而分期付款的各期付款折现求和得：

$$P=500\times40\%+500\times30\%\times\frac{1}{(1+16\%)^1}+500\times20\%\times\frac{1}{(1+16\%)^2}+500\times10\%\times\frac{1}{(1+16\%)^3}=435.66\text{（万元）}$$

显然，此时应该选择分期付款的方式。

6. 某工厂购买了一台机器，估计能使用 12 年，每 4 年要大修一次（第 12 年年末不再修理），每次的大修理费用估计为 15000 元，而每年的一般维修费用为 2000 元（第 12 年年末不再修理）。试问：在年利率为 12% 的情况下，12 年来，每年应从收入中提取多少钱以支付 12 年寿命期的各种维修费？

解：由题意可知，大修理费用只在第 4 年、第 8 年两年年末发生，而一般维修费用发生在第 1 年 ~ 第 11 年年末，而这些费用应分摊在 12 年内，因此，现金流量图如图 2-5 所示。

学习记录

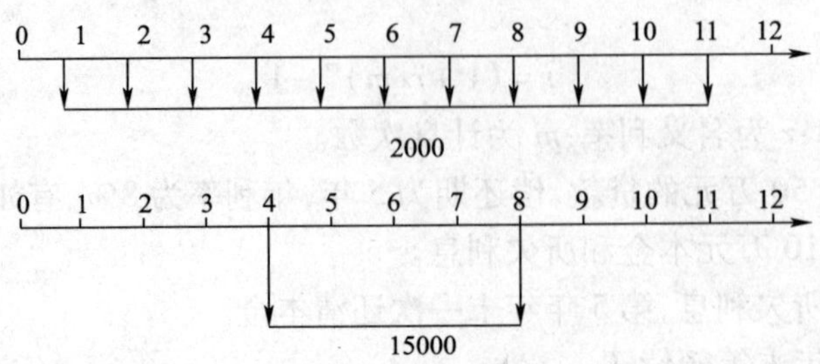


图 2-5　现金流量图

首先对各项费用折现并且求和，然后再将费用现值分摊至各年，计算过程如下：

$$P = 15000(P/F,12\%,4) + 15000(P/F,12\%,8) + 2000(P/A,12\%,11)$$

$$= 15000 \times \frac{1}{(1+12\%)^4} + 15000 \times \frac{1}{(1+12\%)^8} + 2000 \times \frac{(1+12\%)^{11}-1}{12\%(1+12\%)^{11}}$$

$$= 28183(\text{元})$$

$$A = 28183(A/P,12\%,12) = 28183 \times \frac{12\%(1+12\%)^{12}}{(1+12\%)^{12}-1} = 4549.86(\text{元})$$

第三章 DISANZHANG

# 工程经济分析的基本要素

## 本章导读

工程经济分析的基本要素是方案选择、项目评价等决策的基础,通过对工程经济各要素的计算和预测,可以得到工程项目的现金流量,据此分析项目的投资效果,从而提高项目经济决策的科学性。本章主要介绍项目总投资、成本费用、收入和利润等工程经济的基本要素的概念、构成及其计算。

## 学习目的

1. 了解工程经济分析基本要素的概念;
2. 熟悉工程经济分析基本要素的构成;
3. 掌握工程经济分析基本要素的计算。

## 学习重点

1. 建设项目投资的概念及构成;
2. 折旧的计算及其与现金流量的关系;
3. 经营成本的概念;
4. 销售税金及附加的内容、含义及计算;
5. 利润总额、所得税的计算及净利润的分配顺序。

## 学习难点

经营成本的概念。

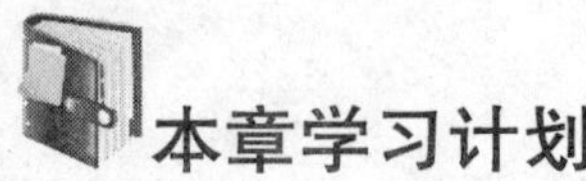

## 本章学习计划

| 内　　容 | 建议自学时间（学时） | 学 习 建 议 | 学 习 记 录 |
| --- | --- | --- | --- |
| 第一节　建设工程项目投资 | 0.5 | 了解建设工程项目投资的构成 | |
| 第二节　成本费用 | 0.5 | 熟悉成本、收入与税费的计算、联系与区别 | |
| 第三节　收入与税费 | 0.5 | | |
| 第四节　利润 | 0.5 | 掌握利润分配顺序 | |

学习记录

# 第一节　建设工程项目投资

## 一、建设工程项目投资

建设工程项目投资是指为完成工程项目建设并达到使用要求或生产条件，在建设期内预计或实际投入的全部费用总和。生产性建设项目总投资包括建设投资、建设期利息和流动资金三部分；非生产性建设项目总投资包括建设投资和建设期利息两部分。工程项目投资作为工程经济分析的基本要素之一，对其进行估算是进行财务分析和经济分析的基础，是项目决策过程中确定融资方案、筹措资金的重要依据。因此，需要在对项目的建设规模、技术方案、设备方案、工程建设方案及项目实施进度等内容进行研究并基本确定的基础上，估算项目投入总资金。建设工程项目总投资的具体构成内容如图 3-1 所示。

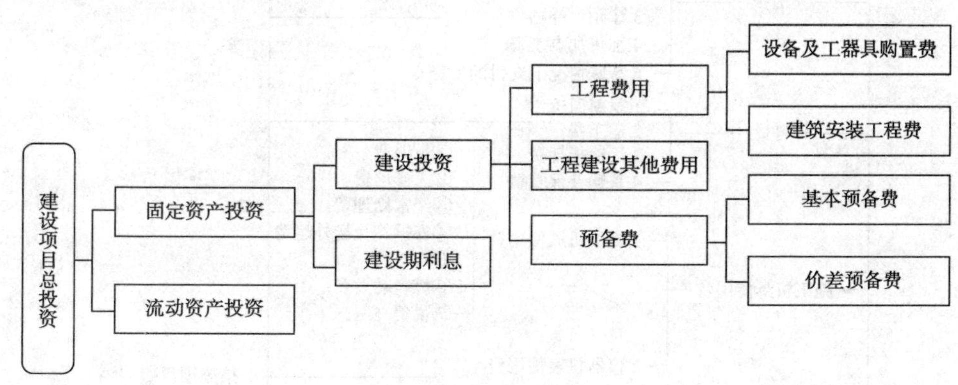


图 3-1　我国现行建设工程项目投资的构成

## 二、建设投资

建设投资是为完成工程项目建设，在建设期内投入且形成现金流出的全部费用。应在给定的建设规模、产品方案和工程技术方案的基础上进行估算。根据国家发改委和建设部发布的《建设项目经济评价方法与参数》（第三版）中的规定，建设投资由工程费用、工程建设其他费用和预备费三部分组成。

1. 工程费用

工程费用由设备及工器具购置费和建筑安装工程费构成。

（1）设备及工器具购置费

设备及工器具购置费是由设备购置费和工具、器具及生产家具购置费组成，如图 3-2 所示，它是固定资产投资中的积极部分。

（2）建筑安装工程费

建筑安装工程费由建筑工程费和安装工程费组成，根据住房与城乡建设部颁发的《建筑安装工程费用项目组成》（建标［2013］44 号）文件规定，我国现行建筑安装工程费由人工费、材料费、施工机具使用费、企业管理费、利润、规费和税金七部分组成。其具体构成如图 3-3 所示。

学习记录

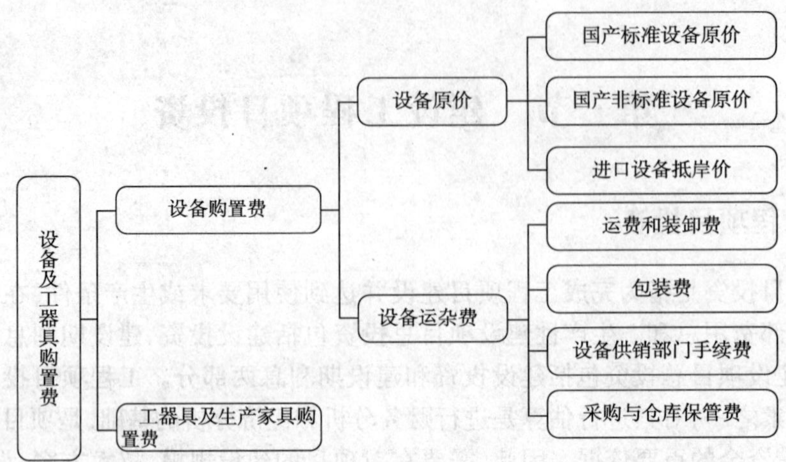


图 3-2 设备及工器具购置费的构成

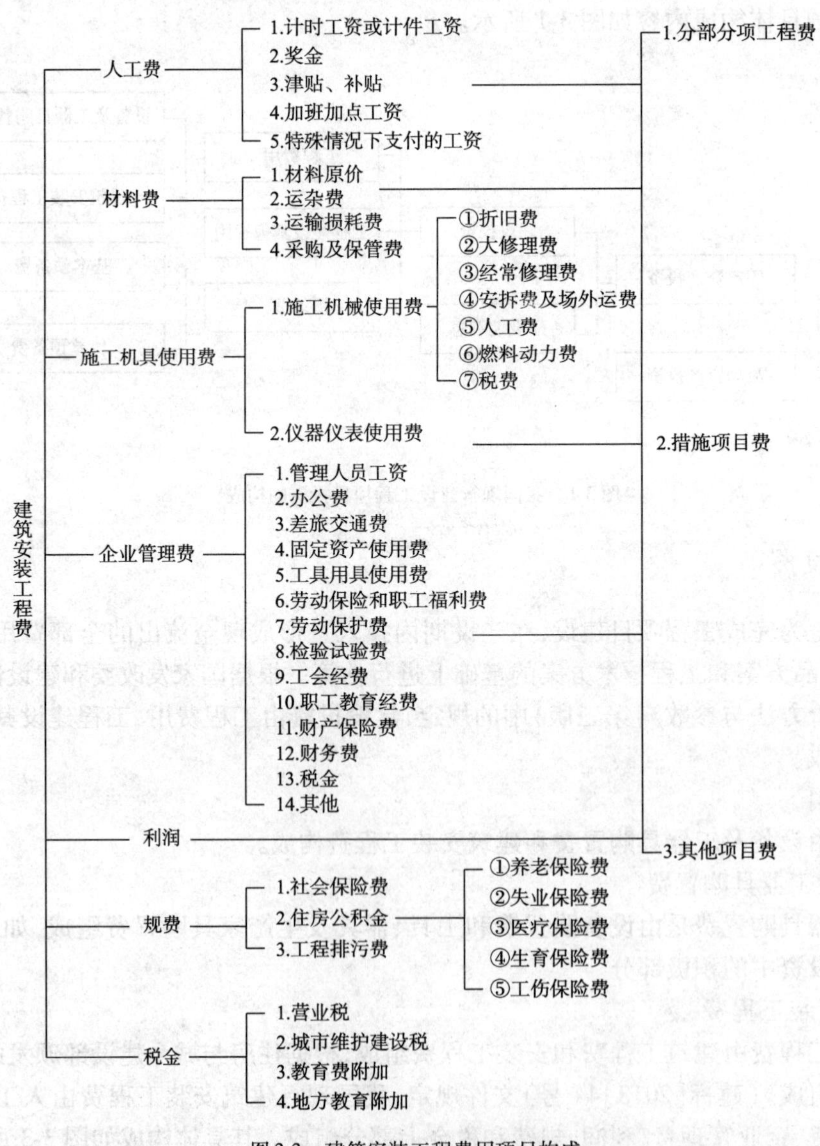


图 3-3 建筑安装工程费用项目构成

2. 工程建设其他费用

工程建设其他费用是指从工程筹建到工程竣工验收交付使用为止的整个建设期间,除建筑安装工程费用和设备及工器具购置费以外的,为保证工程建设顺利完成和交付使用后能够正常发挥效用而发生的各项费用。具体构成如图 3-4 所示。

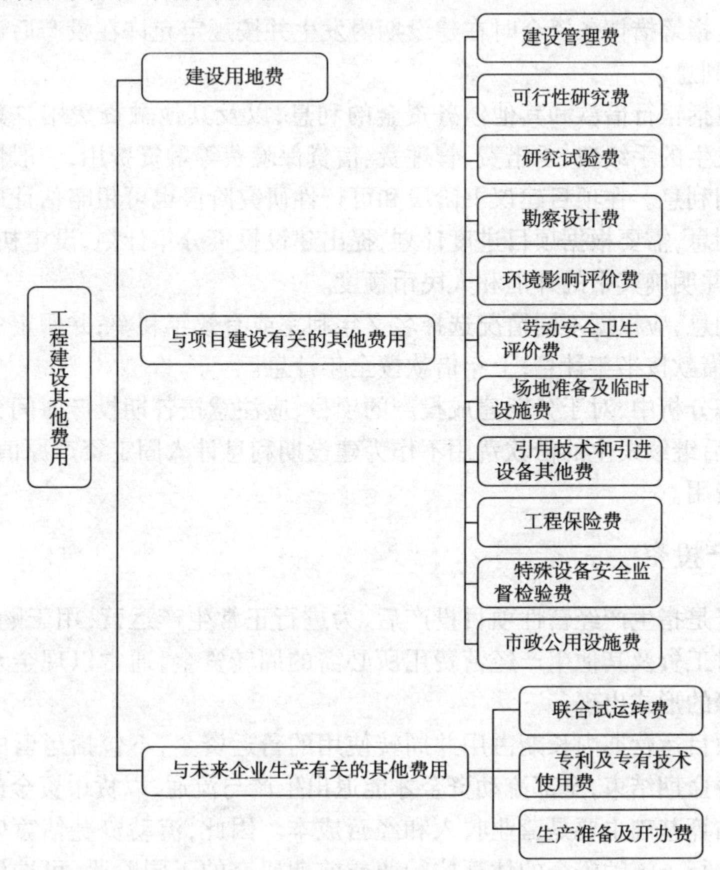


图 3-4　工程建设其他费用构成

3. 预备费

根据我国现行有关规定,预备费包括基本预备费和价差预备费。

(1)基本预备费

基本预备费是指在项目实施中可能发生,但在项目决策阶段难以预料,需要事先预留的费用,又称工程建设不可预见费。主要指设计变更及施工过程中可能增加工程量的费用。基本预备费一般由下列内容构成:

①在批准的设计范围内,技术设计、施工图设计及施工过程中所增加的费用;经批准的设计变更、工程变更、材料代用、局部地基处理等增加的费用。

②一般自然灾害造成的损失和预防自然灾害所采取的措施费用;实行工程保险的工程项目,该费用应适当降低。

③竣工验收时为鉴定工程质量对隐蔽工程进行必要的挖掘和修复费用。

④超规超限设备运输增加的费用。

(2)价差预备费

价差预备费是对建设工期较长的项目,由于在建设期内可能发生材料、机械、设备、人工等价格上涨,利率和汇率调整等因素引起投资增加而需要事先预留的费用,亦称价格变动不可预见

学习记录 费。价差预备费的内容包括:人工、设备、材料、施工机械的价差费,建筑安装工程费及工程建设其他费用的调整,利率、汇率调整等增加的费用。

### 三、建设期利息

建设期利息是指筹措债务资金时在建设期内发生并按规定允许在投产后计入固定资产原值的利息,即资本化利息。

建设期利息包括银行借款和其他债务资金的利息,以及其他融资费用。其他融资费用是指某些债务资金中发生的手续费、承诺费、管理费、信贷保险费等融资费用,一般情况下应将其单独计算并计入建设期利息。在项目建议书阶段和可行性研究阶段也可粗略估计后计入建设投资。

估算建设期利息,需要根据项目进度计划,提出建设投资分年计划,设定初步的融资方案,列出各年的投资额,并明确其中的外汇和人民币额度。

估算建设期利息,应根据不同情况选择名义年利率或有效年利率;并假定各种债务资金均在年中支付,即当年借款按半年计息,上年借款按全年计息。

在项目的经济分析中,对于分期建成投产的项目,应注意按各期投产时间分别停止借款费用的资本化,即投产后继续发生的借款费用不作为建设期利息计入固定资产原值,而是作为运营期利息计入总成本费用。

### 四、流动资产投资

流动资产投资是指生产经营性项目投产后,为进行正常生产运营,用于购买原材料、燃料动力、备品备件、支付工资及其他生产经营费用所必需的周转资金,通常以现金及各种存款、存货、应收及应付账款等的形式出现。

流动资金是项目运营期内长期占用并周转使用的营运资金,不包括运营中需要的临时性营运资金。到项目寿命期结束,全部流动资金才能退出生产与流通,以货币资金的形式被收回。

流动资金的估算基础主要是营业收入和经营成本。因此,流动资金估算应在营业收入和经营成本估算之后进行。流动资金的估算按行业或前期研究的不同阶段,可选用扩大指标估算法或分项详细估算法。

1. 扩大指标估算法

扩大指标估算法是参照同类企业流动资金占营业收入的比例(营业收入资金率)或流动资金占经营成本的比例(经营成本资金率)或单位产量占用营运资金的数额来估算流动资金。

2. 分项详细估算法

分项详细估算法是对构成流动资金的各项流动资产和流动负债分别进行估算。流动资产的构成要素一般包括存货、现金、应收账款、预付账款;流动负债的构成要素一般包括应付账款和预收账款,流动资金等于流动资产和流动负债的差额。

## 第二节 成本费用

### 一、成本费用的构成

成本费用是项目生产运营中所支出的各种费用的统称。按照《企业会计制度》对成本与费用的定义,费用是指企业为销售商品、提供劳务等日常活动所发生的经济利益的流出;成本是指企业为生产产品、提供劳务而发生的各种耗费,也称产品成本、劳务成本。

在项目财务评价中,为了使生产运营期间的总费用一目了然,将管理费用、财务费用和营业费用这三项费用与生产成本合并为总成本费用。这是财务评价相对于会计制度所做的不同处理,但并不因此影响利润的计算。

成本与费用的种类:成本与费用按计算范围可分为单位产品成本和总成本费用;按成本与产量的关系可分为固定成本和可变成本;按会计核算的要求可分为生产成本和制造成本;按财务分析的特定要求有经营成本等。

总成本费用是指企业在运营期内为生产产品或提供服务所发生的全部费用。根据《建设项目经济评价方法与参数》(第三版)的规定,在项目评价阶段,总成本费用的构成可以采用生产成本加期间费用法和生产要素估算法。

1. 按生产成本加期间费用估算法所划分的总成本费用的构成

在生产成本加期间费用估算法中,工程项目总成本费用等于生产成本加期间费用。其中生产成本又称制造成本,是指企业在生产经营过程中实际消耗的直接材料费、直接工资、其他直接支出和制造费用;期间费用是指在一定会计期间发生的与生产经营没有直接关系和关系不密切的管理费用、财务费用和营业费用。

按生产成本加期间费用估算法划分的总成本费用构成如图 3-5 所示,其中直接材料费、直接燃料和动力费、直接工资、其他直接支出、制造费用计入产品生产成本;期间费用不计入产品生产成本。

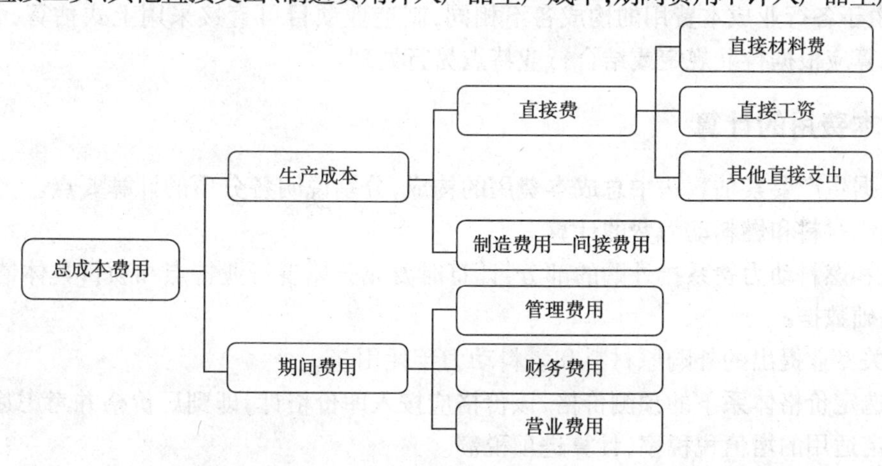


图 3-5 按生产成本加期间费用法所划分的总成本费用的构成

2. 按生产要素估算法所划分的总成本费用的构成

由于工程经济分析常发生在工程使用之前,较难详细按生产成本加期间费用估算法估算总成本费用,因此,在工程经济分析中,一般采用生产要素法估算总成本费用。生产要素估算法是先估算各种生产要素的费用,再汇总得到项目总成本费用,而不管其具体应归集到哪个产品上。即将生产和销售过程中消耗的全部外购原材料、燃料和动力费用加上全部工资及福利费、当年应计提的全部折旧费、摊销费、修理费、利息支出和其他费用,构成项目的总成本费用。

采用这种估算方法,不必考虑项目内部各生产环节的成本结转,同时也较容易计算项目的可变成本、固定成本。计算公式为:

$$总成本费用 = 外购原材料、燃料和动力费 + 工资及福利费 + 折旧费 + 摊销费 + 修理费 + 财务费用(利息支出) + 其他费用 \quad (3\text{-}1)$$

学习记录

按生产要素估算法划分的总成本费用构成见图3-6。其中,其他费用是指从制造费用、管理费用和营业费用中分别扣除了折旧费、摊销费、修理费、工资及福利费以后的其余部分。在总成本费用估算时,应遵循国家现行的企业财务会计制度规定的成本和费用核算方法,同时应遵循有关税收制度中准予在所得税前列支科目的规定。当两者有矛盾时,一般应按从税的原则处理。

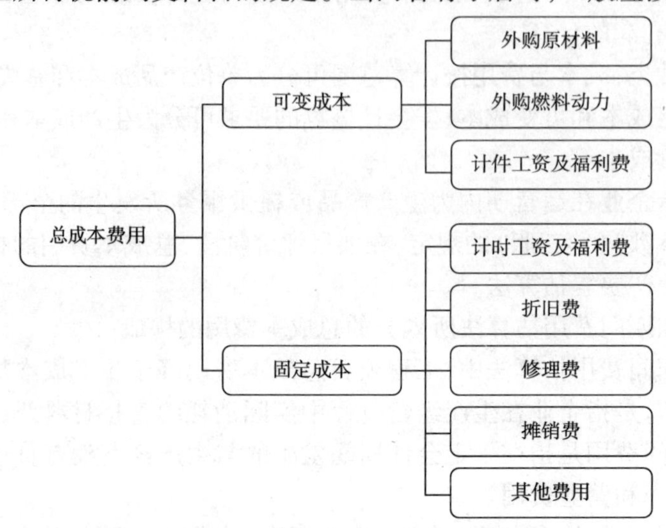


图3-6　按生产要素估算法所划分的总成本费用的构成

另外,由于各行业成本费用的构成各不相同,制造业项目可直接采用上式估算,其他行业的成本费用估算应根据行业规定或结合行业特点另行处理。

## 二、成本费用的计算

下面根据生产要素估算法中总成本费用的构成,分别说明各分项的计算要点。

1. 外购原材料和燃料动力费的计算

原材料和燃料动力费系指外购的部分,计算时要充分体现行业特点和项目具体情况,并需要确定以下基础数据:

(1)相关专业提出的外购原材料和燃料动力年耗用量。

(2)在选定价格体系下的预测价格,该价格应按入库价格计,即到厂价格并考虑途库损耗。

(3)选定适用的增值税税率,计算进项税额。

外购原材料和燃料动力费的计算公式为:

$$外购原材料和燃料动力费 = 年产量 \times 单位产品外购原材料和燃料动力成本 \tag{3-2}$$

式中,年产量可根据测定的设计生产能力和投产期各年的生产负荷加以确定;单位产品外购原材料和燃料动力成本是依据原材料和燃料动力消耗定额和单价确定的。

2. 人工工资及福利费的计算

财务分析中的人工工资及福利费,是指企业为获得职工提供的服务而给予各种形式的报酬,通常包括职工工资、奖金、津贴和补贴以及职工福利费等。

按照生产要素估算法计算总成本费用时,所采用的职工人数为项目全部定员。确定单位人工工资及福利费时需考虑项目性质、项目地点、行业特点以及原企业工资水平等因素。根据不同项目的需要,财务分析中的工资可以采取以下两种方法计算:

(1)按项目全部人员年工资的平均数值计算年工资总额,计算公式为:

$$年工资成本 = 企业职工定员数 \times 人均年工资额 \tag{3-3}$$

(2)按照人员类型和层次分别设定不同档次的工资进行计算。如采用分档工资,最好编制工资及福利费用估算表。

福利费主要包括职工的保险费、医药费、医疗经费、职工生活困难补助以及按国家规定开支的其他职工福利支出,但不包括职工福利设施的支出。福利费的计算一般可按职工工资总额的一定比例提取。

3. 折旧费的计算

固定资产在使用过程中会受到磨损,其价值损失通常是通过提取折旧费的方式得以补偿。也就是说,折旧费是随着资产损耗而逐渐转移到产品成本费用中去的那部分价值。将折旧费计入成本费用是企业回收固定资产投资的一种手段。

计算固定资产折旧,需要先计算固定资产原值。固定资产原值是指项目投产时(达到预定可使用状态)按规定由投资形成固定资产的部分,主要包括:工程费用、固定资产其他费用、预备费和建设期利息。

在现金流量表中,折旧费并不构成现金流出,但是在估算利润总额和所得税时,它是总成本费用的组成部分。折旧费不是实际支出,只是一种会计手段,是把以前发生的一次性支出在年度(或季度、月份)中进行分摊,以核算年(或季、月)应缴付的所得税和可以分配的利润。

按财税制度规定,企业固定资产应当按月计提折旧,并根据用途计入相关资产的成本或者当期损益。在财务分析中,按生产要素法估算总成本费用时,固定资产折旧可直接列支于总成本费用。

固定资产的折旧方法可在税法允许的范围内由企业自行确定,一般采用直线法,包括平均年限法和工作量法。我国税法也允许对某些机器设备采用快速折旧法,即双倍余额递减法和年数总和法。固定资产折旧年限、预计净残值率可在税法允许的范围内由企业自行确定,或按行业规定。

(1)平均年限法

平均年限法是根据固定资产的原值、估计的净残值率和折旧年限计算折旧。其计算公式为:

$$年折旧率 = \frac{1 - 预计净残值率}{折旧年限} \times 100\% \tag{3-4}$$

$$年折旧额 = 固定资产原值 \times 年折旧率 \tag{3-5}$$

(2)工作量法

工作量法又分两种,一是按照行驶里程计算折旧,二是按照工作小时计算折旧,公式如下。

按照行驶里程计算折旧:

$$单位里程折旧额 = \frac{固定资产原值 \times (1 - 预计净残值率)}{总行使里程} \tag{3-6}$$

$$年折旧额 = 单位里程折旧额 \times 年行驶里程 \tag{3-7}$$

按照工作小时计算折旧:

$$每工作小时折旧额 = \frac{固定资产原值 \times (1 - 预计净残值率)}{总工作小时} \tag{3-8}$$

$$年折旧额 = 每工作小时折旧额 \times 年工作小时 \tag{3-9}$$

(3)双倍余额递减法

双倍余额递减法是以平均年限法确定的折旧率的双倍乘以固定资产在每一会计期间的期初

学习记录 账面净值,从而确定当期应提折旧的方法。其计算公式为:

$$年折旧率 = \frac{2}{折旧年限} \times 100\% \tag{3-10}$$

$$年折旧额 = 年初固定资产净值 \times 年折旧率 \tag{3-11}$$

其中:

$$年初固定资产净值 = 固定资产原值 - 以前各年累计折旧 \tag{3-12}$$

实行双倍余额递减法时,应在折旧年限到期前两年内,将固定资产净值扣除净残值后的净额平均摊销。

(4)年数总和法

年数总和法是以固定资产原值扣除预计净残值后的余额作为计提折旧的基础,按照逐年递减的折旧率计提折旧的一种方法。采用年数总和法的关键是每年都要确定一个不同的折旧率。其计算公式为:

$$年折旧率 = \frac{折旧年限 - 已使用年数}{折旧年限 \times (折旧年限 + 1) \div 2} \times 100\% \tag{3-13}$$

$$年折旧额 = (固定资产原值 - 预计净残值) \times 年折旧率 \tag{3-14}$$

**【例3-1】** 某项固定资产原值为20000元,预计使用年限为5年,净残值率为5%,试分别用平均年限法、双倍余额递减法和年数总和法计算折旧。

**【解】** (1)平均年限法

$年折旧率 = \frac{1-5\%}{5} \times 100\% = 19\%$

各年折旧额 $= 20000 \times 19\% = 3800$(元)

(2)双倍余额递减法

$年折旧率 = \frac{2}{5} \times 100\% = 40\%$

第1年折旧额 $= 20000 \times 40\% = 8000$(元)

第2年折旧额 $= (20000 - 8000) \times 40\% = 4800$(元)

第3年折旧额 $= (20000 - 8000 - 4800) \times 40\% = 2880$(元)

第4年折旧额 $= (20000 - 8000 - 4800 - 2880 - 20000 \times 5\%)/2 = 1660$(元)

第5年折旧额 $= (20000 - 8000 - 4800 - 2880 - 20000 \times 5\%)/2 = 1660$(元)

(3)年数总和法

年数总和 $= 5 \times (5+1)/2 = 15$(年)

预计净残值 $= 20000 \times 5\% = 1000$(元)

第1年折旧率 $= 5/15 \times 100\% = 33.33\%$

年折旧额 $= (20000 - 1000) \times 33.33\% = 6332.7$(元)

第2年折旧率 $= 4/15 \times 100\% = 26.67\%$

年折旧额 $= (20000 - 1000) \times 26.67\% = 5067.3$(元)

第3年折旧率 $= 3/15 \times 100\% = 20\%$

年折旧额 $= (20000 - 1000) \times 20\% = 3800$(元)

第4年折旧率 $= 2/15 \times 100\% = 13.33\%$

年折旧额 $= (20000 - 1000) \times 13.33\% = 2532.7$(元)

第5年折旧率 $= 1/15 \times 100\% = 6.67\%$

年折旧额 =(20000 - 1000) ×6.67% =1267.3(元)

从上述三种折旧方法可以看出:平均年限法计算的各年折旧率和折旧额都相同;双倍余额递减法计算的各年折旧率相同,但各年折旧额逐年变小;年数总和法计算的各年折旧率和折旧额都逐渐变小。但无论按哪种方法计算,只要折旧年限和净残值率相同,总折旧额是相同的。只是按后两种方法计算,在折旧年限前期折旧额大,后期折旧额逐渐变小。

4. 修理费的计算

修理费是指为保持固定资产的正常运转和使用,充分发挥使用效能,在运营期内对其进行必要修理所发生的费用,按修理范围的大小和修理时间间隔的长短可以分为大修理和中小修理。

修理费可直接按固定资产原值(扣除所含的建设期利息)的一定百分数估算,百分数的选取应考虑行业和项目特点。通常在生产运营的各年中,修理费率采用固定值,也可根据项目特点间断性地调整修理费率,开始取较低值,以后取较高值。

5. 摊销费的计算

无形资产和其他资产的原始价值要在规定的年限内,按年度或产量转移到产品的成本之中,这部分被转移的价值称为摊销。企业通过计提摊销费,回收无形资产和其他资产的资本支出。

按照有关规定,无形资产从开始使用之日起,在有效使用期限内平均摊入成本。法律和合同规定了法定有效期限或者受益年限的,摊销年限从其规定,否则摊销年限应注意符合税法的要求。无形资产的摊销一般采用平均年限法,不计残值。

其他资产的摊销也可以采用平均年限法,不计残值,摊销年限应注意符合税法的要求。

6. 其他费用的计算

其他费用包括其他制造费用、其他管理费用和其他营业费用三项费用。

(1)其他制造费用是指由制造费用中扣除生产单位管理人员工资及福利费、折旧费、修理费后的其余部分。项目评价中常见的估算方法有:

①按固定资产原值(扣除所含的建设期利息)的百分数估算。

②按人员定额估算。

(2)其他管理费用是指由管理费用中扣除工资及福利费、折旧费、摊销费、修理费后的其余部分。项目评价中常见的估算方法是:

①按人员定额估算。

②按工资及福利费总额的倍数估算。

(3)其他营业费用是指由营业费用中扣除工资及福利费、折旧费、修理费后的其余部分。项目评价中常见的估算方法是按营业收入的百分数估算。

7. 利息支出的计算

利息支出的估算包括长期借款利息、流动资金借款利息和短期借款利息三部分。

(1)长期借款利息

长期借款利息是指建设投资借款在还款起始年年初(即运营期初)的余额(含未支付的建设期利息)应在运营期支付的利息,也称建设投资借款利息。

建设投资借款利息可以选择等额还本付息方式、等额还本利息照付方式和最大能力还本方式进行估算。

①等额还本付息方式。这种方法是指在指定的还款期内,每年还本付息的总额相同,随着本金的偿还,每年支付的利息逐年减少,同时每年偿还的本金逐年增多。此方法适用于投产初期效益较差,而后期效益较好的项目。计算公式如下:

学习记录

$$A = I_c \times \frac{i(1+i)^n}{(1+i)^n - 1} \tag{3-15}$$

式中： $A$——每年还本付息额（等额年金）；

$I_c$——还款起始年年初的借款余额（含未支付的建设期利息）；

$i$——年利率；

$n$——预定的还款期；

$\frac{i(1+i)^n}{(1+i)^n - 1}$——资金回收系数。

$$每年支付利息 = 年初借款余额 \times 年利率 \tag{3-16}$$

$$每年偿还本金 = A - 每年支付利息 \tag{3-17}$$

$$各年年初借款余额 = I_c - 本年以前各年偿还的本金累计 \tag{3-18}$$

②等额还本、利息照付方式。这种方法是指在指定的还款期内，每年等额偿还本金，同时支付逐年减少的利息。此方法在项目投产初期还本付息的压力大，因此适用于投产初期效益好、有充足现金流的项目。计算公式如下：

$$A_t = \frac{I_c}{n} + I_c \times \left(1 - \frac{t-1}{n}\right) \times i \tag{3-19}$$

式中： $A_t$——第 $t$ 年还本付息额；

$\frac{I_c}{n}$——每年偿还本金额；

$I_c \times \left(1 - \frac{t-1}{n}\right) \times i$——第 $t$ 年支付利息额。

③最大能力还本付息方式。这种方法是指在指定的还款期内，每年偿还本金的数额按最大偿还能力计算，同时利息逐年减少。代表偿还能力的资金主要包括可以用于还款的折旧费、摊销费、扣除盈余公积金和公益金后的所得税后利润以及其他还款资金。它适合于贷款利率较高的项目，每年支付利息的计算公式如下：

$$每年支付利息 = 年初本金累计 \times 年利率 \tag{3-20}$$

式中，年初本金累计应包括未偿还的建设期利息。

(2)流动资金借款利息

流动资金借款从本质上说应归类为长期借款，但目前企业往往有可能与银行达成共识，按年终偿还、下年初再借的方式处理，并按一年期利率计息。财务分析中对流动资金的借款可以在计算期最后一年偿还，也可在还完长期借款后安排。流动资金借款利息的计算公式如下：

$$年流动资金借款利息 = 年初流动资金借款余额 \times 流动资金借款年利率 \tag{3-21}$$

(3)短期借款利息

项目评价中的短期借款是指项目运营期间为了资金的临时需要而发生的短期借款，短期借款的数额应在财务计划现金流量表中得到反映，其利息应计入总成本费用表的利息支出中。计算短期借款利息的利率一般为一年期利率。短期借款本金的偿还按照随借随还的原则处理，即当年借款尽可能于下年偿还。

8. 经营成本

经营成本是项目经济评价中所使用的特定概念，设置这一概念的目的是便于进行项目现金流量分析。由于现金流量分析是按照收付实现制确定的，而总成本费用包括一部分非付现成本（折旧和摊销等），所以在工程经济分析中，为了便于考察项目经营期间构成实际现金流出的那一部分成本,引入了经营成本这一概念。

作为项目运营期的主要现金流出,其构成和估算可采用下式表达:

$$经营成本 = 外购原材料、燃料和动力费 + 工资及福利费 + 修理费 + 其他费用 \quad (3\text{-}22)$$

经营成本与总成本费用的关系如下:

$$经营成本 = 总成本费用 - 折旧费 - 摊销费 - 利息支出 \quad (3\text{-}23)$$

由于折旧费和摊销费并不构成实际的现金流出而只是建设投资在经营期的分摊,因此折旧费和摊销费不属于经营成本的范畴。

## 第三节　收入与税费

### 一、营业收入

项目的营业收入是指项目建成投入运营后销售产品或提供服务所取得的收入,在工程经济评价中主要指销售收入和劳务收入。

营业收入是企业利润的主要来源,是估算利润总额、营业税金及附加和增值税的基础,是财务分析的重要数据。其估算的基础数据包括产品或服务的数量和价格。营业收入的计算公式如下:

$$年营业收入 = 产品销售单价 \times 产品年销售量 \quad (3\text{-}24)$$

在工程项目经济分析中,产品年销售量应根据市场行情,采用科学的预测方法确定。产品销售单价一般采用出厂价格,也可根据需要选用送达用户的价格。

1. 产品销售价格

确定产品或服务的价格一方面要考虑其去向和市场需求,另一方面要考虑国内外相应价格变化趋势。为提高营业收入估算的准确性,应遵循稳妥原则,采用适宜的方法,合理确定产品或服务的价格。产品销售价格一般采用出厂价格。

2. 产品年销售量

在工程经济分析中,应首先根据项目市场调查和预测分析结果,测算产品的市场份额,进而合理确定企业的生产规模及年产量。工业项目评价中营业收入的估算基于一项重要假定:年生产量即为年销售量,不考虑库存。主副产品(或不同等级产品)的销售收入应全部计入营业收入,其他行业提供的不同类型服务收入也应同时计入营业收入;对于生产出口产品的项目,应根据有利于提高外汇效果的原则合理确定内销与外销的比例。

对于生产多种产品和提供多项服务的项目,应分别估算各种产品及服务的营业收入,或者采取折算为标准产品的方法计算营业收入。

### 二、营业税金及附加

项目评价涉及的税费主要包括关税、增值税、营业税、消费税、所得税、资源税、城市维护建设税和教育费附加,税种和税率的选择应根据项目具体情况和相关税法确定。在工程经济分析中,增值税作为"价外税",一般不包括在营业税金及附加中。

营业税金及附加是根据商品或服务的流转额征收的税金,包含在营业收入之内,包括营业税、消费税、资源税、城市维护建设税和教育费附加等内容。

学习记录

1. 营业税

营业税是对在中国境内从事提供应税劳务、转让无形资产或销售不动产等业务的单位和个人，就其营业额所征收的一种税。

(1)营业税税率

营业税共设9个税目：交通运输业、建筑业、邮电通信业、文化体育业，税率为3%；金融保险业、服务业、转让无形资产、销售不动产，税率为5%；娱乐业税率为5%～20%。

(2)应纳税额

$$应纳税额 = 营业额 \times 适用税率 \tag{3-25}$$

需要说明的是，营业税是价内税，因此上式中营业额为纳税人提供应税劳务、转让无形资产或销售不动产等业务时向对方收取的全部价款和价外费用。

2. 消费税

消费税是对一些特定的消费品或消费行为征收一种税，凡是在中国境内生产、委托加工和进口所规定的消费品的单位和个人都是纳税人。

(1)消费税税率

消费税共设11个税目：烟30%～45%；酒及酒精5%～20%或220～250元/t；化妆品30%；贵重首饰及珠宝玉石5%～10%；鞭炮焰火15%；汽油0.20～0.28元/L；柴油0.10元/L；汽车轮胎3%；摩托车3%～10%；小汽车1%～40%。

(2)消费税应纳税额

消费税实行从价定率、从量定额，或者从价定率和从量定额复合计税(以下简称复合计税)的办法计算应纳税额。应纳税额计算公式：

①从价定率：

$$应纳税额 = 销售额 \times 比例税率 \tag{3-26}$$

②从量定额：

$$应纳税额 = 销售数量 \times 定额税率 \tag{3-27}$$

③复合计税：

$$应纳税额 = 销售额 \times 比例税率 + 销售数量 \times 定额税率 \tag{3-28}$$

其中，销售额为纳税人销售应税消费品向购买方收取的全部价款和价外费用。

3. 资源税

资源税是国家对在中国境内开采矿产品或生产盐的单位和个人征收的一种税。其中矿产品包括原油、天然气、煤炭、金属矿产品和非金属矿产品；盐包括固体盐和液体盐。

(1)资源税税率

资源税共设7个税目，税率由国家根据产品类别和不同的资源条件而定。

(2)资源税应纳税额

$$应纳税额 = 课税数量 \times 单位税额 \tag{3-29}$$

式中：课税数量——纳税人开采或生产应税产品用于销售或自用的数量。

4. 城市维护建设税

城市维护建设税是以纳税人实际交纳的增值税、营业税和消费税额为计税依据征收的一种税，并与增值税、营业税、消费税同时缴纳。

(1)税率

城市维护建设税按项目纳税人所在地区实行差别税率，分为3个档次：项目所在地为市区的,税率为7%;项目所在地为县城、镇的,税率为5%;项目所在地为市区、县城或镇以外的,税率为1%。

(2)应纳税额

$$应纳税额=(增值税+消费税+营业税)\times适用税率 \tag{3-30}$$

5.教育费附加

教育费附加是以纳税人实际缴纳的增值税、营业税、消费税税额为计征依据,并与增值税、营业税、消费税同时缴纳。除国务院另有规定者外,任何地区、部门不得擅自提高或者降低教育费附加率。征收目的主要是为了加快地方教育事业的发展,扩大地方教育经费的资金来源。

(1)税率

教育费附加税率为3%。

(2)应纳税额

$$应纳税额=(增值税+消费税+营业税)\times税率 \tag{3-31}$$

## 第四节　利　润

### 一、利润的计算

利润是企业在一定时期内生产经营活动的最终财务成果,集中反映了企业生产经营活动的效益。利润的高低直接反映了项目投产后各年的获利能力,是项目财务评价的主要计算指标。

根据《企业会计通则》,企业的利润总额包括营业利润、投资净收益、营业外收支净额以及补贴收入等。即:

$$利润总额=营业利润+投资净收益+营业外收支净额+补贴收入 \tag{3-32}$$

其中,

$$营业利润=主营业务利润+其他业务利润-营业费用-管理费用-财务费用 \tag{3-33}$$

$$主营业务利润=主营业务收入-主营业务成本-主营业务税金及附加 \tag{3-34}$$

在工程经济分析中估算利润总额时,一般假定不发生其他业务利润,也不考虑投资净收益、营业外收支净额和补贴收入。本期发生的总成本费用等于主营业务成本、营业费用、管理费用和财务费用之和,且将主营业务收入视为本期的销售(营业)收入,主营业务税金及附加为本期的销售税金及附加,则利润总额的计算公式为:

$$利润总额=销售(营业)收入-总成本费用-销售税金及附加 \tag{3-35}$$

根据利润总额可计算所得税和净利润,净利润是指企业缴纳所得税后形成的利润,是企业所有者权益的组成部分,也是企业进行利润分配的依据。其计算公式为:

$$净利润=利润总额-所得税 \tag{3-36}$$

### 二、利润的分配

1.所得税计算

根据2008年1月1日起开始实施的《中华人民共和国新企业所得税法》的规定,在中华人民共和国境内,企业和其他取得收入的组织为企业所得税的纳税人。纳税人在取得利润后向国家

学习记录 缴纳企业所得税。计算公式为:

$$应纳所得税额 = 应纳税所得额 \times 适用的税率 \tag{3-37}$$

其中,应纳税所得额是指每一纳税年度的收入总额减去准予扣除项目后的余额。在工程经济分析中,一般将利润总额作为计税基础。

企业所得税的税率为25%,但对符合条件的小型微利企业实行20%的优惠税率;对国家需要重点扶持的高新技术企业实行15%的优惠税率。

2. 利润的分配

在工程经济分析中,企业当期实现的净利润一般视为可供分配的利润,可按照下列顺序分配:

(1)弥补以前年度亏损。

(2)提取法定盈余公积金。法定盈余公积金按照税后净利润10%提取,当法定盈余公积金已达注册资本的50%时,可不再提取。

(3)提取法定公益金。法定公益金按照税后利润的5%～10%提取,主要用于企业职工的集体福利设施。

(4)按照投资协议、合同或者法律法规规定向投资者分配利润。企业以前年度未分配的利润,可以并入本年度分配。

(5)未分配利润。未分配利润为企业剩余利润,可以结转下一年度进行分配。

营业收入、总成本费用、营业税金及附加和利润的构成关系如图3-7所示。

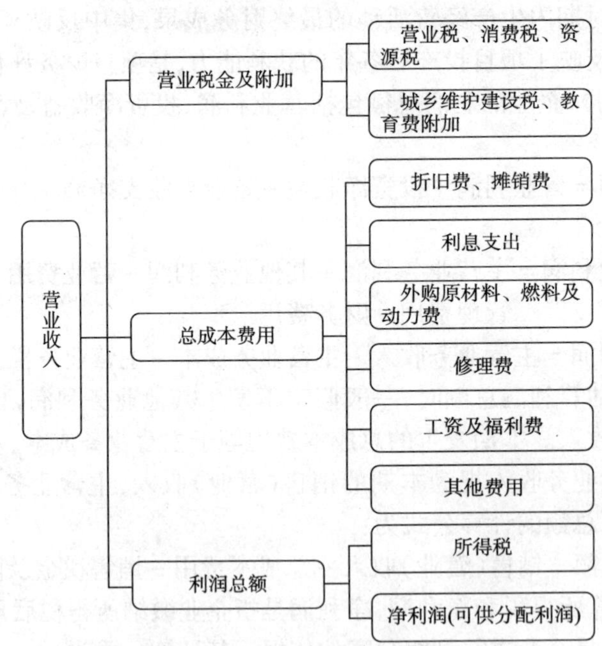


图3-7 营业收入、总成本费用、税金和利润的关系图

## 习题与答案

1. 试述我国现行工程项目总投资的构成内容。

答:见图3-8。

2. 什么是总成本费用?什么是经营成本?

答:总成本费用是指企业在运营期间为生产产品或提供服务所发生的全部费用;经营成本是项目经济评价中所使用的特定概念,是从总成本费用中扣除折旧费、摊销费和利息支出后的费用。

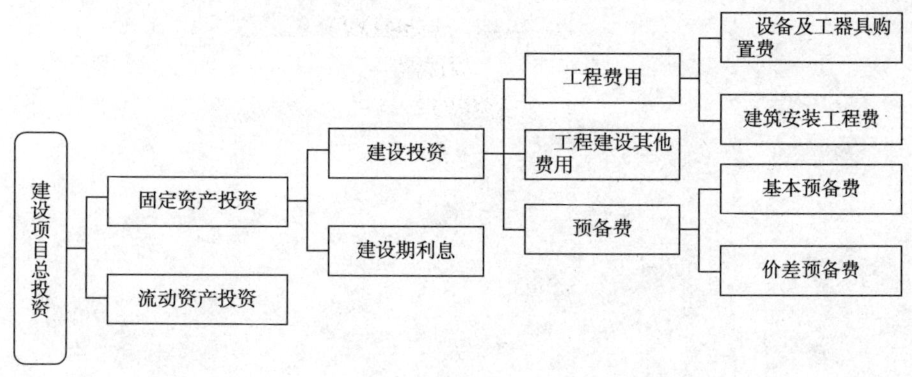


图　3-8

3. 利润总额是如何计算的?

答:在工程经济分析中估算利润总额时,一般假定不发生其他业务利润,也不考虑投资净收益、营业外收支净额和补贴收入。本期发生的总成本费用等于主营业务成本、营业费用、管理费用和财务费用之和,且将主营业务收入视为本期的销售(营业)收入,主营业务税金及附加为本期的销售税金及附加。其计算公式为:

利润总额 = 销售(营业)收入 - 总成本费用 - 销售税金及附加

第四章 DISIZHANG

# 工程经济评价的基本指标

## 本章导读

工程技术实践的经济效果如何来进行度量？这就需要引入工程经济评价的基本指标体系来进行，它是工程经济分析与评价的衡量依据。本章将在介绍评价指标体系分类的基础上，阐述动、静态评价指标的含义、计算及其评价标准。

## 学习目的

1. 了解工程经济评价指标体系设立的原则；
2. 熟悉工程经济评价指标体系的构成、含义及计算原理；
3. 掌握工程经济评价指标的计算方法及判别标准。

## 学习重点

1. 投资回收期的概念和计算方法；
2. 净现值与净年值的概念和计算方法；
3. 内部收益率的含义和计算方法；
4. 借款偿还期的概念和计算方法；
5. 利息备付率和偿债备付率的含义和计算方法。

## 学习难点

1. 净现值与内部收益率的关系；
2. 内部收益率的经济含义和计算方法。

## 本章学习计划

<table>
<tr><th>内　　容</th><th>建议自学时间<br>(学时)</th><th>学 习 建 议</th><th>学 习 记 录</th></tr>
<tr><td>第一节　评价指标体系概述</td><td>0.5</td><td>掌握评价指标体系的构成</td><td></td></tr>
<tr><td>第二节　静态评价指标体系</td><td>1.0</td><td rowspan="2">掌握动、静态评价指标的含义、计算及判别准则</td><td rowspan="2"></td></tr>
<tr><td>第三节　动态评价指标体系</td><td>2.5</td></tr>
</table>

# 第一节　评价指标体系概述

## 一、项目经济评价指标设立的原则

评价工程项目经济效果的好坏，一方面取决于基础数据的完整性和可靠性，另一方面取决于选取的评价指标体系的合理性。只有选取正确的评价指标体系，经济评价的结果能与客观实际情况吻合，才具有实际意义。项目经济评价指标的设定应遵循以下原则：

（1）与经济学原理相一致的原则，即所设指标应该符合社会经济效益评价的需要。

（2）项目或方案的可鉴别性原则，即所设指标能够检验和区别各项目的经济效益与费用的差异。

（3）互斥型项目或方案可比性原则，即所设指标必须满足共同的比较基础与前提。

（4）评价工作的可操作性原则，即在评价项目的实际工作中，这些方法和指标是简便易行而确有实效的。

根据经济评价指标所考虑因素及使用方法的不同，可进行不同的分类，一般有以下三种分类方法。

## 二、按指标在计算中是否考虑资金时间价值分类

在工程项目经济评价中，按是否考虑资金的时间价值，经济效果评价指标分为静态评价指标和动态评价指标两类，如图4-1所示。

静态评价指标是在不考虑时间因素对货币价值影响的情况下，直接通过现金流量计算出来的经济评价指标。静态评价指标的最大特点是计算简便。主要用于技术经济数据不完备和不精确的项目初选阶段，或对计算期比较短的项目以及对于逐年收益大致相等的项目进行评价。

动态评价指标是在分析项目或方案的经济效益时，要对发生在不同时间的效益、费用计算其资金的时间价值，将现金流量进行等值化处理后计算的评价指标。动态评价指标能较全面地反映投资方案整个计算期的经济效果，主要用于项目最后决策前的可行性研究阶段，或对计算期较长的项目以及逐年收益不相等的项目进行评价。

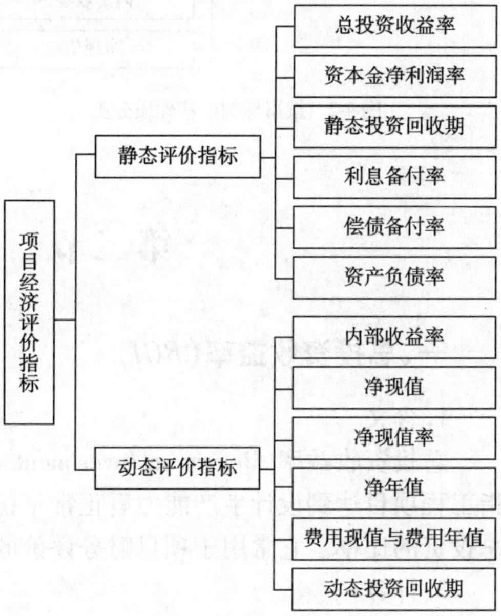

项目经济评价指标
静态评价指标
总投资收益率
资本金净利润率
静态投资回收期
利息备付率
偿债备付率
资产负债率
动态评价指标
内部收益率
净现值
净现值率
净年值
费用现值与费用年值
动态投资回收期

图4-1　按指标的时间价值分类

## 三、按指标本身的经济性质分类

在工程项目经济评价中，按项目经济评价指标本身的经济性质可分为时间性指标、价值性指标和效率性指标三类，如图4-2所示。

（1）时间性指标：利用时间的长短来衡量项目投资回收能力的指标。常用的时间性评价指标有静态投资回收期、动态投资回收期、借款偿还期等。

学习记录

(2)价值性指标:反映项目投资的净收益绝对量大小的指标。常用的价值性评价指标有净现值、净年值等。

(3)比率性指标:反映项目单位投资获利能力或项目对贷款利率的最大承受能力的指标。常用的比率性指标有总投资收益率、资本金净利润率、资产负债率、利息备付率、偿债备付率、内部收益率、净现值率等。

### 四、按项目经济评价的性质分类

在工程项目经济评价中,按项目经济评价的性质,可将评价指标分为盈利能力分析指标、清偿能力分析指标和财务生存能力分析指标三类,如图 4-3 所示。

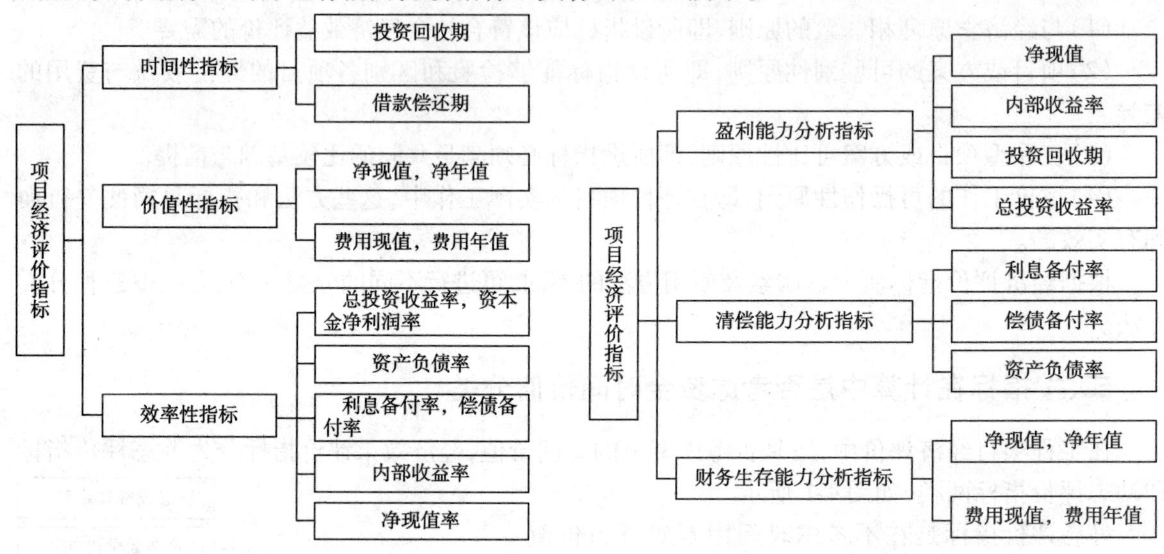


图 4-2　按指标的经济性质分类

图 4-3　按项目经济评价的性质分类

## 第二节　静态评价指标体系

### 一、总投资收益率($ROI$)

1. 含义

总投资收益率(Return on Investment,简称 $ROI$)就是单位总投资能够实现的息税前利润,是指工程项目达到设计生产能力后正常年份的年息税前利润或运营期内年平均息税前利润与项目总投资的比率。它常用于项目财务评价的静态盈利能力分析中。

2. 计算

总投资收益率的计算表达式为:

$$ROI = \frac{EBIT}{TI} \times 100\% \tag{4-1}$$

式中:$ROI$——总投资收益率;

$EBIT$——项目正常年份的年息税前利润或运营期内年平均息税前利润;

$TI$——项目总投资。

年息税前利润 = 年营业收入 - 年营业税金及附加 - 年总成本费用 + 利息支出

年营业税金及附加 = 年消费税 + 年营业税 + 年资源税 + 年城乡维护建设税 + 教育费附加

项目总投资 = 建设投资 + 建设期利息 + 流动资金

3. 评价标准

总投资收益率高于同行业的收益率参考值时，认为该项目盈利能力满足要求；反之，则表明此项目不能满足盈利能力的要求。

总投资收益率越高，从项目所获得的息税前利润就越多。对于建设工程项目而言，若总投资收益率高于同期银行利率，适度举债是有利的；反之，过高的负债比率将损害企业和投资者的利益。由此可以看出，总投资收益率这一指标不仅可以用来衡量工程建设项目的获利能力，还可以作为建设工程筹资决策参考的依据。

总投资收益率的经济意义明确、直观，计算简便，但没有考虑投资收益的时间价值。因此，此指标主要用于计算期较短，不具备综合分析所需详细资料的项目盈利能力分析，而不能作为主要决策依据对项目长期建设方案进行评价。

## 二、项目资本金净利润率（*ROE*）

1. 含义

项目资本金净利润率（Return on Equity，简称 *ROE*）表示项目资本金的盈利水平，是指项目达到设计能力后正常年份的年净利润或运营期内年平均净利润与项目资本金的比率。

2. 计算

项目资本金净利润率的计算表达式为：

$$ROE = \frac{NP}{EC} \times 100\% \tag{4-2}$$

式中：$ROE$——项目资本金净利润率；

$NP$——项目正常年份的年净利润或运营期内年平均净利润；

$EC$——项目资本金。

3. 评价标准

项目资本金净利润率高于同行业净利润率参考值时，认为该项目盈利能力满足要求；反之，则认为不能满足要求。

总投资收益率和项目资本金净利润率指标常用于项目融资后盈利能力分析。

## 三、静态投资回收期（$P_t$）

1. 含义

静态投资回收期（Payback Time of Investment，简称 $P_t$）也称返本期，是在不考虑资金时间价值的条件下，以方案的净收益回收项目全部投入资金所需要的时间。静态投资回收期一般从项目建设开始年算起，如果从项目投产开始年计算，应予以特别注明。

2. 计算

静态投资回收期计算公式为：

$$\sum_{t=1}^{P_t} (CI - CO)_t = 0 \tag{4-3}$$

式中：　$CI$——现金流入量；

学习记录

$CO$——现金流出量；

$(CI-CO)_t$——第 $t$ 期的净现金流量；

$P_t$——静态投资回收期。

实际工作中，投资回收期公式的更为实用的表达与计算式为：

$$P_t = T - 1 + \frac{\text{第}(T-1)\text{年的累计净现金流量的绝对值}}{\text{第 } T \text{ 年的净现金流量}} \tag{4-4}$$

式中：$T$——项目各年累计净现金流量首次为正值或零的年份。

如果投资在期初一次投入，且每年的净收益固定不变，则静态投资回收期公式可简化为：

$$P_t = \frac{I}{A} \tag{4-5}$$

式中：$I$——项目投入的全部资金；

$A$——每年的净现金流量，即 $A=(CI-CO)_t$ = 常数。

3. 评价标准

设基准投资回收期为 $P_c$，若 $P_t \leqslant P_c$，则项目可以考虑接受；若 $P_t > P_c$，则项目不可行。投资回收期越短，则表明项目投资回收越快，抗风险能力越强。

## 四、利息备付率（ICR）

1. 含义

利息备付率（Interest Converage Ratio，简称 $ICR$）是指项目在借款偿还期内各年可用于支付利息的息税前利润与当期应付利息费用的比值。它从付息资金来源的充裕性角度反映项目偿付债务利息的能力，表示使用项目税息前利润偿付利息的保证倍率。

2. 计算

利息备付率计算表达式为：

$$ICR = \frac{EBIT}{PI} \times 100\% \tag{4-6}$$

式中：$ICR$——利息备付率；

$EBIT$——息税前利润；

$PI$——计入总成本费用的应付利息。

息税前利润 = 利润总额 + 计入总成本费用的利息费用

3. 评价标准

利息备付率应分年计算，表示使用项目利润偿付利息的保证倍率。利息备付率越高，表明利息偿付的保障程度越高。参考国际经验和国内行业的具体情况，根据我国企业历史数据统计分析，一般情况下，利息备付率应大于1或大于等于国家部分行业建设项目清偿能力测算与协调参数结果中利息备付率的最低可接受值，并结合债权人要求确定。需要指出的是，这个最低可接受值1并不是项目必须要达到的基准值，不同行业不同项目，其最低值也可能不同，因此，这个最低可接受值应是行业正常运营情况下的行业平均值。

## 五、偿债备付率（DSCR）

1. 含义

偿债备付率（Debt Service Coverage Ratio，简称 $DSCR$）是指项目在借款偿还期内，各年可用于还本付息的资金与当期应还本付息金额的比值。它从还本付息资金来源的充裕性反映项目偿付债务本息的保障程度和支付能力。

2. 计算

偿债备付率计算表达式为:

$$DSCR = \frac{EBITAD - T_{AX}}{PD} \times 100\% \tag{4-7}$$

式中:$DSCR$——偿债备付率;

$EBITAD$——息税前利润加折旧和摊销;

$T_{AX}$——企业所得税;

$PD$——应还本付息金额,包括还本金额和计入总成本费用的全部利息。

融资租赁费用可视同借款偿还。运营期内的短期借款本息也应纳入计算。

3. 评价标准

偿债备付率表示可用于还本付息的资金偿还债务资金的保障程度。偿债备付率应分年计算。偿债备付率高,表明可用于还本付息的资金保障程度高。正常情况下,偿债备付率应大于1或大于等于国家部分行业建设项目清偿能力测算与协调参数结果中偿债备付率的最低可接受值,并结合债权人要求确定。

### 六、资产负债率(*LOAR*)

1. 含义

资产负债率(Liability on Asset Ratio,简称 *LOAR*)是指各期末负债总额同资产总额的比率,表示总资产中有多少是通过负债得来的。它是评价项目负债水平的综合指标,反映项目利用债权人提供资金后的经营活动能力,同时又能体现债权人发放贷款的安全度。

2. 计算

资产负债率计算表达式为:

$$LOAR = \frac{TL}{TA} \times 100\% \tag{4-8}$$

式中:$LOAR$——资产负债率;

$TL$——期末负债总额;

$TA$——期末资产总额。

3. 评价标准

适度的资产负债率,表明企业经营安全、稳健,具有较强的筹资能力,也表明企业和债权人的风险较小。一般来讲,资产负债率应在国家所发布的行业建设项目偿债能力测算与协调参数结果中资产负债率的合理区间之间。对该指标的分析,应结合国家宏观经济状况、行业发展趋势、企业所处的竞争环境等具体条件判定。项目财务分析中,在长期债务还清后,可不计算资产负债率。

## 第三节　动态评价指标体系

### 一、净现值(*NPV*)

1. 含义

学习记录

净现值(Net Present Value,简称 $NPV$)是指按设定的折现率,将项目计算期内各年发生的净现金流量折现到建设期期初的现值之和。

2. 计算

净现值的计算表达式为:

$$NPV=\sum_{t=1}^{n}(CI-CO)_t(1+i)^{-t} \tag{4-9}$$

式中:$i$——设定的折现率;

$CI$——现金流入量;

$CO$——现金流出量。

3. 评价标准

若 $NPV\geqslant 0$,则方案应予接受;若 $NPV<0$,则方案应予拒绝。

## 二、净现值率($NPVR$)

净现值指标用于多方案比较时,虽然能反映每个方案的赢利水平,但是由于没有考虑每个方案投资额的大小,因而,不能直接反映资金的利用效率。为了考察资金的利用效率,可采用净现值率指标作为净现值的补充指标。净现值率反映了净现值与全部投资现值的比值关系,是多方案评价与选择的一个重要的辅助性评价指标。

1. 含义

净现值率(Net Present Value Ratio,简称 $NPVR$)是项目净现值与项目全部投资现值之比。在多方案比较时,如果几个方案的 $NPV$ 值都大于零但投资规模相差较大,可以进一步以净现值率($NPVR$)作为净现值的辅助指标。其经济含义是单位投资现值所能得到的净现值。

2. 计算

净现值率计算公式为:

$$NPVR=\frac{NPV}{I_p}=\frac{\sum_{t=1}^{n}(CI-CO)_t(1+i_c)^{-t}}{\sum_{t=1}^{n}I_t(1+i_c)^{-t}} \tag{4-10}$$

式中:$I_p$——项目总投资现值;

其余符号意义同前。

3. 评价标准

对于单一方案而言,净现值率的判别准则与净现值一样。若 $NPVR\geqslant 0$,则方案应予以接受;若 $NPVR<0$,则方案应予以拒绝。对多方案进行评价时,净现值率越大,方案的经济效果越好。

## 三、内部收益率($IRR$)

1. 含义

内部收益率(Internal Rate of Return,简称 $IRR$)是一个被广泛使用的项目经济评价指标,是指使项目计算期内净现金流量现值累计等于零时的折现率。

2. 计算

内部收益率可通过解下述方程求得:

$$NPV(IRR)=\sum_{t=1}^{n}(CI-CO)_t(1+IRR)^{-t}=0 \tag{4-11}$$

式中:$IRR$——内部收益率;

其余符号意义同前。

内部收益率是未知的折现率，由式(4-11)可知，求方程式中的折现率需解高次方程，当各年的净现金流量不等，且计算期较长时，求解 *IRR* 是较烦琐的。一般来讲，求解 *IRR* 有插值试算法和利用计算机工具求解两种方法。

(1)插值试算法

对于计算期不长、生产期内年净收益变化不大的项目，又有复利系数表可利用的情况下，并不十分困难。

插值试算法计算 *IRR* 的一般步骤如下：

第一步：利用折现率与净现值之间的关系(图4-4)，粗略估计 *IRR* 的值。为了减少试算次数，可先令 $i=0$，用净现金流量的和与投资总额之比来粗略估计 *IRR*；或者令 $i=0$，让正值现金流量的和作为第 $n$ 年的终值，让投资作为现值，然后用一次支付的复利公式求得 *IRR* 的估算值。

第二步：如图4-4所示，分别计算与 $i_1$、$i_2$ ($i_1<i_2$) 对应的净现值 $NPV_1$ 和 $NPV_2$，且 $NPV_1>0$、$NPV_2<0$。

第三步：用线性插入法计算 *IRR* 的近似值，其公式如下：

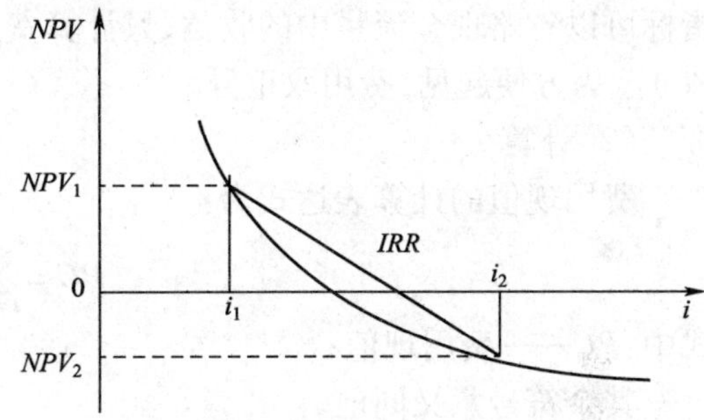


图4-4　内部收益率线性内插法示意图

$$IRR = i_1 + \frac{NPV_1}{NPV_1 + |NPV_2|}(i_2 - i_1) \quad (4\text{-}12)$$

由于上式 *IRR* 的计算误差的大小与 $(i_2-i_1)$ 的大小有关，且 $i_2$ 与 $i_1$ 相差越大，误差也越大，为控制误差，$i_2$ 与 $i_1$ 之间的差距一般以不超过2%为宜，最大不允许超过5%。

(2)计算机工具计算法

一般来讲，采用试算法求解内部收益率很费时间，需经过多次的大量计算才能成功。若利用计算机专业软件求解，就十分容易，例如 Excel 中就有专门的函数求解 *IRR*。

3. 评价标准

内部收益率计算出来后，应与基准收益率 $i_c$ 进行比较，若 $IRR \geqslant i_c$，则方案在经济上可以考虑接受；若 $IRR<i_c$，则方案在经济上应予拒绝。

## 四、净年值(*NAV*)

1. 含义

净年值(Net Annual Value，简称 *NAV*)是以设定折现率将项目计算期内净现金流量等值换算而成的等额年值。也可以说净年值是通过资金等值换算将项目净现值分摊到计算期内各年(从第1年到第 $n$ 年)的等额年值。

2. 计算

净年值计算公式为：

$$\begin{aligned} NAV &= NPV(A/P,i,n) \\ &= \left[\sum_{t=1}^{n}(CI-CO)_t(1+i_c)^{-t}\right](A/P,i,n) \end{aligned} \quad (4\text{-}13)$$

3. 评价标准

若 $NAV \geqslant 0$，则项目在经济上可行；若 $NAV<0$，则项目在经济上不可行。

学习记录

多方案比选时,净年值越大的方案相对越优。

用净现值 $NPV$ 和净年值 $NAV$ 对一个项目进行评价,评价的结论是一致的。就一般项目的评价而言,要计算 $NAV$,一般先要计算 $NPV$。因此,在项目经济评价中,很少采用净年值指标。但是,对计算期不相同的多个互斥方案进行选优时,净年值比净现值有独到的简便之处。

## 五、费用现值($PC$)与费用年值($AC$)

1. 费用现值

(1)含义

在对多个方案比较时,如果各方案的收益皆相同,或收益难以用货币计量,这时计算净现值指标可以省略现金流量中的收益,只计算费用,这样计算的结果称为费用现值(Present Cost,简称 $PC$)。为方便起见,费用取正号。

(2)计算

费用现值的计算表达式为:

$$PC = \sum_{t=1}^{n} CO_t(P/F,i,t) \tag{4-14}$$

式中:$PC$——费用现值;

其余符号意义同前。

(3)评价标准

在多方案比较中,费用现值越低,方案的经济效果越好。

2. 费用年值

(1)含义

与费用现值相同,费用年值也适用于多方案比较时各方案收益均相等的情况,这时计算净年值指标可以省略现金流量中的收益(残值或余值不同不能省略),只计算费用,这样计算的结果称为费用年值(Annual Cost,简称 $AC$)。

(2)计算

费用年值计算表达式为:

$$\begin{aligned} AC &= PC(A/P,i_c,n) \\ &= [\sum_{t=1}^{n} CO_t(P/F,i_c,t)](A/P,i_c,n) \end{aligned} \tag{4-15}$$

式中:$AC$——费用年值;

其余符号意义同前。

(3)评价标准

在多方案比较中,费用年值越低,方案的经济效果越好。

一般来讲,费用现值和费用年值指标只能用于多个方案的比选。

## 六、动态投资回收期($P_t'$)

1. 含义

为了克服静态投资回收期未考虑资金的时间价值的缺陷,可采用其改进指标动态投资回收期。动态投资回收期是指在考虑资金时间价值的条件下,用项目各年的净收益回收全部投资所需要的时间。

2. 计算

动态投资回收期计算式为：

$$\sum_{t=1}^{P_t'}(CI-CO)_t(1+i_c)^{-t}=0 \tag{4-16}$$

式中：$P_t'$——动态投资回收期（年）；

其余符号意义同前。

在实际工作中，动态投资回收期更为实用的计算公式为：

$$P_t' = 累计净现金流量折现值出现正值的年数 - 1 + \frac{上年累计净现金流量折现值的绝对值}{当年净现金流量的折现值} \tag{4-17}$$

3. 评价标准

设基准投资回收期 $P_c'$，若 $P_t' \leqslant P_c'$，则方案可以被接受，否则应予以拒绝。动态投资回收期反映了项目和资金的运作情况。需要注意的是，动态投资回收期与折现率有关，若折现率不同，其反映的投资回收年限就不同，当折现率为零时，动态投资回收期就等于静态投资回收期。

## 习题与答案

1. 项目经济评价的静态指标和动态指标各有哪些，分别在什么情况下选用？

答：(1)静态评价指标：①总投资收益率（*ROI*），主要用于计算期较短，不具备综合分析所需详细资料的项目盈利能力分析；②项目资本金净利润率（*ROE*），用于项目融资后盈利能力分析；③投资回收期（Pt），可以反映一定的风险，广泛用作经济效果评价的辅助性指标；④利息备付率（*ICR*），从付息资金来源的充裕性角度反映项目偿付债务利息的能力，表示使用项目息税前利润偿付利息的保证倍率；⑤偿债备付率（*DSCR*），是从还本付息资金来源的充裕性反映项目偿付债务本息的保障程度和支付能力；⑥资产负债率（*LOAR*），是评价项目负债水平的综合指标，反映项目利用债权人提供资金后的经营活动能力，同时又能体现债权人发放贷款的安全度。

(2)动态评价指标：①净现值（*NPV*），在对已建项目的改造或设备更新项目，以及互斥方案的比选优先选用该指标；②净现值率（*NPVR*），在多方案比较时，如果几个方案的 *NPV* 值都大于零但投资规模相差较大，可以进一步用该指标作为辅助指标；③内部收益率（*IRR*），是一个被广泛使用的项目经济评价指标，反映项目的相对对经济效果；④净年值（*NAV*），适用于多方案比选，尤其是计算期不同的多个互斥方案比选；⑤费用现值（*PC*），费用年制（*AC*），适用于多方案比选；⑥动态投资回收期（$P_t'$），弥补了静态投资回收期未考虑资金的时间价值的缺陷。

2. 某新建项目总投资为5300万元，两年建成，投产后运行15年，年销售收入为2800万元，年总成本费用为1650万元，年销售税金及附加为销售收入的6%，试计算该项目的总投资收益率。

解：
$$ROI=\frac{2800-1650-2800\times6\%}{5300}\times100\%=18.53\%$$

所以，该项目的总投资收益率为18.53%。

3. 某项目的净现金流量及累计净现金流量如表4-1所示，试求该项目的静态投资回收期。

**现金流量表**(单位：万元) 表4-1

| 年份 | 1 | 2 | 3 | 4 | 5 | 6 | 7 | 8 | 9~12 |
|---|---|---|---|---|---|---|---|---|---|
| 净现金流量 | -180 | -250 | -150 | 84 | 112 | 150 | 150 | 150 | 150 |
| 累计净现金流量 | -180 | -430 | -580 | -496 | -384 | -234 | -84 | +66 | +666 |

学习记录

解:依据式(4-4)可得:

$$P_t=(8-1)+\frac{|-84|}{150}=7+0.56=7.56(\text{年})$$

4. 某项目有关数据如表4-2所示,取折现率 $i=10\%$,试求该项目的动态投资回收期。

现金流量计算表($i=10\%$)(单位:万元) 表4-2

| $t$ | 0 | 1 | 2 | 3 | 4 | 5 | 6 | 7 | 8 |
|---|---|---|---|---|---|---|---|---|---|
| 第 $t$ 年的净现金流量 | -5000 | -2500 | 3000 | 3000 | 6000 | 6000 | 6000 | 6000 | 6000 |
| 第 $t$ 年的累积净现金流量 | -5000 | -7500 | -4500 | -1500 | 4500 | 10500 | 16500 | 22500 | 28500 |
| 第 $t$ 年折现的净现金流量 | -5000 | -2273 | 2479 | 2254 | 4098 | 3726 | 3387 | 3079 | 2799 |
| 第 $t$ 年折现的累计净现金流量 | -5000 | -7273 | -4793 | -2539 | 1559 | 5284 | 8671 | 11750 | 14549 |

解:由式(4-17)得:

$$P_t'=4-1+\frac{|-2539|}{4098}=3.62(\text{年})$$

所以,该项目的动态投资回收期为3.62年。

5. 某方案的现金流量如表4-3所示,基准收益率为12%,试计算:

(1)静态与动态的投资回收期。

(2)净现值 $NPV$。

(3)内部收益率。

现金流量表(单位:万元) 表4-3

| 年末 | 0 | 1 | 2 | 3 | 4 | 5 |
|---|---|---|---|---|---|---|
| 现金流量 | -2000 | 450 | 550 | 650 | 700 | 800 |

解:(1)见表4-4。

表4-4

| 年末 | 0 | 1 | 2 | 3 | 4 | 5 |
|---|---|---|---|---|---|---|
| 第 $t$ 年净现金流量 | -2000 | 450 | 550 | 650 | 700 | 800 |
| 第 $t$ 年累计净现金流量 | -2000 | -1550 | -1000 | -350 | 350 | 1150 |
| 第 $t$ 年折现净现金流量 | -2000 | 401.8 | 438.5 | 462.7 | 444.0 | 453.9 |
| 第 $t$ 年折现累计净现金流量 | -2000 | -1598.2 | -1159.7 | -697 | -252.1 | 201.8 |

静态投资回收期:

$$P_t=4-1+\frac{|-350|}{700}=3.5(\text{年})$$

动态投资回收期:

$$P_t'=5-1+\frac{|-252.1|}{453.8}=4.6(\text{年})$$

(2)净现值 $NPV$ 计算如下:

$NPV=-2000+450(P/F,12\%,1)+550(P/F,12\%,4)+650(P/F,12\%,3)+700(P/F,$

12%,4) + 800(*P/F*,12%,5) = 201.71(万元)

(3)取 $i_1 = 14\%$,得:

$NPV_1 = -2000 + 450(P/F,14\%,1) + 550(P/F,14\%,2) + 650(P/F,14\%,3) + 700(P/F,$ $14\%,4) + 800(P/F,14\%,5) = 56.63$(万元)

取 $i_2 = 16\%$,得:

$NPV_2 = -2000 + 450(P/F,16\%,1) + 550(P/F,16\%,2) + 650(P/F,16\%,3) + 700(P/F,$ $16\%,4) + 800(P/F,16\%,5) = -19.41$

$IRR = 14\% + [56.63/(56.63 + |-19.41|)] \times (16\% - 14\%) = 15.49\%$

6. 某项目各年的净现金流量如图 4-5 所示,试用净现值指标判断项目的可行性($i = 10\%$)。

解: $NPV(i = 10\%) = -500 + 100(P/F,10\%,1) + 200(P/A,10\%,3)(P/F,10\%,1)$

$= 43.08$(万元)

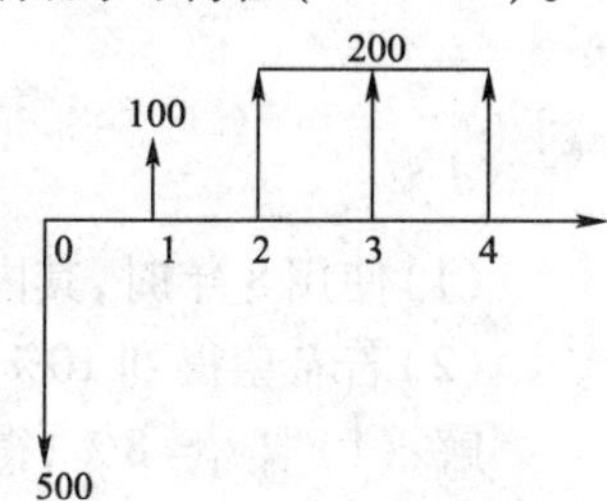


图 4-5　某项目现金流量图（单位:万元）

由于 $NPV > 0$,故项目在经济效果上是可以接受的。

7. 已知 A、B 两种设备均能满足使用要求,A 设备的市场价为 100 万元,计算期为 4 年,每年可带来收入 40 万元;B 设备的市场价为 200 万元,计算期为 6 年,每年可带来收入 53 万元,试在基准折现率为 10% 的条件下选择经济上有利的方案。

解:

$NAV(A) = 40 - 100(A/P,10\%,4) = 8.5$(万元)

$NAV(B) = 53 - 200(A/P,10\%,6) = 7.1$(万元)

因为 $NAV(A) > NAV(B)$,故选择设备 A 在经济上更为合理。

所以,在基准折现率为 10% 的条件下,选择设备 A 在经济上是有利的。

8. 试用费用现值法选择表 4-5 不同型号的两个功能相同设备的购置方案($i = 10\%$)。

**某设备现金流量表**(单位:元)　　表 4-5

| 设备型号 | 一次投资(0 年) | 年经营费 | 回收残值 | 计算期(年) |
|---|---|---|---|---|
| A 型 | 26500 | 1050 | 2150 | 6 |
| B 型 | 36500 | 850 | 3650 | 6 |

解:

$PC_A = 26500 + 1050 \times (P/A,10\%,6) - 2150(P/F,10\%,6)$

$= 26500 + 1050 \times 4.355 - 2150 \times 0.5645$

$= 29859.07$(元)

同理,$PC_B = 36500 + 850 \times 4.355 - 3650 \times 0.5645 = 38141.32$(元)

因为 $PC_A < PC_B$,故应选择 A 型设备。

9. 某项目有三个供水方案 A、B、C 均能满足同样的需要,其费用数据如表 4-6 所示,试用费用年值法确定最优方案($i_c = 10\%$)。

**某项目现金流量表**(单位:万元)　　表 4-6

| 方　案 | 一次投资(0 年) | 年运营费用 | 残值 | 计算期(年) |
|---|---|---|---|---|
| A | 300 | 70 | 10 | 10 |
| B | 340 | 60 | 10 | 10 |
| C | 400 | 45 | 10 | 10 |

解:各方案的费用年值如下:

学习记录

$$AC_A = 300(A/P,10\%,10) + 70 - 10(A/F,10\%,10) = 118.21(\text{万元})$$

$$AC_B = 340(A/P,10\%,10) + 60 - 10(A/F,10\%,10) = 114.72(\text{万元})$$

$$AC_C = 400(A/P,10\%,10) + 45 - 10(A/F,10\%,10) = 109.49(\text{万元})$$

因为 $AC_C < AC_B < AC_A$，故应选择方案 C 为最优方案。

10. 建一个临时仓库需 8000 元，一旦拆除即毫无价值，假定仓库每年净收益为 1360 元，其现金流量图（单位：万元）如图 4-6 所示，试计算：

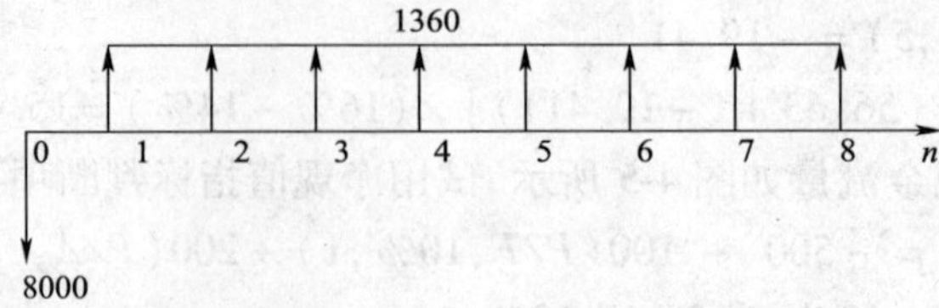


图 4-6 某项目现金流量图（单位：万元）

（1）使用 8 年时，其内部收益率为多少？

（2）若希望得到 10% 的收益率，则该仓库至少使用多少年才值得投资？

解：（1）取 $i_1 = 8\%$，得：

$$NPV_1 = -8000 + 1360(P/A,8\%,8) = -184.62(\text{元})$$

取 $i_2 = 6\%$，得：

$$NPV_2 = -8000 + 1360(P/A,6\%,8) = 445.33(\text{元})$$

$$IRR = 6\% + [445.33/(445.33 + |-184.62|)] \times (8\% - 6\%) = 7.41\%$$

（2）令 $-8000 + 1360(P/A,10\%,n) = 0$ 得：

$$(P/A,10\%,n) = 5.882$$

查表得 $(P/A,10\%,9) = 5.7590$；$(P/A,10\%,10) = 6.1446$。

由内插法得：

$$(5.882 - 5.759)/(n - 9) = (6.1446 - 5.759)/(10 - 9)$$

解得 $n = 9.3$（年）。

故至少使用 10 年才值得投资。

# 第五章 DIWUZHANG

# 方案的经济比较与选择

## 本章导读

工程技术的实践活动往往需要通过一个个可行的方案去实施,本章我们将首先了解方案的类型,然后根据方案的类型来寻求不同方案经济比较与优选的方法。

## 学习目的

1. 了解方案静态经济比较与选择的方法;
2. 熟悉方案的类型;
3. 掌握方案动态经济比较与选择的方法。

## 学习重点

1. 互斥方案经济比选的方法;
2. 独立方案经济比选的方法。

## 学习难点

寿命期不同的互斥方案经济比选的方法。

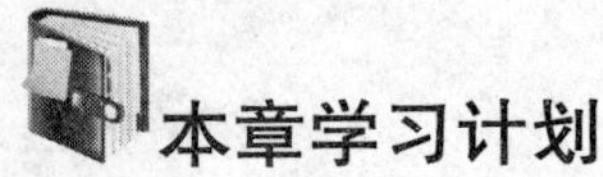

## 本章学习计划

| 内　　容 | 建议自学时间（学时） | 学习建议 | 学习记录 |
| --- | --- | --- | --- |
| 第一节　概述 | 0.5 | 了解方案类型 | |
| 第二节　独立方案比选 | 1.0 | 掌握独立、互斥及相关方案经济比选的基本方法 | |
| 第三节　互斥方案比选 | 3.0 | | |
| 第四节　相关方案比选 | 0.5 | | |

# 第一节　概　述

## 一、方案的类型

方案经济比选是工程项目经济评价的重要内容。在基本建设程序中的可行性研究和投资决策环节,需要对多个备选方案进行比较和择优。在方案经济比选过程中,既要考虑经济方面的因素,同时也要考虑技术方面的因素,要找到经济与技术最好的结合点,需要从方案产品或服务的数量、技术和设备选择、原材料供应、运输方式、厂(场)址选择、资金筹措等方面,根据方案之间比较的结果,结合其他相关因素进行决策。

方案之间的比选方法与方案之间的类型有关。一般来说,方案之间存在着三种关系:即独立关系、互斥关系和相关关系。

1. 独立方案

独立方案,是指各个方案的现金流量是独立的,不具有相关性,选择其中的一个方案并不排斥接受其他方案,即一个方案的采用与否与其自身的可行性有关,而与是否采用其他方案没有关系。按照是否受到资源约束可以分为无资源约束的独立方案(即完全不相关的独立方案)和有资源约束的独立方案。单一方案的决策可以看作是独立方案的特例。

2. 互斥方案

互斥方案是指各个方案之间存在着互不相容、互相排斥的关系,各个方案可以互相代替,方案具有排他性。进行方案比选时,在多个备选方案中只能选择一个,其余的均必须放弃,不能同时存在。互斥方案按照计算期的不同可以分为:计算期相同的互斥方案,计算期不同的互斥方案和无限计算期的互斥方案。按照规模的不同可以分为:相同规模的互斥方案和不同规模的互斥方案。互斥方案是在项目决策中最常见到的,互斥方案的经济比选是项目经济评价的重要内容。

3. 相关方案

相关方案,是指在各个方案之间,某一方案的采用与否会对其他方案的现金流量带来一定的影响,进而影响其他方案采用或拒绝。相关关系有正相关和负相关。当一个方案的执行虽然不排斥其他方案,但可以使其效益减少,这时方案之间具有负相关关系。当一个方案的执行使其他方案的效益增加,这时方案之间具有正相关关系。

## 二、方案经济比选的方法

方案的经济比选,按照比选方案的多少,可以分为单方案比选和多方案比选;按照比选范围,可分为局部比选和整体比选;按照比选目的,可分为综合比选和专项比选;按照比选内容,可分为定性比选和定量比选。无论是哪一种经济比选,其所采用的方法,按照是否考虑资金的时间价值,一般可分为静态比选方法和动态比选方法两种。

1. 静态比选方法

静态比选方法主要是通过选择静态的评价指标来评价和选择决策方案的。一般可以应用总投资收益率、资本金净利润率、静态投资回收期、资产负债率等指标对投资方案进行分析与评价。按照各方案的现金流量计算相应的评价指标,根据各指标的评价标准对方案进行决策与选择。

2. 动态比选方法

学习记录

动态比选方法主要是通过选择动态的评价指标来评价和选择决策方案的。一般可以应用内部收益率、净现值、净现值率、净年值和动态投资回收期等指标对方案进行分析与评价。按照各方案的现金流量计算相应的评价指标,根据各指标的评价标准对方案进行决策与选择。

## 第二节　独立方案比选

### 一、完全不相关的独立方案比选

在无资源约束条件下,独立方案之间完全不相关,评价方法与单一方案一样,只需要评价每个方案自身的经济性,决策者可以根据评价结果选择其中部分方案甚至全部的方案。一般可以选择净现值、净年值、内部收益率和总投资收益率、资本金净利润率、投资回收期、资产负债率等动态和静态评价指标进行分析、评价与选择。

【例 5-1】　有三个独立方案,数据如表 5-1 所示,试评价方案($i_c = 15\%$)。

独立方案 A、B、C 的净现金流量表(单位:万元)　　表 5-1

| 方案＼年末 | 0 | 1 ~ 10 |
|---|---|---|
| A | -1000 | 250 |
| B | -1200 | 450 |
| C | -1500 | 600 |

【解】　三个完全不相关的独立方案,只需对每个方案进行自身的经济性检验,即绝对效果检验,我们分别应用净现值、净年值和内部收益率三个指标来进行评价。

1. 净现值法

$$NPV_A = -1000 + 250(P/A,15\%,10) = 254.70(\text{万元})$$

$$NPV_B = -1200 + 450(P/A,15\%,10) = 1058.46(\text{万元})$$

$$NPV_C = -1500 + 600(P/A,15\%,10) = 1511.28(\text{万元})$$

根据净现值的评价标准,三个方案的净现值均大于零,所以三个方案都可行。

2. 净年值法

$$NAV_A = -1000(A/P,15\%,10) + 250 = 50.7(\text{万元})$$

$$NAV_B = -1200(A/P,15\%,10) + 450 = 210.84(\text{万元})$$

$$NAV_C = -1500(A/P,15\%,10) + 600 = 301.05(\text{万元})$$

根据净年值的评价标准,三个方案的净年值均大于零,所以三个方案都可行。

3. 内部收益率法

建立求解三个方案内部收益率的方程:

$$NPV_A = -1000 + 250(P/A,IRR_A,10) = 0$$

$$NPV_B = -1200 + 450(P/A,IRR_B,10) = 0$$

$$NPV_C = -1500 + 600(P/A,IRR_C,10) = 0$$

通过插值试算法,可以得到 $IRR_A = 21.55\%$,$IRR_B = 36.27\%$,$IRR_C = 38.73\%$,三个方案的内部收益率均大于基准收益率 15%,所以三个方案均可行。

可以看出,对于完全不相关的独立方案来说,与单一方案的评价一样,只需选择任一经济评价指标，例如净现值、净年值或者内部收益率等指标，按照每一评价指标的评价标准进行评价即可，无论采用哪个评价指标，评价结果是一样的。

## 二、有资源约束的独立方案比选

在有资源约束条件下，独立方案之间因为资源有限而具有了一定的相关性。最常见是资金有限的情况，由于资金有限，决策者只能在备选方案中根据资金的多少选择一部分方案，方案之间因为资金有限而具有了相关性。如何使资金能得到充分地利用，使总投资效益最大，需要在若干个备选方案中进行选择，就是我们需要解决的问题。有资源约束的独立方案的比选一般可以采用独立方案组合互斥化法和净现值率排序法。

1. 方案组合互斥化法

在有资源约束的情况下，根据有限的资源，将独立方案进行组合，会形成若干个组合，每一个组合可以看作一个新的方案，这些方案之间是互斥关系，可以根据互斥方案的比选方法进行选择。

**【例 5-2】** 现有三个独立方案，方案的现金流量如表 5-2 所示，假如资金预算为 500 万元，试进行方案的选择（$i_c = 10\%$）。

**独立方案 A、B、C 的现金流量表**（单位：万元）　　表 5-2

| 方案＼年末 | 0 | 1～7 | 8 |
|---|---|---|---|
| A | −200 | 40 | 50 |
| B | −300 | 60 | 70 |
| C | −350 | 65 | 70 |

**【解】** 第一步，将独立方案进行组合，然后计算每一组合方案的净现值，见表 5-3。

**独立方案 A、B、C 的组合结果**　　表 5-3

| 序号 | 方案组合 | 投资总额（万元） | 年净收益（万元） | 残值（万元） | 净现值（万元） |
|---|---|---|---|---|---|
| 1 | A | 200 | 40 | 10 | 18.06 |
| 2 | B | 300 | 60 | 10 | 24.76 |
| 3 | C | 350 | 65 | 5 | −0.90 |
| 4 | AB | 500 | 100 | 20 | 42.82 |
| 5 | AC | 550 | 105 | 15 | 超出资金预算 |
| 6 | BC | 650 | 125 | 15 | 超出资金预算 |
| 7 | ABC | 850 | 165 | 25 | 超出资金预算 |

第二步，根据计算结果进行选择。可以看出，AB 组合方案投资 500 万元，在资金预算以内，而且 AB 组合方案的净现值最大，所以，AB 组合方案是最优的方案。

2. 净现值率排序法

净现值率排序法，首先计算每个独立方案的净现值率，淘汰净现值率小于零的方案，然后将剩余方案按照净现值率从大到小排序，依照排序选择方案，直到选择的方案的总投资达到预算或接近预算为止。

**【例 5-3】** 有六个相互独立的投资方案，资料如表 5-4 所示，计算期均为 6 年，若投资资金预算为 120 万元，试选择投资方案（$i_c = 10\%$）。

学习记录

【解】 首先,计算每个独立方案的净现值率,淘汰净现值率小于0的方案。然后按照净现值率排序依次选择方案,选择E和C两个方案,总投资为120万元,刚好满足资金预算。

独立方案的现金流量表 表5-4

| 方案＼年末 | 0(万元) | 1~6(万元) | *NPV*(万元) | *NPVR* | 排序 |
|---|---|---|---|---|---|
| A | -60 | 18 | 18.40 | 0.3067 | 3 |
| B | -55 | 12 | -2.74 | -0.0498 | 淘汰 |
| C | -45 | 15 | 20.33 | 0.4518 | 2 |
| D | -80 | 20 | 7.11 | 0.0889 | 4 |
| E | -75 | 28 | 46.95 | 0.626 | 1 |
| F | -70 | 17 | 4.04 | 0.0577 | 5 |

净现值率排序法计算简单易行,但是由于投资方案的不可分性,一个方案只能作为一个整体被接受或放弃,在很多情况下,资金不能被充分地利用,不能保证得到最优的组合方案。

## 第三节 互斥方案比选

### 一、计算期相同的互斥方案比选

1.静态比选方法

静态比选方法不考虑资金的时间价值,在方案初评或作为辅助评价方法时可以采用静态比选方法。互斥方案的静态比选方法常用增量投资收益率、增量投资回收期、年折算费用、综合总费用等评价方法进行相对经济效果静态评价。

(1)增量投资收益率法

在实践中,经常会遇到这样的方案,一个方案的投资额小,但经营成本较高;而另一方案正相反,其投资额较大,经营成本却较小。投资大的方案与投资小的方案形成了增量的投资,而增加的投资又在经营成本上带来了节约。增量投资所带来的经营成本上的节约与增量投资之比就叫增量投资收益率。这时,可以应用增量投资收益率进行方案的选择。

现设$I_1$、$I_2$分别为方案一、二的投资额,$C_1$、$C_2$为方案一、二的经营成本。

而且$I_1 < I_2$,$C_1 > C_2$,则增量投资收益率$R(2-1)$为:

$$R(2-1)=\frac{C_1-C_2}{I_2-I_1}\times 100\% \tag{5-1}$$

当对比的两方案生产率相同时,即年收入相同时,它们年经营成本的节约额,实际上就是它们年净收益额之差。方案之间年经营成本之差可以用年净收益之差表示。以$Q$表示年产量,$J$表示单位售价,$QJ$为年收入,$A_1$、$A_2$表示方案一、二的年净收益。

方案一的年净收益:

$$A_1=QJ-C_1$$

方案二的年净收益:

$$A_2=QJ-C_2$$

两方案的年净收益之差:

$$A_2 - A_1 = (QJ - C_2) - (QJ - C_1) = C_1 - C_2$$

增量投资收益率：

$$R(2-1) = \frac{C_1 - C_2}{I_2 - I_1} = \frac{A_2 - A_1}{I_2 - I_1} \times 100\% \tag{5-2}$$

若计算出来的增量投资收益率大于基准投资收益率，说明增加的投资是可行的，增加的投资可以由成本的节约得到补偿，应选择投资多的方案。反之，应选择投资小的方案。

(2)增量投资回收期法

增量投资回收期，就是用经营成本的节约或增量净收益来补偿增量投资所经历的年限。

当各年经营成本的节约$(C_1 - C_2)$或增量净收益$(A_2 - A_1)$基本相同时，增量投资回收期$P_t(2-1)$为：

$$P_t(2-1) = \frac{I_2 - I_1}{C_1 - C_2} = \frac{I_2 - I_1}{A_2 - A_1} \times 100\% \tag{5-3}$$

当各年经营成本的节约$(C_1 - C_2)$或增量净收益$(A_2 - A_1)$差异较大时，增量投资回收期$P_t(2-1)$为：

$$(I_2 - I_1) = \sum_{t=1}^{P_t(2-1)} (C_1 - C_2) \tag{5-4}$$

或

$$(I_2 - I_1) = \sum_{t=1}^{P_t(2-1)} (A_2 - A_1) \tag{5-5}$$

若计算出来的增量投资回收期小于基准投资回收期，应选择投资多的方案；反之，应选择投资小的方案。

(3)年折算费用法

当互斥方案的数量较多，而且它们所产生的效益基本相同，可以采用年折算费用法进行方案比选。计算各个方案的年折算费用，即将投资额按基准投资回收期分摊到各年，再与各年的年经营成本相加。在进行方案比选时，根据年折算费用的大小作为评价标准，年折算费用最小的方案是最优方案。年折算费用法经济含义明确，评价标准简单直观，适合于多方案的评价比选。

年折算费用计算公式为：

$$Z_j = \frac{I_j}{P_c} + C_j \tag{5-6}$$

式中：$Z_j$——第$j$方案的年折算费用；

$I_j$——第$j$方案的总投资；

$P_c$——基准投资回收期；

$C_j$——第$j$方案的年经营成本。

(4)综合总费用法

综合总费用是将方案的投资与基准投资回收期内年经营成本相加，也即基准投资回收期内年折算费用的总和。计算公式如下：

第$j$方案的综合总费用：

$$S_j = I_j + P_c \times C_j \tag{5-7}$$

式中：$S_j$——第$j$方案的综合总费用；

其余符号意义同前。

同样，综合总费用也适合于多方案的比选，在进行多方案的比选时，综合总费用最小的方案

学习记录 即为最优方案。

2. 动态比选方法

动态的比选方法考虑资金的时间价值,考虑了资金流入、流出的不同的时间点,这样方案在时间上才具有可比性。计算期相同的互斥方案的动态比选方法一般有净现值法、净年值法、费用现值与费用年值法、差额内部收益率法等。

(1)净现值法

净现值法就是通过计算各个备选方案的净现值并比较其大小来判断方案的优劣,是多方案比选中最常用的一种方法。

净现值法的比选一般包括两步:

①绝对效果检验。分别计算各个方案的净现值,并用评价标准加以检验,淘汰 $NPV<0$ 的方案。

②相对效果检验。比较所有 $NPV\geqslant 0$ 的方案的净现值,根据净现值最大的原则,净现值最大的方案为最优方案。

(2)净年值法

净年值法是通过计算各个备选方案的净年值并比较其大小而判断方案的优劣,也是多方案比选中常用的一种方法。净年值评价与净现值评价是等价的,评价标准也是一样的。净年值法的比选也包括两步:

①绝对效果检验。分别计算各个方案的净年值,并用评价标准加以检验,淘汰 $NAV<0$ 的方案。

②相对效果检验。比较所有 $NAV\geqslant 0$ 的方案的净年值,净年值最大的方案为最优方案。

(3)费用现值与费用年值法

在方案的比选中经常会遇到效益相同或效益基本相同但又未知的方案进行比较,只需对各个方案的费用进行比较,可采用最小费用法,费用最小的方案是最优方案。最小费用法包括费用现值和费用年值比较法,当方案计算期相同时,费用现值与费用年值法是等价的,故两者只需计算其中一个指标即可。

(4)差额内部收益率法

内部收益率指标是项目经济评价中经常使用的指标之一,也是衡量项目综合经济能力的重要指标。但是在多方案比选时,如果直接按照内部收益率最大原则来选择方案,有时会得出与净现值相矛盾的结果,这时要应用差额内部收益率法来进行多方案的比选。比选的实质是分析投资大的方案与投资小的方案相比,其所增加的投资被其增加的收益所抵偿的效果,即分析判断增量的现金流量的经济合理性。差额内部收益率即两方案之间净现值差额为零时的收益率。

差额内部收益率也可以看作是相互比较的两方案的净现值相等时的折现率。

计算公式如下:

$$NPV(2)-NPV(1)=0 \tag{5-8}$$

即:

$$\sum_{t=1}^{n}(\Delta CI-\Delta CO)_t\,(1+\Delta IRR)^{-t}=0 \tag{5-9}$$

式中:$\Delta CI=CI_2-CI_1$——互斥方案二、一的差额现金流入;

$\Delta CO=CO_2-CO_1$——互斥方案二、一的差额现金流出;

$\Delta IRR$——差额内部收益率。

评价标准：当 $\Delta IRR \geqslant i_c$ 时，选择投资多的方案；当 $\Delta IRR < i_c$ 时，选择投资少的方案。

应用差额内部收益率法比选方案的结果与净现值比选的结果是一致的。通过图 5-1 可以看出：当基准收益率为 $i_{1c}$ 时，$\Delta IRR > i_{1c}$，应选方案一，这时 $NPV_1 > NPV_2$，同样选择方案一；当基准收益率为 $i_{2c}$ 时，$\Delta IRR < i_{2c}$，应选方案二，这时 $NPV_1 < NPV_2$，同样选择方案二。

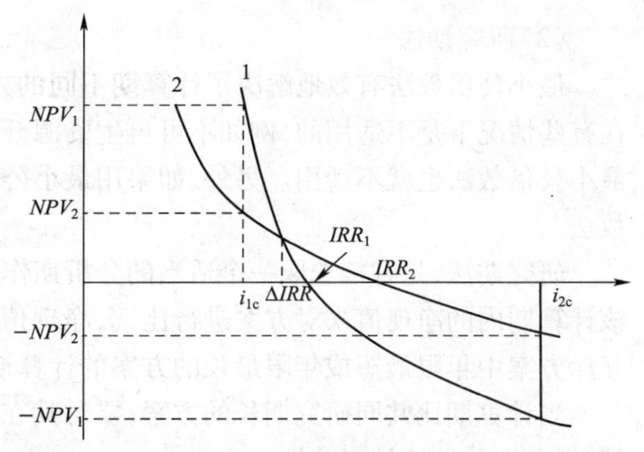


图 5-1　净现值、差额投资内部收益率和内部收益率间的关系

采用差额内部收益率进行方案的比选的步骤为：

①绝对效果检验。分别计算各个方案的内部收益率，淘汰 $IRR < i_c$ 的方案。

②相对效果检验。通过绝对效果检验的方案按照投资从小到大的顺序排列，先计算前两个方案 $\Delta IRR$，根据评价标准进行选择，保留下来的方案再与下一个方案进行比较，计算其 $\Delta IRR$，再进行选择。依次类推，直到选择出最优的方案。

差额内部收益率法也可用于仅有费用现金流量的互斥方案的比选。增加的投资换来的是其他费用的节约，节约的费用可以看成是增量收益。这时的差额内部收益率为两方案费用现值或费用年值相等时的折现率。

## 二、计算期不同的互斥方案比选

当互斥方案计算期不同时，比选不具有时间的可比性，不能直接采用净现值或差额内部收益率来比选方案。因此，就需要采取一定的方法使方案具有时间的可比性，使各个方案在相同的条件下进行比较。对于计算期不同的方案，一般采用净年值、费用年值、净现值、费用现值和差额内部收益率等评价指标进行比选。

1. 净年值法

在对计算期不同的互斥方案进行比选时，净年值法是最为简便的方法。用净年值进行计算期不同的互斥方案比选，实际上隐含着这样一种假定，各备选方案在其计算期结束时均可按原方案重复实施或以与原方案经济效果水平相同的方案继续实施。因为无论方案重复实施多少次，其净年值都是不变的，从而使计算期不同的互斥方案间具有可比性。对于只比较费用的互斥方案，可以采用费用年值来比选方案。

2. 净现值法

当互斥方案计算期不同时，应用净现值法进行方案的比选，需要考虑时间的可比性。净现值是价值型指标，必须在相同的计算期下比较净现值的大小，常用的处理方法是最小公倍数法和研究期法。

(1)最小公倍数法

最小公倍数法是以各备选方案计算期的最小公倍数作为比选方案的共同计算期，并假设各个方案均在这样一个共同的计算期内重复实施，所以又称为方案重复法。在共同的计算期下，对各方案各年的净现金流量进行计算，得出各个方案的净现值，以净现值较大的方案为最优方案。

对于只比较费用的互斥方案，在共同的计算期下，计算各个方案的费用现值，费用现值最小的是最优方案。

学习记录

(2)研究期法

最小公倍数法有效地解决了计算期不同的方案之间的净现值的可比性问题，但是这种方法在有些情况下是不适用的，例如不可再生资源开发型项目，方案重复实施的假定不再成立，运用最小公倍数法也就不适用。另外，如果用最小公倍数法求得的计算期过长，也不适合用最小公倍数法。

研究期法，是直接选取一个适当的分析期作为各个方案共同的计算期，通过比较各个方案在该计算期内的净现值来对方案进行比选，净现值最大的方案为最优方案。研究期的确定一般以互斥方案中年限最短或年限最长的方案的计算期作为互斥方案评价的共同研究期。

当计算期比共同研究期长的方案，要对其在共同研究期以后的现金流量情况进行合理的估算，以免影响结论的正确性。

3. 差额内部收益率法

应用内部收益率对计算期不同的互斥方案进行比选，与计算期相同的互斥方案比选一样，要经过两个步骤：

第一步：计算各方案的内部收益率，淘汰 $IRR < i_c$ 的方案，即绝对效果检验。

第二步：计算差额内部收益率 $\Delta IRR$，根据差额内部收益率的评价标准选择方案。

但是，需要注意的是，由于方案计算期不同，建立计算差额内部收益率的方程时，要利用方案之间净年值相等的方式建立，其中隐含了方案可重复实施的假定。

设互斥方案 A、B 的计算期分别为 $n_A$ 和 $n_B$，则：

$$NAV_A = NAV_B$$

即：

$$\left[\sum_{t=1}^{n_A}(CI-CO)_{At}(1+\Delta IRR)^{-t}\right](A/P,\Delta IRR,n_A) = \left[\sum_{t=1}^{n_B}(CI-CO)_{Bt}(1+\Delta IRR)^{-t}\right](A/P,\Delta IRR,n_B)$$

当 $\Delta IRR \geqslant i_c$ 时，选择投资大的方案；反之，选择投资小的方案。

若只比较方案之间的费用，也可利用差额内部收益率进行比选，同样由于方案的计算期不同，可以令方案之间的费用年值相等来建立计算差额内部收益率的方程。

## 三、无限计算期的互斥方案比选

对于一些大型公共项目，如桥梁、大坝、铁路等项目，服务期限相当长，可以看成是计算期无限的项目，这时，需要按照无限计算期来比选方案。在应用复利公式进行计算时，年金和现值之间的公式会有所变化，推导如下：

$$P = \frac{(1+i)^n - 1}{i(1+i)^n} \times A$$

当计算期趋向于无穷时，即 $n \to \infty$，$\lim\limits_{n\to\infty}\frac{(1+i)^n - 1}{i(1+i)^n} = \frac{1}{i}$。

得到：

$$P = \frac{A}{i} \text{或} A = Pi \tag{5-10}$$

当进行计算期无限方案的比选时，年金和现值之间的公式要应用式(5-10)进行相关计算。

## 第四节　相关方案比选

### 一、正相关方案比选

相关方案即一个方案的执行会对另一方案的现金流量产生或正或负的影响。当两个方案正相关时,一个方案的实施可以增加另一方案的收益,可将两个方案合并为一个方案来判断其可行性。正相关方案可以采用有资源约束的独立方案的选择方法。

1. 方案组合互斥化法

首先列出正相关方案所有的组合,从中选出投资额不大于资金预算的项目组,将每一项目组看成一个新的项目,然后按互斥方案选择方法,选择最优的项目组合。

2. 效率指标排序法

(1)以 *IRR* 为效率指标

①计算各项目的 *IRR*,并由大到小排序。

②在资金—收益率坐标图上,标出各方案的投资规模及 *IRR*,并标注资本限制和利率限制。

③选择 $IRR \geqslant i_c$,且资金限制允许的项目组合。

(2)以 *NPVR* 为效率指标

①计算各项目的 *NPVR* 并由大到小排序。

②在投资—净现值率坐标图上标出各方案的投资规模及 *NPVR*,并标注资本限制线。

③选择资金限制允许的项目组合。

### 二、负相关方案比选

当一个方案的执行虽然不排斥其他方案,但可以使其效益减少,这时方案之间具有负相关关系。负相关方案可以转化为互斥方案的选择。一般采用方案组合互斥化法对方案进行比选,基本步骤如下:

(1)确定方案的相关性,对其现金流量之间的相互影响做出估计。

(2)根据方案之间的负相关关系,将方案组合成互斥的组合方案,然后按照互斥方案的比选方法进行比选。

## 习题与答案

1. 方案的类型有哪几种?

答:有三种:独立方案,互斥方案,相关方案。

2. 计算期不同的互斥方案有哪些比选方法?

答:(1)净年值法。

(2)净现值法:具体包括最小公倍数法、研究期法和差额内部收益率法。对于无限计算期的互斥方案则需按照无限计算期来比选方案。

3. 有三个独立的投资方案 A、B、C,它们各年的现金流量如表 5-5 所示。

当资金无限时,选择哪些项目有利? 当资金限额为 5000 元时,选择哪些项目? 基准折现率为 8%。

学习记录

三个独立的投资方案A、B、C各年的现金流量(单位:元)　表5-5

| 年末<br>方案 | 0 | 1 | 2 | 3 |
|---|---|---|---|---|
| A | -1000 | 580 | 580 | 580 |
| B | -3000 | 1450 | 1450 | 1450 |
| C | -5000 | 2000 | 2000 | 2000 |

解:(1)资金无限时,得:

$$NPV(A) = -1000 + 580(P/A,8\%,3) = 491.18(\text{元})$$

$$NPV(B) = -3000 + 1450(P/A,8\%,3) = 736.80(\text{元})$$

$$NPV(C) = -5000 + 2000(P/A,8\%,3) = 154.2(\text{元})$$

由于三种方案净现值均大于0,故三种方案均为可行方案。

(2)资金为5000元时,方案组合如表5-6所示。

方案组合的现金流量表(单位:元)　表5-6

| 方案 | A | B | C | A+B | A+C | B+C |
|---|---|---|---|---|---|---|
| 初始投资 | 1000 | 3000 | 5000 | 4000 | 超出 | 超出 |
| 年收益 | 580 | 1450 | 2000 | 2030 | — | — |

绝对效果检验:

$$NPV(A) = -1000 + 580(P/A,8\%,3) = 491.18(\text{元})$$

$$NPV(B) = -3000 + 1450(P/A,8\%,3) = 736.80(\text{元})$$

$$NPV(C) = -5000 + 2000(P/A,8\%,3) = 154.2(\text{元})$$

$$NPV(A+B) = -4000 + 2030(P/A,8\%,3) = 1231.5(\text{元})$$

均大于0,无淘汰方案。

相对效果检验:根据净现值最大原则,选择A+B组合方案。

4. 两个互斥方案A、B,净现金流量如表5-7所示,基准折现率为12%,应该选择哪个方案?

互斥方案A、B的净现金流量(单位:元)　表5-7

| 年末<br>方案 | 0 | 1 | 2 | 3 | 4 |
|---|---|---|---|---|---|
| A | -1000 | 350 | 350 | 350 | 350 |
| B | -2000 | 800 | 800 | 800 | 800 |

解: $NAV(A) = -1000(A/P,12\%,4) + 350 = -1000 \times 0.3292 + 350 = 20.8(\text{万元}) > 0$

$NAV(B) = -2000(A/P,12\%,4) + 800 = -2000 \times 0.3292 + 800 = 141.6(\text{万元}) > 0$

$\because NAV(A) < NAV(B)$。

$\therefore$ 选B方案。

5. 已知三个互斥方案A、B、C,方案有关资料如表5-8所示,试选择方案($i_c = 15\%$)。

互斥方案A、B、C的现金流量表　表5-8

| 方案 | 初始投资(万元) | 年收入(万元) | 年支出(万元) | 计算期(年) |
|---|---|---|---|---|
| A | 3000 | 1800 | 800 | 5 |
| B | 3650 | 2200 | 1000 | 5 |
| C | 4500 | 2600 | 1200 | 5 |

解:第一步,计算各个方案的净现值。

$$NPV_A = -3000 + (1800 - 800)(P/A,15\%,5) = 352.2(\text{万元})$$

$$NPV_B = -3650 + (2200 - 1000)(P/A,15\%,5) = 372.64(\text{万元})$$

$$NPV_C = -4500 + (2600 - 1200)(P/A,15\%,5) = 193.08(\text{万元})$$

三个方案的净现值均大于零,所以没有方案被淘汰。

第二步:比较方案的净现值。可以看出方案 B 的净现值最大,所以它是最优方案。

6. 两个互斥方案 A、B,其净现金流量见表 5-9,基准收益率为 12%,试选择方案。

**互斥方案 A、B 的净现金流量**(单位:万元)　　表 5-9

| 方案＼年末 | 0 | 1 | 2 | 3~8 | 9 | 10~13 | 14 |
|---|---|---|---|---|---|---|---|
| A | -700 | -700 | 480 | 480 | 600 | | |
| B | -1500 | -1700 | -800 | 900 | 900 | 900 | 1400 |

解:由于两种方案计算其不同,故采用研究期法,取 $n = 14$。

方案一:$NPV(A) = \{-700 + [480(P/A,12\%,7) - 700](P/F,12\%,1) + 600(P/F,12\%,9)\}(A/P,12\%,9)\cdot(P/A,12\%,14) = 1054.18$(万元)

方案二:$NPV(B) = -1500 - 1700(P/F,12\%,1) + [900(P/A,12\%,11) - 800](P/F,12\%,2) + 1400(P/F,12\%,14) = 890.93$(万元)

由于 $NPV(A) > NPV(B)$,故选 A 方案。

7. 互斥方案 A、B、C 净现金流量如表 5-10 所示,试用净年值法进行方案选择($i_c = 12\%$)。

**互斥方案 A、B、C 的净现金流量**(单位:万元)　　表 5-10

| 方案＼年末 | 0 | 1~4 | 5 |
|---|---|---|---|
| A | -500 | 200 | 250 |
| B | -200 | 180 | 180 |
| C | -100 | 40 | 60 |

解:第一步,计算各个方案的净年值。

$$NAV_A = -500(A/P,12\%,5) + 200 + 50(A/F,12\%,5) = 69.17(\text{万元})$$

$$NAV_B = -200(A/P,12\%,5) + 180 = 124.52(\text{万元})$$

$$NAV_C = -100(A/P,12\%,5) + 40 + 20(A/F,12\%,5) = 15.41(\text{万元})$$

三个方案的净年值均大于零,所以没有方案被淘汰。

第二步:比较方案的净年值。可以看出方案 B 的净年值最大,所以它是最优方案。

8. 项目 A、B 有不同的工艺设计方案,均能满足同样的生产需要,其有关的支出数据如表5-11所示,试选择方案($i_c = 10\%$)。

**A、B 方案的费用支出表**(单位:万元)　　表 5-11

| 方案＼年末 | 0(投资) | 1~10(经营成本) | 计算期(年) |
|---|---|---|---|
| A | 800 | 300 | 10 |
| B | 1000 | 240 | 10 |

解:采用费用现值法来比选方案,先计算各方案的费用现值。

学习记录

$$PC_A = 800 + 300(P/A,10\%,10) = 2643.38(\text{万元})$$

$$PC_B = 1000 + 240(P/A,10\%,10) = 2474.70(\text{万元})$$

比较各方案的费用现值,可以看出方案B的费用现值较小,所以方案B是最优方案。

9. 有两个投资方案A、B,方案的有关数据如表5-12所示,试用内部收益率法进行选择方案($i_c = 15\%$)。

**A、B方案的现金流量表**(单位:万元)　　表5-12

| 方案＼年末 | 0 | 1~10 | 计算期(年) |
|---|---|---|---|
| A | -10000 | 2500 | 10 |
| B | -5000 | 1400 | 10 |

解:第一步,计算各个方案的内部收益率。

$$NPV_A = -10000 + 2500(P/A, IRR_A, 10) = 0$$

$$NPV_B = -5000 + 1400(P/A, IRR_B, 10) = 0$$

通过试算,得到 $IRR_A = 21.55\%$,$IRR_B = 24.99\%$,两个方案的内部收益率均大于基准收益率15%,所以没有方案被淘汰。

第二步,计算差额内部收益率。

$$NPV_A - NPV_B = -5000 + 1100(P/A, \Delta IRR, 10) = 0$$

通过试算,得到 $\Delta IRR = 17.86\% >$ 基准收益率15%,所以应该选择投资大的方案,即方案A。

10. 某建设项目有A、B两个方案,其净现金流量如表5-13所示,试选择方案($i_c = 10\%$)。

**A、B方案的费用支出表**(单位:万元)　　表5-13

| 方案＼年末 | 0(初始投资) | 年净收益 | 残值 | 计算期(年) |
|---|---|---|---|---|
| A | 300 | 80 | 10 | 8 |
| B | 200 | 60 | 5 | 5 |

解:应用净年值法来选择方案。第一步,计算各个方案的净年值。

$$NAV_A = -300(A/P,10\%,8) + 80 + 10(A/F,10\%,8) = 24.65(\text{万元})$$

$$NAV_B = -200(A/P,10\%,5) + 60 + 5(A/F,10\%,5) = 8.06(\text{万元})$$

两个方案的净年值均大于零,所以没有方案被淘汰。

第二步,比较方案的净年值,方案A的净年值较大,所以应选择方案A。

11. 两个互斥方案A和B,相关数据如表5-14所示,试应用净现值选择方案($i_c = 10\%$)。

**A、B方案的现金流量表**(单位:万元)　　表5-14

| 方案 | 初始投资 | 年净收益 | 计算期(年) |
|---|---|---|---|
| A | 250 | 80 | 6 |
| B | 160 | 60 | 4 |

解:两个方案的计算期不同,运用最小公倍数法,方案A计算期6年,方案B计算期4年,它们的最小公倍数为12年,12年作为共同计算期计算两个方案的净现值,如图5-2所示。

$$NPV_A = -250 - 250(P/F,10\%,6) + 80(P/A,10\%,12) = 153.97(\text{万元})$$

$$NPV_B = -160 - 160(P/F,10\%,4) - 160(P/F,10\%,8) + 60(P/A,10\%,12) = 64.90(\text{万元})$$

可以看出,A方案的净现值较大,所以应该选择方案A。

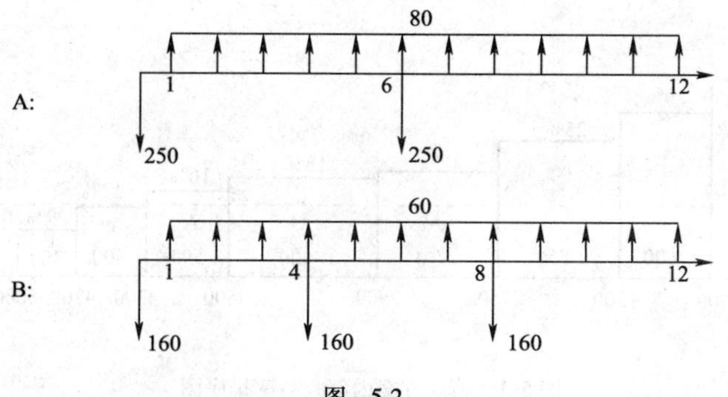


图 5-2

12. 假设有三个相互独立的投资方案，所有方案的计算期均为10年，残值为0，基准收益率为10%，可利用资本150000元。项目的有关数据见表5-15。哪些方案能被采纳？

**方案A、B、C的净现金流量表**（单位：元）　　表5-15

| 方案 | 初始费用 | 年净收益 |
|---|---|---|
| A | 100000 | 16980 |
| B | 65000 | 13000 |
| C | 85000 | 16320 |

解：进行方案组合如表5-16所示。

**方案组合结果**（单位：元）　　表5-16

| 序号 | 方案组合 | 初始费用 | 年净收益 | 净现值 |
|---|---|---|---|---|
| 1 | A | 100000 | 16980 | 4321.1 |
| 2 | B | 65000 | 13000 | 14885 |
| 3 | C | 85000 | 16320 | 15286.4 |
| 4 | AB | 165000 | — | 超出资金预算 |
| 5 | AC | 185000 | — | 超出资金预算 |
| 6 | BC | 150000 | 29320 | 30171.4 |
| 7 | ABC | 250000 | — | 超出资金预算 |

可以看出，BC方案组合净现值最大，是最优方案。

13. 假设有八个正相关的投资方案，所有方案的计算期均为10年，各项目每期期末的净收益都相同，残值为0，项目的有关数据见表5-17。基准收益率12%，可利用资本3800万元，应选择哪些项目？

**8个独立的投资项目**（单位：万元）　　表5-17

| 投资方案 | A | B | C | D | E | F | G | H |
|---|---|---|---|---|---|---|---|---|
| 期初投资额 | 500 | 700 | 400 | 750 | 640 | 850 | 900 | 600 |
| 每年净收益 | 103 | 264 | 71 | 173 | 100 | 238 | 200 | 194 |

解：计算各个方案的内部收益率，A方案的 *IRR* 的计算如下：

$$103(P/A, IRR_A, 10) - 500 = 0$$

通过试算，得到A方案的内部收益率 $IRR_A = 16\%$。

同理可得：$IRR_B = 36\%$，$IRR_C = 12\%$，$IRR_D = 19\%$，$IRR_E = 9\%$，$IRR_F = 25\%$，$IRR_G = 18\%$，$IRR_H = 30\%$。将求得的内部收益率按从大到小的顺序排列（图5-3）。

学习记录

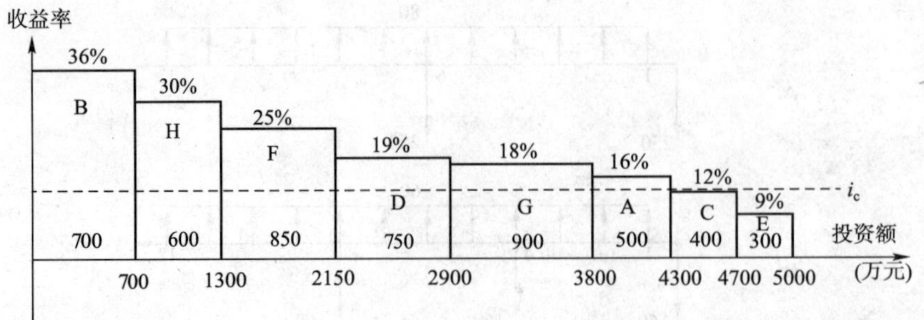


图 5-3　独立方案内部收益率排序图

当资金限额为 3800 万元时，从左向右依次选择 B、H、F、D、G 五个项目，故应选择这五个项目。

14. 为了满足运输需要，在两地之间要建一铁路项目或一公路项目。若只建铁路或只建公路，它们的现金流量如表 5-18 所示，若同时建铁路或公路，两个项目的收益都会相应减少，这时的现金流量如表 5-19 所示。应如何决策（$i_c = 10\%$）？

只建一个项目的净现金流量(单位:百万元)　　表 5-18

| 方案＼年末 | 0 | 1 | 2 | 3～32 |
|---|---|---|---|---|
| 铁路(A) | -200 | -200 | -200 | 100 |
| 公路(B) | -100 | -100 | -100 | 60 |

同时建两个项目的净现金流量(单位:百万元)　　表 5-19

| 方案＼年末 | 0 | 1 | 2 | 3～32 |
|---|---|---|---|---|
| 铁路(A) | -200 | -200 | -200 | 100 |
| 公路(B) | -100 | -100 | -100 | 60 |
| 两个项目(A+B) | -300 | -300 | -300 | 115 |

解：先将两个相关方案组合成三个互斥方案如表 5-20 所示，再计算每个互斥方案的净现值。

组合方案及其净现值表(单位:百万元)　　表 5-20

| 方案＼年末 | 0 | 1 | 2 | 3～32 | 净现值 |
|---|---|---|---|---|---|
| 铁路(A) | -200 | -200 | -200 | 100 | 281.65 |
| 公路(B) | -100 | -100 | -100 | 60 | 218.73 |
| A+B | -300 | -300 | -300 | 115 | 149.80 |

比较三个方案的净现值，方案 A 的净现值最大，所以，只建设铁路是最优方案。

第六章 DILIUZHANG

# 工程项目可行性研究

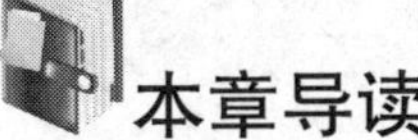

## 本章导读

工程项目可行性研究是项目投资前期的一项重要基础工作,也是项目投资决策的重要依据。如何进行工程项目的可行性研究工作呢?本章将在介绍可行性研究的含义与作用以及可行性研究依据的基础上;重点介绍可行性研究的主要内容以及可行性研究报告编制的方法。

## 学习目的

1. 了解可行性研究的含义、作用、依据;
2. 熟悉可行性研究的内容;
3. 掌握可行性研究报告的编制。

## 学习重点

1. 可行性研究的主要内容;
2. 可行性研究报告的编制方法。

## 学习难点

可行性研究报告的编制。

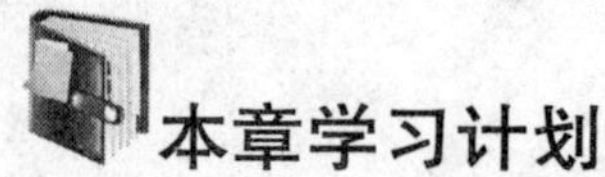

## 本章学习计划

| 内　　容 | 建议自学时间（学时） | 学习建议 | 学习记录 |
| --- | --- | --- | --- |
| 第一节　概述 | 0.5 | 了解可行性研究的作用 | |
| 第二节　可行性研究的内容 | 1.5 | 熟悉可行性研究的内容 | |

# 第一节 概　述

## 一、可行性研究的含义

可行性研究是指在项目投资决策前，对拟建项目的所有方面（包括工程技术、经济、财务、生产、销售、环境、法律等）进行全面的、综合的调查研究，然后对备选方案从技术的先进性、生产的可行性、建设的可能性、经济的合理性等方面进行比较评价，从中选出最佳方案的一种系统投资决策分析研究工作。

一个建设工程项目要经历决策阶段、实施阶段及运营阶段三个时期，其寿命周期如图6-1所示。可行性研究是项目决策阶段最重要的一项基础工作，它从市场需求预测开始，通过拟订多个方案进行比较论证，最后评价项目技术上的可行性和经济上的合理性，提出项目可行或不可行的结论，从而回答项目是否要投资建设和如何投资建设的问题，为投资者的最终决策提供准确的科学依据。

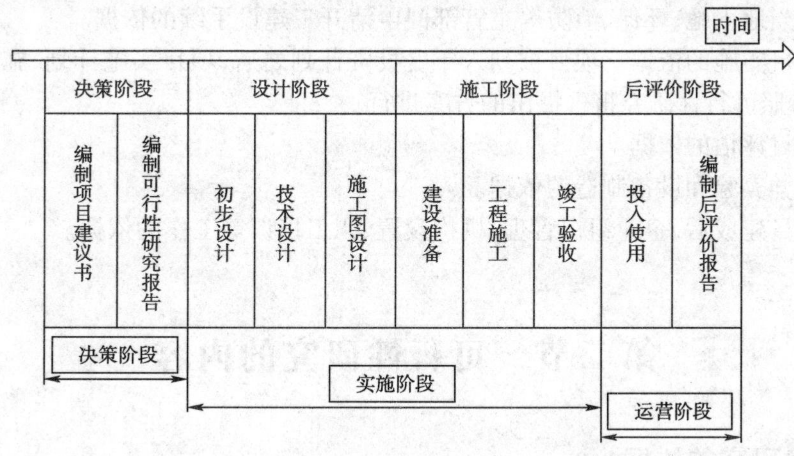


图6-1　项目投资决策和建设全过程示意图

决策阶段是确定工程项目经济效果的关键时期，是研究和控制的重点。如果在项目实施中才发现工程费用过高，投资不足，或原材料不能保证等问题，将会给投资者造成巨大损失。因此，无论是发达国家还是发展中国家，都把可行性研究视为工程建设的首要环节。投资者为了排除盲目性，减少风险，在竞争中取得最大利润，宁肯在投资前花费一定的代价，也要进行投资项目的可行性研究，以提高投资获利的可靠程度。

## 二、可行性研究的意义

可行性研究的重要意义主要体现在：

（1）减少决策的盲目性。现代工程项目的建设涉及面广，相关因素多，如市场问题突出，建设新项目的条件苛刻，技术因素复杂，资金筹措困难以及国家政策等方面的因素。如果投资主体不能就投资项目所涉及的各个主要方面进行深入调研、预测和定量估算而盲目投资，就有可能使项目出现一些遗留问题，造成新项目的畸形发展，甚至会出现达不到设计要求的情况。

（2）提高项目建设的速度和确保项目建设的质量。可行性研究工作虽然要占用项目建设前期的时间，而且还要支付研究费用，但由于它所研究的工作内容是项目设计、施工时所需要的基

学习记录 础数据和资料,因而可以相应减少后期的工作,即缩短建设期的周期。可行性研究是行之有效、合乎建设规律的一种科学分析论证方法,也是提高建设项目经济效益的首要环节。我国有关部门明确规定,凡是未经可行性研究或可行性研究深度不够的项目,设计任务书将不予批准,不得列入基建计划。

### 三、可行性研究的作用

可行性研究是工程项目工作的起点,也是以后一系列工作的基础,其作用概括起来有以下几个方面:

(1)作为投资项目决策的依据。投资主体是否决定兴建该项目,主要依据可行性研究提出的研究结论。

(2)作为投资项目设计的依据。项目设计要严格按照批准的可行性研究报告的内容进行,不得任意修改。

(3)作为向银行贷款的依据。银行通过审查可行性研究报告,判断项目的盈利能力和偿还能力,决定是否贷款。

(4)作为向当地土地、环保、消防等主管部门申请开工建设手续的依据。

(5)作为项目实施的依据。项目被列入年度投资计划之后,项目实施计划、施工材料及设备采购计划都要参照可行性研究报告提出的方案进行。

(6)作为项目评估的依据。

(7)作为科学实验和设备制造的依据。

(8)作为项目建成后,企业组织管理、机构设置、职工培训等工作的依据。

## 第二节　可行性研究的内容

### 一、可行性研究的依据

一个拟建项目的可行性研究,必须在国家有关的规划、政策、法规的指导下完成,同时,还必须要有相应的各种技术资料。进行可行性研究工作的依据主要包括:

(1)项目建议书(初步可行性研究报告)及其批复文件。

(2)国家和地方的经济和社会发展规划;行业部门发展规划,如江河流域开发后治理规划、铁路公路路网规划、电力电网规划、森林开发规划等。

(3)国家有关法律、法规、政策。

(4)国家矿产储量委员会批准的矿产储备报告及矿产勘探最终报告。

(5)有关机构发布的工程建设方面的标准、规范、定额。

(6)中外合资、合作项目各方签订的协议书或意向书。

(7)编制可行性研究报告的委托合同。

(8)其他有关依据资料。

### 二、可行性研究的主要内容

工程项目的重要特点之一是它的单件性,因而,每个工程项目应根据自身的技术经济特点确定可行性研究的工作要点以及相应可行性研究的内容。根据《投资项目可行性研究指南》编写组编写的《投资项目可行性研究指南》(试用版)有关规定,可行性研究的主要内容如图 6-2 所示。

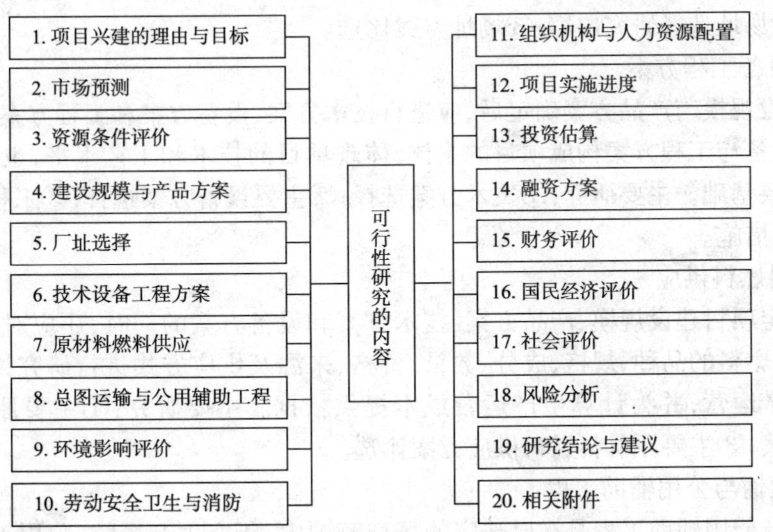


图 6-2 可行性研究的主要内容

(1)项目兴建理由与目标

项目兴建理由与目标的研究,是根据已确定的初步可行性研究报告(或者项目建议书),从总体上进一步论证项目提出的依据、背景,理由和预期目标,即进行项目建设必要性分析。与此同时,分析论证项目建设和生产运营必备的基本条件及其获得的可能性,即进行项目建设可能性分析。对于确实必要又有可能建设的项目,继续进行可行性研究,开展技术、工程、经济、环境等方案的论证、比选和优化工作。主要研究:①项目兴建理由;②项目预期目标;③项目建设基本条件。

(2)市场预测

市场预测是对项目的产出品和所需的主要投入品的市场容量、价格、竞争力,以及对市场风险进行分析预测。市场预测的结果为确定项目建设规模与产品方案提供依据。主要研究:①市场预测内容;②市场现状调查;③产品供需预测;④价格预测;⑤竞争力分析;⑥市场风险分析;⑦市场调查与预测方法。

(3)资源条件评价

矿产资源、水利水能资源和森林资源等资源开发项目的物质基础,直接关系到项目开发方案和建设规模的确定。资源开发项目包括:金属矿、煤矿、石油天然气矿、建材矿、化学矿,水利水电和森林采伐等项目。在可行性研究阶段,应对资源开发利用的可能性、合理性和资源的可靠性进行研究和评价,为确定项目的开发方案和建设规模提供依据。主要研究:①资源开发利用的基本要求;②资源评价。

(4)建设规模与产品方案

建设规模与产品方案研究是在市场预测和资源评价(指资源开发项目)的基础上,论证比选拟建项目规模和产品方案(包括主要产品和辅助产品及其组合),作为确定项目技术方案、设备方案、工程方案、原材料燃料供应方案及投资估算的依据。主要研究:①建设规模方案选择;②产品方案选择;③建设规模与产品方案比选。

学习记录

(5)场址选择

可行性研究阶段的场址选择,是在初步可行性研究(或者项目建议书)规划选址已确定的建设地区和地点范围内,进行具体坐落位置的选择,习惯上称为工程选址。主要研究:①场址选择的基本要求;②场址选择研究内容;③场址方案比选。

(6)技术设备工程方案

项目的建设规模与产品方案确定后,应进行技术方案、设备方案和工程方案的具体研究论证工作。技术、设备与工程方案构成项目的主体,体现项目的技术和工艺水平,也是决定项目是否经济合理的重要基础。主要研究:①技术方案选择;②主要设备方案选择;③工程方案选择;④节能措施;⑤节水措施。

(7)原材料燃料供应

在研究确定项目建设规模、产品方案、技术方案和设备方案的同时,还应对项目所需的原材料、辅助材料和燃料的品种、规格、成分、数量、价格、来源及供应方式进行研究论证,以确保项目建成后正常生产运营,并为计算生产运营成本提供依据。主要研究:①主要原材料供应方案;②燃料供应方案;③主要原材料燃料供应方案比选。

(8)总图运输与公用辅助工程

总图运输与公用辅助工程是在已选定的场址范围内,研究生产系统、公用工程、辅助工程及运输设施的平面和竖向布置,以及工程方案。主要研究:①总图布置方案;②场内外运输方案;③公用工程与辅助工程方案。

(9)环境影响评价

建设项目一般会引起项目所在地自然环境、社会环境和生态环境的变化,对环境状况、环境质量产生不同程度的影响。环境影响评价是在研究确定场址方案和技术方案中,调查研究环境条件,识别和分析拟建项目影响环境的因素,研究提出治理和保护环境的措施,比选和优化环境保护方案。主要研究:①环境影响评价基本要求;②环境条件调查;③影响环境因素分析;④环境保护措施。

(10)劳动安全卫生与消防

拟建项目劳动安全卫生与消防的研究是在已确定的技术方案和工程方案的基础上,分析论证在建设和生产过程中存在的对劳动者和财产可能产生的不安全因素(如工伤和职业病、火灾隐患),并提出相应的防范措施。主要研究:①劳动安全卫生;②消防设施。

(11)组织机构与人力资源配置

合理、科学地确定项目组织机构和配置人力资源是保证项目建设和生产运营顺利进行,提高劳动效率的重要条件。在可行性研究阶段,应对项目的组织机构设置、人力资源配置、员工培训等内容进行研究,比选和优化方案。主要研究:①组织机构设置及其适应性分析;②人力资源配置;③员工培训。

(12)项目实施进度

项目工程建设方案确定后,应研究提出项目的建设工期和实施进度方案,科学组织建设过程中各阶段的工作,按工程进度安排建设资金,保证项目按期建成投产,发挥投资效益。主要研究:①建设工期;②实施进度安排。

(13)投资估算

投资估算是在对项目的建设规模、技术方案、设备方案、工程方案及项目实施进度等进行研究并基本确定的基础上,估算项目投入总资金(包括建设投资和流动资金)并测算建设期内分年资金需要量。投资估算作为制定融资方案,进行经济评价,以及编制初步设计概算的依据。主要研究:①建设投资估算内容;②建设投资估算方法;③流动资金估算;④项目投入总投资及分年投入计划。

(14)融资方案

融资方案是在投资估算的基础上,研究拟建项目的资金渠道、融资形式、融资结构、融资成本、融资风险,比选推荐项目的融资方案,并以此研究资金筹措方案和进行财务评价。主要研究:①融资组织形式选择;②资本金筹集;③债务资金筹集;④融资方案分析。

(15)财务评价

财务评价是在国家现行财税制度和市场价格体系下,分析预测项目的财务效益与费用,计算财务评价指标,考察拟建项目的盈利能力、偿债能力,据以判断项目的财务可行性。主要研究:①财务评价内容与步骤;②财务基础数据与参数选择;③销售收入与成本费用估算;④新设项目法人项目财务评价;⑤既有项目法人项目财务评价;⑥不确定性分析;⑦非盈利性项目财务评价。

(16)国民经济评价

国民经济评价是按合理配置资源的原则,采用影子价格等国民经济评价参数,从国民经济的角度考察投资项目所耗费的社会资源和对社会的贡献,评价投资项目的经济合理性。主要研究:①国民经济评价范围和内容;②国民经济效益与费用识别;③影子价格的选取与计算;④国民经济评价报表编制;⑤国民经济评价指标计算;⑥国民经济评价参数。

(17)社会评价

社会评价是分析拟建项目对当地社会的影响和当地社会条件对项目的适应性和可接受程度,评价项目的社会可行性。主要研究:①社会评价作用与范围;②社会评价主要内容;③社会评价步骤与方法。

(18)风险分析

投资项目风险分析是在市场预测、技术方案、工程方案、融资方案和社会评价中已进行的初步风险分析的基础上,进一步综合分析识别拟建项目在建设和运营中潜在的主要风险因素,揭示风险来源,判别风险程度,提出规避风险对策,降低风险损失。主要研究:①风险因素识别;②风险评估方法;③风险防范对策。

(19)研究结论与建议

在前述各项研究论证的基础上,归纳总结,择优提出推荐方案,并对推荐方案进行总体论证。在肯定拟推荐方案优点的同时,还应指出可能存在的问题和可能遇到的主要风险,并做出项目和方案是否可行的明确结论,为决策者提供清晰的建议。主要研究:①推荐方案总体描述;②主要比选方案描述。

## 三、可行性研究报告的编制

1. 可行性研究报告编制步骤

一般来讲,可行性研究报告的编制步骤如图 6-3 所示。

(1)签订委托协议

可行性研究报告编制单位与委托单位,应就项目可行性研究工作的范围、重点、深度要求、完成时间、经费预算和质量要求交换意见,并签订委托协议,据此开展可行性研究各阶段的工作。

(2)组建工作小组

根据委托项目可行性研究的范围、内容、技术难度、工作量、时间要求等组建项目可行性研究

学习记录

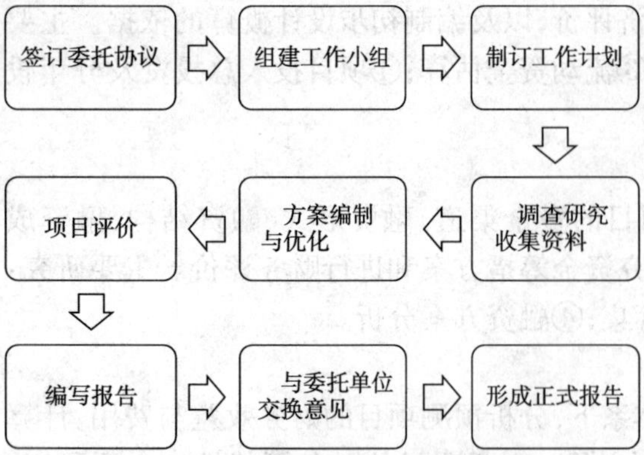

签订委托协议 → 组建工作小组 → 制订工作计划 → 调查研究收集资料 → 方案编制与优化 → 项目评价 → 编写报告 → 与委托单位交换意见 → 形成正式报告

图 6-3 可行性研究报告的编制步骤

工作小组。一般工业项目和交通运输项目可分为市场组、工艺技术组、设备组、工程组、总图运输及公用工程组、环保组、技术经济组等专业组。为使各专业组协调工作，保证报告总体质量，一般应由总工程师、总经济师负责统筹协调。

(3)制订工作计划

内容包括研究工作的范围、重点、深度、进度安排、人员配置、费用预算及报告编制大纲，并与委托单位交换意见。

(4)调查研究收集资料

各专业组根据报告编制大纲进行实地调查、收集整理有关资料，包括向市场和社会调查，向行业主管部门调查，向项目所在地区调查，向项目涉及的有关企业、单位调查，收集项目建设、生产运营等方面所必需的信息资料和数据。

(5)方案编制与优化

在调查研究、搜集资料的基础上，对项目的建设规模与产品方案、场址方案、技术方案、设备方案、工程方案、原材料供应方案、总图布置与运输方案、公用工程和辅助工程方案、组织机构设置方案、实施进度方案以及项目投资与资金筹措方案等，研究编制备选方案。进行方案论证比选优化后，提出推荐方案。

(6)项目评价

对推荐方案进行环境评价、财务评价、国民经济评价、社会评价及风险分析，以判别项目的环境可行性、经济可行性、社会可行性和抗风险能力。当有关评价指标结论不足以支持项目方案成立时，应对原设计方案进行调整或重新设计。

(7)编写报告

项目可行性研究各专业方案，经过技术经济论证和优化之后，由各专业组分工编写。经项目负责人衔接协调综合汇总，提出报告初稿。

(8)与委托单位交换意见

报告初稿形成后，与委托单位交换意见，修改完善，形成正式报告。

2. 可行性研究报告深度要求

(1)报告能充分反映项目可行性研究工作的成果，内容齐全，结论明确，数据准确，论据充分，满足决策者定方案定项目要求。

(2)报告选用主要设备的规格、参数应能满足预订货的要求。引进技术设备的资料应能满足合同谈判的要求。

(3)报告中的重大技术、经济方案，应有两个以上方案的比选。

(4)报告中确定的主要工程技术数据，应能满足项目初步设计的要求。

(5)报告构造的融资方案，应能满足银行等金融部门信贷决策的需要。

(6)报告中应反映在可行性研究过程中出现的某些方案的重大分歧及未被采纳的理由，以供委托单位与投资者权衡利弊进行决策。

(7)报告应附有评估、决策(审批)所必需的合同、协议、意向书、政府批件等。

3. 可行性研究报告编制单位及人员资质要求

可行性研究报告的质量取决于编制单位的资质和编写人员的素质。承担可行性研究报告编写单位和人员，应符合下列要求：

(1)报告编制单位应具有经国家有关部门审批登记的资质等级证明。

(2)编制单位应具有承担编制可行性研究报告的能力和经验。

(3)可行性研究人员应具有所从事专业的中级以上专业职称，并具有相关的知识、技能和工作经历。

(4)报告编制单位及人员，应坚持独立、公正、科学、可靠的原则，实事求是，对提供的可行性研究报告质量负完全责任。

4. 可行性研究报告文本格式

(1)报告文本排序

①封面。项目名称、研究阶段、编制单位、出版年月，并加盖编制单位印章。

②封一。编制单位资格证书，如工程咨询资质证书、工程设计证书。

③封二。编制单位的项目负责人、技术管理负责人、法人代表名单。

④封三。编制人、校核人、审核人、审定人名单。

⑤目录。

⑥正文。

⑦附图、附表、附件。

(2)报告文本的外形尺寸统一为 A4 纸。

## 习题与答案

1. 可行性研究的作用是什么？

答：可行性研究的作用主要包括：

(1)作为投资项目决策的依据。

(2)作为投资项目设计的依据。

(3)作为向银行贷款的依据。

(4)作为向当地土地、环保、消防等主管部门申请开工建设手续的依据。

(5)作为项目实施的依据。

(6)作为项目评估的依据。

(7)作为科学实验和设备制造的依据。

(8)作为项目建成后，企业组织管理、机构设置、职工培训等工作的依据。

2. 可行性研究的主要阶段包括哪些？

答：可行性研究分为：投资机会研究、初步可行性研究和详细可行性研究三个阶段。

内容有：

(1)投资机会研究阶段：确定投资机会，提出建设项目投资方向的建议。

(2)初步可行性研究阶段：确定项目是否值得进行详细可行性研究；确定哪些是关键性问题，并需要进行辅助性专题研究；判断项目设想是否有生命力，能否获得较大的利润。

(3)详细可行性研究阶段：提出项目建设方案；效益分析和最佳方案的选择；依据标准，对拟建项目提出结论性意见。

3. 可行性研究报告的主要内容是什么？

答：可行性研究报告的主要内容包括：

(1)项目兴建理由与目标。

学习记录

(2)市场预测。
(3)资源条件评价。
(4)建设规模与产品方案。
(5)场地选择。
(6)技术设备工程方案。
(7)原材料燃料供应。
(8)总图运输与公用辅助工程。
(9)环境影响评价。
(10)劳动安全卫生与消防。
(11)组织机构与人力资源配置。
(12)项目实施进度。
(13)投资估算。
(14)融资方案。
(15)财务评价。
(16)国民经济评价。
(17)社会评价。
(18)风险分析。
(19)研究结论与建议。

# 第七章 DIQIZHANG

# 建设项目财务评价

## 本章导读

工程项目在完成技术方案论证、投资估算与资金筹措后，如何分析、计算项目直接发生的财务效益和费用？如何编制财务报表、计算财务分析指标？如何考察项目盈利能力、清偿能力等财务状况，据以判别项目可行性？带着这些疑问我们将进入本章的学习。

## 学习目的

1. 了解财务评价的概念、作用和步骤；
2. 熟悉财务评价的方法；
3. 掌握项目财务评价报表的编制和财务评价指标之间的关系。

## 学习重点

1. 财务评价的内容与基本报表的编制；
2. 建设项目财务评价指标体系；
3. 建设项目财务评价方法。

## 学习难点

1. 现金流量表的编制；
2. 利润与利润分配表的编制。

## 本章学习计划

| 内　　容 | 建议自学时间（学时） | 学习建议 | 学习记录 |
|---|---|---|---|
| 第一节　财务评价概述 | 1.0 | 了解财务评价的步骤 | |
| 第二节　财务评价效益与费用估算 | 2.0 | 熟悉财务效益与费用的估算 | |
| 第三节　新设项目法人项目财务评价 | 5.0 | 掌握新设项目、既有项目及非盈利性项目财务评价的方法 | |
| 第四节　既有项目法人项目财务评价 | 1.5 | | |
| 第五节　非盈利性项目财务评价 | 0.5 | | |

# 第一节　财务评价概述

## 一、项目分类与财务评价

1. 项目分类

(1)按项目的目标,分为经营性项目和非经营性项目。经营性项目通过投资以实现所有者权益的市场价值最大化为目标,以投资牟利为行为趋向。绝大多数生产或流通领域的投资项目都属于这类项目。

非经营性项目不以追求营利为目标,其中包括本身没有经营活动、没有收益的项目,如城市道路、植树造林等项目;另外也包括直接为公众提供基本生活服务,本身有经营活动,有营业收入,但产品价格不由市场机制形成的项目。这类项目,国家有相应的配套政策。

(2)按项目的产品(或服务)属性,分为公共项目和非公共项目。公共项目是指为满足社会公众需要,生产或提供公共物品(包括服务)的项目,如上述第一类非经营性项目。公共物品的特征是具有非排他性或排他无效率,有很大一类物品无法或不应该收费。

非公共项目是指除公共项目以外的其他项目。相对于"政府部门提供公共物品"的是"私人部门提供的商品",其重要特征是:供应商能够向那些想消费这种商品的人收费并因此得到利润。

(3)按项目的投资管理形式,分为政府投资项目和企业投资项目。政府投资项目是指使用政府性资金的建设项目以及有关的投资活动。政府性资金包括:财政预算投资资金(含国债资金);利用国际金融组织和外国政府贷款的主权外债资金;纳入预算管理的专项建设资金;法律、法规规定的其他政府性资金。政府按照资金来源、项目性质和宏观调控需要,分别采用直接投资、资本金注入、投资补助、转贷、贴息等方式进行投资。不使用政府性资金的投资项目统称企业投资项目。

(4)按项目与企业原有资产的关系,分为新建项目和改扩建项目。改扩建项目与新建项目的区别在于:改扩建项目是在原有企业基础上进行建设的,在不同程度上利用了原有企业的资源,以增量带动存量,以较小的新增投入取得较大的新增效益。建设期内项目建设与原有企业的生产同步进行。

(5)按项目的融资主体,分为新设法人项目和既有法人项目。新设法人项目由新组建的项目法人为项目进行融资,其特点是:项目投资由新设法人筹集的资本金和债务资金构成;由新设项目法人承担融资责任和风险;从项目投产后的财务效益情况考察偿债能力。

既有法人项目要依托现有法人为项目进行融资,其特点是:拟建项目不组建新的项目法人,由既有法人统一组织融资活动并承担融资责任和风险;拟建项目一般是在既有法人资产和信用的基础上进行的,并形成增量资产;从既有法人的财务整体状况考察融资后的偿债能力。

除上述几种分类外,项目还可以从其他角度进行分类。没有一种分类方法可以涵盖各种属性的项目,为便于教材内容的安排,列举了几种分类。这些分类对经济评价内容、评价方法、效益与费用估算、报表设置等都有重要影响。实际工作中可以根据需要从不同的角度另行分类。

2. 财务评价

(1)财务评价的概念

财务评价又称财务分析,是在国家现行财税制度和价格体系的前提下,从项目的角度出发,

学习记录

计算项目范围内的财务效益与费用，分析项目的盈利能力、清偿能力和财务生存能力，评价项目在财务上的可行性。

(2)财务评价的作用

①考察经营性项目的财务盈利能力。由于企业法人要对建设项目的筹划、筹资、建设直至生产经营、归还贷款或债券本息以及资产的保值、增值实行全过程负责，承担投资风险。因此，企业所有者和经营者对项目盈利水平、清偿能力将十分关心；此外，国家和地方各级决策部门、财务部门和贷款部门对此也非常关心，为此有必要进行项目财务评价。

②考察非经营性项目的财务生存能力。对于非经营性项目，在经过有关部门批准的情况下，可以实行还本付息价格或微利价格，在这类项目决策中，为了权衡项目在多大程度上要由国家或地方财政给予必要的支持，同样需要进行财务计算和评价。

③合营项目谈判签约的重要依据。合同条款是中外合资项目和合作项目双方合作的首要前提，而合同的正式签订离不开经济效益分析，实际上合同条款的谈判过程就是财务评价的测算过程。

④项目资金规划的重要依据。建设项目的投资规模、资金的可能来源、用款计划的安排和筹资方案的选择都是财务评价要解决的问题。

## 二、财务评价的内容与步骤

1. 建设项目经济评价

建设项目经济评价是根据国民经济与社会发展以及行业、地区发展规划的要求，在项目初步方案的基础上，采用科学的分析方法，对拟建项目的财务可行性和经济合理性进行分析论证，从而为项目的科学决策提供经济方面的依据。它包括财务评价（也称财务分析）和国民经济评价（也称经济分析）。

项目经济评价的内容，一般是根据项目性质、项目目标、项目投资者、项目财务主体以及项目对经济与社会的影响程度等具体情况来选择确定。国家发展改革委员会和建设部 2006 年联合发布的《建设项目经济评价方法与参数》（第三版）中对建设项目经济评价的内容作了详细的介绍，具体如表 7-1 所示。

**建设项目经济评价内容选择参考表** 表 7-1

| 项目类型 \ 分析内容 | | | 财务分析 | | | 经济费用效益分析 | 费用效果分析 | 不确定性分析 | 风险分析 | 区域经济与宏观经济影响分析 |
|---|---|---|---|---|---|---|---|---|---|---|
| | | | 生存能力分析 | 偿债能力分析 | 盈利能力分析 | | | | | |
| 政府投资 | 直接投资 | 经营 | ☆ | ☆ | ☆ | ☆ | △ | ☆ | △ | △ |
| | | 非经营 | ☆ | △ | | ☆ | ☆ | △ | △ | △ |
| | 资本金 | 经营 | ☆ | ☆ | ☆ | ☆ | △ | ☆ | △ | △ |
| | | 非经营 | ☆ | △ | | ☆ | ☆ | △ | △ | △ |
| | 转贷 | 经营 | ☆ | ☆ | ☆ | ☆ | △ | ☆ | △ | △ |
| | | 非经营 | ☆ | ☆ | | ☆ | ☆ | △ | △ | △ |
| | 补助 | 经营 | ☆ | ☆ | ☆ | ☆ | △ | ☆ | △ | △ |
| | | 非经营 | ☆ | ☆ | | ☆ | ☆ | △ | △ | △ |
| | 贴息 | 经营 | ☆ | ☆ | ☆ | ☆ | △ | ☆ | △ | △ |
| | | 非经营 | | | | | | | | |

续上表

| 项目类型 \ 分析内容 | | 财务分析 | | | 经济费用效益分析 | 费用效果分析 | 不确定性分析 | 风险分析 | 区域经济与宏观经济影响分析 |
|---|---|---|---|---|---|---|---|---|---|
| | | 生存能力分析 | 偿债能力分析 | 盈利能力分析 | | | | | |
| 企业投资(核准制) | 经营 | ☆ | ☆ | ☆ | △ | △ | ☆ | △ | △ |
| 企业投资(备案制) | 经营 | ☆ | ☆ | ☆ | △ | △ | ☆ | △ | |

注:1. 表中☆代表要做;△代表根据项目的特点,有要求时做,无要求时可以不做;空白代表可以不做。

2. 企业投资项目的经济评价内容可根据规定要求进行,一般按经营性项目选用,非经营项目可参照政府投资项目选取评价内容。

2. 财务评价的内容与步骤

从上述内容可以看出,财务评价的内容随项目类型和目标有所不同。对于投资盈利的经营性项目,财务评价应按照本章内容进行全面的财务分析。对于为社会公众提供产品和服务的非经营性项目,财务评价主要分析项目的财务生存能力和偿债能力。财务评价的主要内容与步骤包括:

(1)选取财务评价基础数据与参数

根据项目类型和融资方式,通过实地调研,熟悉拟建项目的基本情况,收集整理相关信息;选取必要的财务基础数据与参数,包括主要投入品和产出品财务价格、税率、利率、汇率、计算期、固定资产折旧率、无形资产和递延资产摊销年限,生产负荷及基准收益率等基础数据与参数。

(2)识别财务效益与费用

包括建设投资估算、流动资金估算、营业收入、成本费用估算和相关税金估算等。

(3)编制财务评价报表

主要包括财务现金流量表、利润与利润分配表、财务计划现金流量表、资产负债表和借款还本付息估算表等财务评价基本报表,以及建设投资估算表、总成本费用估算表、流动资金估算表、营业收入、营业税金及附加估算表等财务评价辅助报表。

(4)计算财务评价指标

主要包括净现值、净年值、总投资收益率、资本金净利润率、利息备付率、偿债备付率、资产负债率、投资回收期等动、静态评价指标。

(5)进行财务分析

根据评价指标的计算结果进行财务盈利能力、偿债能力和财务生存能力分析。为了体现与融资方案无关的要求,各项现金流量的估算中都需要剔除利息的影响。例如采用不含利息的经营成本作为现金流出;在流动资金估算、经营成本中的修理费和其他费用估算中也应注意避免利息的影响等。

(6)进行不确定性分析

(7)编写财务评价报告

财务评价的步骤以及各部分的关系,包括财务分析与投资估算和融资方案的关系如图 7-1 所示。

学习记录

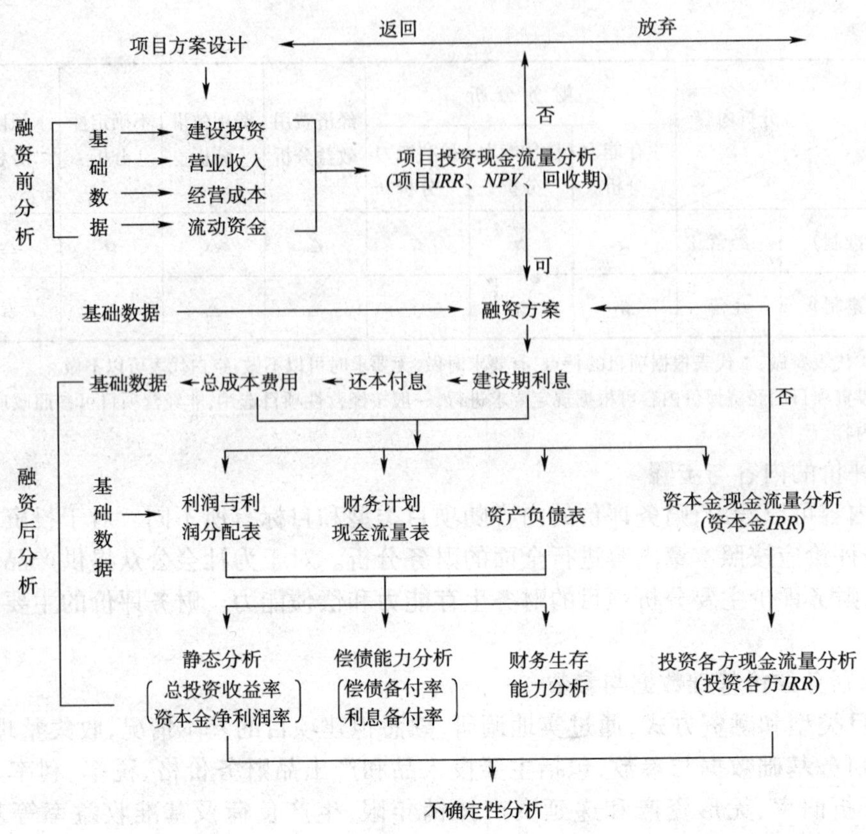


图 7-1 财务评价的内容与步骤

# 第二节 财务评价效益与费用估算

## 一、财务效益与费用的概念

1. 财务效益

项目的财务效益与项目目标有直接的关系，项目目标不同，财务效益包含的内容也不同。

市场化运作的经营性项目，项目目标是通过销售产品或提供服务实现盈利，其财务效益主要是指所获取的营业收入。对于某些国家鼓励发展的经营性项目，可以获得增值税的优惠。按照有关会计及税收制度，先征后返的增值税应记作补贴收入，作为财务效益核算。

对于以提供公共产品服务于社会或以保护环境等为目标的非经营性项目，往往没有直接的营业收入，也就没有直接的财务效益。这类项目需要政府提供补贴才能维持正常运转，应将补贴作为项目的财务收益，通过预算平衡计算所需要补贴的数额。

对于为社会提供准公共产品或服务，且运营维护采用经营方式的项目，如市政公用设施项目、交通、电力项目等，其产出价格往往受到政府管制，营业收入可能基本满足或不能满足补偿成本的要求，有些需要在政府提供补贴的情况下才具有财务生存能力。因此，这类项目的财务效益包括营业收入和补贴收入。

2. 财务费用

财务费用是指项目在计算期内所支出的费用，主要包括项目的建设投资、流动资金、成本费用和税金。

## 二、财务效益与费用估算的原则

1. 财务效益与费用估算的原则

(1)遵守现行财务、会计以及税收制度的原则

财务效益与费用的估算应注意遵守现行财务、会计以及税收制度的规定。由于财务效益与费用的识别和估算是对将来情况的预测，经济评价中允许做有别于财会制度的处理，但是要求财务效益与费用的识别和估算在总体上与会计准则和会计及税收制度相适应。

(2)遵守"有无对比"的原则

财务效益与费用的估算应遵守有无对比的原则。"有无对比"是国际上项目评价中通用的效益与费用识别的基本原则。所谓"有项目"是指实施项目后的将来状况，"无项目"是指不实施项目时的将来状况。在识别项目的效益和费用时，须注意只有"有无对比"的差额部分才是由于项目的建设增加的效益和费用。

(3)体现效益与费用对应一致的原则

财务效益与费用的估算范围应体现效益与费用对应一致的原则。即在合理确定的项目范围内，对等地估算财务主体的直接效益以及相应的直接费用，避免高估或低估项目的净效益。

(4)选取适宜方法的原则

财务效益与费用的估算应根据项目性质、类别和行业特点，明确相关的政策和其他依据、选取适宜的方法，进行文字说明，并编制相关表格。

2. 财务效益与费用估算采用的价格

(1)选取财务效益与费用价格时应正确处理价格总水平变动因素，原则上盈利能力分析应考虑相对价格变化，而偿债能力分析应同时考虑相对价格变化和价格总水平变动的影响。为简化起见，可做如下处理：

①在建设期间，既要考虑价格总水平变动，又要考虑相对价格变化。在建设投资估算中，价格总水平变动是通过涨价预备费来体现。

②项目运营期内，一般情况下盈利能力分析和偿债能力分析可以采用同一套价格，即预测的运营期价格。

③项目运营期内，可根据项目的具体情况，选用固定价格（项目经营期内各年价格不变）或考虑相对价格变化的变动价格（项目运营期内各年价格不同，或某些年份价格不同）。

④当有要求或价格总水平变动较大时，项目偿债能力分析采用的价格应考虑价格总水平变动因素。

(2)项目投资估算应采用含增值税价格，包括建设投资、流动资金和运营期内的维持运营投资。

(3)项目运营期内投入与产出采用的价格可以是含增值税的价格，也可以是不含增值税的价格。若采用含增值税价格时，需要调整部分表格（主要是利润与利润分配表、财务计划现金流量表、项目投资现金流量表和项目资本金现金流量表）的相关科目，以不影响项目净效益的估算。但无论采用哪种价格，项目效益估算与费用估算所采用的价格体系应当协调一致。

(4)在计算期内同一年份，无论是有项目还是无项目的情况，原则上同种（质量、功能无差异）产出或投入的价格应取得一致。

学习记录

## 三、财务效益与费用估算的内容

1. 营业收入

估算营业收入的财务辅助报表的编制格式如表7-2所示。

营业收入、营业税金及附加和增值税估算表(人民币单位:万元) 表7-2

| 序号 | 项目 | 合计 | 计算期 | | | | | |
|---|---|---|---|---|---|---|---|---|
| | | | 1 | 2 | 3 | 4 | … | n |
| 1 | 营业收入 | | | | | | | |
| 1.1 | 产品A营业收入 | | | | | | | |
| | 单价 | | | | | | | |
| | 数量 | | | | | | | |
| | 销项税额 | | | | | | | |
| 1.2 | 产品B营业收入 | | | | | | | |
| | 单价 | | | | | | | |
| | 数量 | | | | | | | |
| | 销项税额 | | | | | | | |
| | …… | | | | | | | |
| 2 | 营业税金与附加 | | | | | | | |
| 2.1 | 营业税 | | | | | | | |
| 2.2 | 消费税 | | | | | | | |
| 2.3 | 城市维护建设税 | | | | | | | |
| 2.4 | 教育费附加 | | | | | | | |
| 3 | 增值税 | | | | | | | |
| 3.1 | 销项税额 | | | | | | | |
| 3.2 | 进项税额 | | | | | | | |

要计算该报表中的营业收入,首先要正确估计各年运营负荷(或称生产能力利用率)。运营负荷是指在运营过程中负荷达到设计能力的百分数,它的高低与项目复杂程度、产品生命周期、技术成熟程度、市场开发程度、原材料供应、配套条件、管理因素等都有关系。常见的做法是:设定一段低负荷的投产期,以后各年均按达到设计能力计。

运营负荷的确定一般有两种方式:一是经验设定法,即根据以往项目的经验,结合该项目的实际情况,粗估各年的运营负荷,以设计能力的百分数表示;二是营销计划法,通过制订详细的分年营销计划,确定各种产出物各年的生产量和商品量。应提倡采用第二种方式。

2. 补贴收入

某些项目还应按有关规定估算企业可能得到的补贴收入(仅包括与收益相关的政府补助,与资产相关的政府补助不在此处核算,与资产相关的政府补助是指企业取得的、用于购建或以其他方式形成长期资产的政府补助),包括先征后返的增值税、按销量或工作量等依据国家规定的补助定额计算并按期给予的定额补贴,以及属于财政扶持而给予的其他形式的补贴等。补贴收入同营业收入一样,应列入利润与利润分配表、财务计划现金流量表和项目投资现金流量表与资本金现金流量表。以上几类补贴收入,应根据财政、税务部门的规定,分别计入或不计入应税收入。

3. 建设投资

建设投资是项目费用的重要组成，是项目财务分析的基础数据，可根据项目前期研究不同阶段、对投资估算精度的要求及相关规定选用估算方法。建设投资的构成可按概算法分类和按形成资产法分类，故建设投资估算可按两种建设投资的构成分别形成两种建设投资估算表，如表7-3、表7-4所示。

**建设投资估算表**（概算法）（人民币单位：万元；外币单位：万美元）　　表7-3

| 序号 | 工程或费用名称 | 建筑工程费 | 设备购置费 | 安装工程费 | 其他费用 | 合计 | 其中：外币 | 比例（%） |
|---|---|---|---|---|---|---|---|---|
| 1 | 工程费用 | | | | | | | |
| 1.1 | 主体工程 | | | | | | | |
| 1.1.1 | ××× | | | | | | | |
| | …… | | | | | | | |
| 1.2 | 辅助工程 | | | | | | | |
| 1.2.1 | ××× | | | | | | | |
| | …… | | | | | | | |
| 1.3 | 公用工程 | | | | | | | |
| 1.3.1 | ××× | | | | | | | |
| | …… | | | | | | | |
| 1.4 | 服务性工程 | | | | | | | |
| 1.4.1 | ××× | | | | | | | |
| | …… | | | | | | | |
| 1.5 | 厂外工程 | | | | | | | |
| 1.5.1 | ××× | | | | | | | |
| | …… | | | | | | | |
| 1.6 | ××× | | | | | | | |
| 2 | 工程建设其他费用 | | | | | | | |
| 2.1 | ××× | | | | | | | |
| | …… | | | | | | | |
| 3 | 预备费 | | | | | | | |
| 3.1 | 基本预备费 | | | | | | | |
| 3.2 | 涨价预备费 | | | | | | | |
| 4 | 建设投资合计 | | | | | | | |
| | 比例（%） | | | | | | | |

注：1.“比例”分别指主要科目的费用（包括横向和纵向）占建设投资的比例。

2. 本表适用于新设法人项目与既有法人项目的新增建设投资的估算。

3.“工程或费用名称”可依不同行业的要求调整。

学习记录

建设投资估算表(形成资产法)(人民币单位:万元;外币单位:万美元)　　表7-4

| 序号 | 工程或费用名称 | 建筑工程费 | 设备购置费 | 安装工程费 | 其他费用 | 合计 | 其中:外币 | 比例(%) |
|---|---|---|---|---|---|---|---|---|
| 1 | 固定资产费用 | | | | | | | |
| 1.1 | 工程费用 | | | | | | | |
| 1.1.1 | ××× | | | | | | | |
| 1.1.2 | ××× | | | | | | | |
| 1.1.3 | ××× | | | | | | | |
| | …… | | | | | | | |
| 1.2 | 固定资产其他费用 | | | | | | | |
| | ××× | | | | | | | |
| | …… | | | | | | | |
| 2 | 无形资产费用 | | | | | | | |
| 2.1 | ××× | | | | | | | |
| | …… | | | | | | | |
| 3 | 其他资产费用 | | | | | | | |
| 3.1 | ××× | | | | | | | |
| | …… | | | | | | | |
| 4 | 预备费 | | | | | | | |
| 4.1 | 基本预备费 | | | | | | | |
| 4.2 | 涨价预备费 | | | | | | | |
| 5 | 建设投资合计 | | | | | | | |
| | 比例(%) | | | | | | | |

注:1."比例"分别指主要科目的费用(包括横向和纵向)占建设投资的比例。

2.本表适用于新设法人项目与既有法人项目的新增建设投资的估算。

3."工程或费用名称"可依不同行业的要求调整。

4.经营成本

经营成本是总成本费用中的一部分内容,也是项目现金流量分析中所采用的一个特定的概念,是运营期内的主要现金流出。经营成本的计算通过总成本费用估算表(表7-5)来获得。

总成本费用估算表(生产要素法)(人民币单位:万元)　　表7-5

| 序号 | 项　目 | 合计 | 计　算　期 | | | | | |
|---|---|---|---|---|---|---|---|---|
| | | | 1 | 2 | 3 | 4 | … | $n$ |
| 1 | 外购原材料费 | | | | | | | |
| 2 | 外购燃料及动力费 | | | | | | | |
| 3 | 工资及福利费 | | | | | | | |
| 4 | 修理费 | | | | | | | |
| 5 | 其他费用 | | | | | | | |
| 6 | 经营成本(1+2+3+4) | | | | | | | |
| 7 | 折旧费 | | | | | | | |

续上表　　学习记录

| 序号 | 项　目 | 合计 | 计算期 | | | | | |
|---|---|---|---|---|---|---|---|---|
| | | | 1 | 2 | 3 | 4 | … | n |
| 8 | 摊销费 | | | | | | | |
| 9 | 利息支出 | | | | | | | |
| 10 | 总成本费用合计 (6+7+8+9) | | | | | | | |
| | 其中:可变成本 | | | | | | | |
| | 固定成本 | | | | | | | |

5. 流动资金

项目运营需要流动资产投资,但项目评价中需要估算并预先筹措的是从流动资产中扣除流动负债,即企业短期信用融资(应付账款)后的流动资金。项目评价中流动资金的估算应考虑应付账款对需要预先筹措的流动资金的抵减作用。对有预收账款的某些项目,还可同时考虑预收账款对流动资金的抵减作用。

流动资金估算方法一般采用分项详细估算法,个别情况或者小型项目可采用扩大指标估算法。具体估算方法的介绍见本书第三章相关内容。

根据流动资金的估算结果编制流动资金估算表,如表 7-6 所示。

**流动资金估算表**(人民币单位:万元)　　表 7-6

| 序号 | 项　目 | 最低周转次数 | 周转次数 | 计算期 | | | | | |
|---|---|---|---|---|---|---|---|---|---|
| | | | | 1 | 2 | 3 | 4 | … | n |
| 1 | 流动资产 | | | | | | | | |
| 1.1 | 应收账款 | | | | | | | | |
| 1.2 | 存货 | | | | | | | | |
| 1.2.1 | 原材料 | | | | | | | | |
| 1.2.2 | ××× | | | | | | | | |
| | …… | | | | | | | | |
| 1.2.3 | 燃料 | | | | | | | | |
| | ××× | | | | | | | | |
| | …… | | | | | | | | |
| 1.2.4 | 在产品 | | | | | | | | |
| 1.2.5 | 产成品 | | | | | | | | |
| 1.3 | 现金 | | | | | | | | |
| 1.4 | 预付账款 | | | | | | | | |
| 2 | 流动负债 | | | | | | | | |
| 2.1 | 应付账款 | | | | | | | | |
| 2.2 | 预收账款 | | | | | | | | |
| 3 | 流动资金(1-2) | | | | | | | | |
| 4 | 流动资金当期增加额 | | | | | | | | |

注:1. 本表适用于新设法人项目与既有法人项目的"有项目"、"无项目"和增量流动资金的估算。
2. 表中科目可视行业变动。
3. 如发生外币流动资金,应另行估算后予以说明,其数额应包括在本表数额内。
4. 不发生预付账款和预收账款的项目可不列此两项。

学习记录

6. 营业税金及附加

营业税金及附加的含义及计算详本书见第三章的有关内容，在会计处理上，营业税、消费税、土地增值税、资源税和城市维护建设税、教育费附加均可包含在营业税金及附加中。营业税金及附加应作为利润和利润分配表中的科目。

7. 维持运营投资

某些项目在运营期需要投入一定的固定资产投资才能维持正常运营，例如设备更新费用、油田的开发费用、宽佛山的井巷开拓延伸费用等。不同类型和不同行业的项目投资的内容可能不同，如发生维持运营投资时应将其列入现金流量表作为现金流出，参与内部收益率等指标的计算。同时，也应反映在财务计划现金流量表中，参与财务生存能力分析。

按照《企业会计准则——固定资产》，该投资是否能予以资本化，取决于其是否能为企业带来经济效益且该固定资产的成本是否能够可靠地计量。项目评价中，如果该投资投入后延长了固定资产的使用寿命，或使产品质量实质性提高，或成本实质性降低等，使可能流入企业的经济利益增加，那么该固定资产投资应予以资本化，即应计入固定资产原值，并计提折旧；否则该投资只能费用化，不形成新的固定资产原值。

## 四、财务评价参数的选取

1. 计算参数

计算参数是指在项目费用与效益计算，包括在计算过程中需要选择使用的各种基础数据，以及有关方面规定的用于建设项目经济评价的各种数值。具体包括价格上涨指数、各种取费系数或比率、税率、利率等。多数计算参数具有鲜明的行业特点，可在有关行业实施细则中查阅。

2. 判据参数

财务评价中的判据参数是指用于判断项目财务效益高低，比较和筛选项目，判断项目的财务可行性，具体包括国家有关部门（行业）发布的供项目财务分析使用的行业财务基准收益率、总投资收益率、资本金净利润率、利息备付率、偿债备付率、资产负债率、项目计算器、折旧年限、有关费率等指标的基准值或参考值。有些判据参数表现为单一数值，有些表现为一段合理区间，使用时应根据投资者的期望和项目特点灵活掌握。

# 第三节　新设项目法人项目财务评价

## 一、财务评价报表的编制

财务评价的基本报表主要有五类，它们分别是：现金流量表、利润与利润分配表、财务计划现金流量表、资产负债表和借款还本付息估算表。

1. 财务现金流量表

财务现金流量表反映项目计算期内各年的现金收支（现金流入、现金流出和净现金流量），用以计算各项动态和静态评价指标（如财务内部收益率、财务净现值等），进行项目财务盈利能力分析。依据财务分析的需要，现金流量表又分为项目投资现金流量表、项目资本金现金流量表和投资各方现金流量表。

（1）全部投资现金流量表

全部投资现金流量表(表7-7),是从项目投资总获利能力的角度,考察项目方案设计的合理性。根据需要,融资前分析可从所得税前和(或)所得税后两个角度进行考察,选择计算所得税前和(或)所得税后分析指标。

项目投资现金流量表(人民币单位:万元) 表7-7

| 序号 | 项目 | 合计 | 计算期 | | | | | |
|---|---|---|---|---|---|---|---|---|
| | | | 1 | 2 | 3 | 4 | … | $n$ |
| 1 | 现金流入 | | | | | | | |
| 1.1 | 营业收入 | | | | | | | |
| 1.2 | 补贴收入 | | | | | | | |
| 1.3 | 回收固定资产余值 | | | | | | | |
| 1.4 | 回收流动资金 | | | | | | | |
| 2 | 现金流出 | | | | | | | |
| 2.1 | 建设投资 | | | | | | | |
| 2.2 | 流动资金 | | | | | | | |
| 2.3 | 经营成本 | | | | | | | |
| 2.4 | 营业税金及附加 | | | | | | | |
| 2.5 | 维持运营投资 | | | | | | | |
| 3 | 所得税前净现金流量 | | | | | | | |
| 4 | 累计所得税前净现金流量 | | | | | | | |
| 5 | 调整所得税 | | | | | | | |
| 6 | 所得税后净现金流量 | | | | | | | |
| 7 | 累计所得税后净现金流量 | | | | | | | |

计算指标:
项目投资财务内部收益率(%)(所得税前)
项目投资财务内部收益率(%)(所得税后)
项目投资财务净现值(所得税前)($i_c$ = %)
项目投资财务净现值(所得税后)($i_c$ = %)
项目投资回收期(年)(所得税前)
项目投资回收期(年)(所得税后)

①现金流入主要包括营业收入、补贴收入、回收固定资产余值及回收流动资金。营业收入的各年数据取自营业收入及附加估算表。固定资产余值回收额(该表中的固定资产余值回收额不受利息因素的影响,它区别于项目资本金现金流量表中的回收固定资产余值)为固定资产折旧费估算表中最后一年的固定资产期末净值。流动资金回收额为项目投入的全部流动资金。固定资产余值和流动资金均在项目计算期最后一年回收。

②现金流出主要包括建设投资、流动资金、经营成本、营业税金及附加。如果运营期内需要投入维持运营投资,也应将其作为现金流出。所得税后分析还要将所得税作为现金流出。建设投资、流动资金的数额分别取自建设投资估算表和流动资金估算表。经营成本取自总成本费用估算表。营业税金及附加取自营业收入、营业税金及附加估算表。在这里需要特别说明的是该表中的所得税因为与融资方案无关,其数值区别于“利润与利润分配表”、“项目资本金现金流量表”和“财务计划现金流量表”中的所得税。该所得税应根据不受利息因素影响的息税前利润

学习记录 ($EBIT$)乘以所得税税率计算，称为调整所得税，也可称为融资前所得税。其中息税前利润的计算应完全不受融资方案的影响，即不受利息多少的影响，包括建设期利息对折旧的影响(因为折旧的变化会对总成本产生影响，进而影响息税前利润)。但如此将会出现两个折旧和两个息税前利润(用于计算融资前所得税的息税前利润和利润表中的息税前利润)。为简化起见，当建设期利息占总投资比例不是很大时，也可按利润表中的息税前利润计算调整所得税。

③项目计算期各年的净现金流量为各年现金流入量减对应年份的现金流出量，各年累计净现金流量为本年及以前各年净现金流量之和。

(2)项目资本金现金流量表

项目资本金现金流量表(表7-8)。该表从项目权益投资者整体的角度，考察项目给项目权益投资者带来的收益水平。它是在拟定的融资方案基础上进行的息税后分析，该表将各年投入项目的项目资本金作为现金流出，各年缴付的所得税和还本付息也作为现金的流出，因此，其净现金流量可以表示为缴税和还本付息之后的剩余，即项目(或企业)增加的净收益，也是投资者的权益性收益。

**项目资本金现金流量表**(人民币单位:万元) 表7-8

| 序号 | 项　目 | 合计 | 计　算　期 | | | | | |
|---|---|---|---|---|---|---|---|---|
| | | | 1 | 2 | 3 | 4 | … | $n$ |
| 1 | 现金流入 | | | | | | | |
| 1.1 | 营业收入 | | | | | | | |
| 1.2 | 补贴收入 | | | | | | | |
| 1.3 | 回收固定资产余值 | | | | | | | |
| 1.4 | 回收流动资金 | | | | | | | |
| 2 | 现金流出 | | | | | | | |
| 2.1 | 项目资本金 | | | | | | | |
| 2.2 | 借款本金偿还 | | | | | | | |
| 2.3 | 借款利息支付 | | | | | | | |
| 2.4 | 经营成本 | | | | | | | |
| 2.5 | 营业税金及附加 | | | | | | | |
| 2.6 | 所得税 | | | | | | | |
| 2.7 | 维持运营投资 | | | | | | | |
| 3 | 净现金流量 | | | | | | | |
| 计算指标：<br>资本金财务内部收益率(%) | | | | | | | | |

①现金流入各项基础数据来源与项目投资现金流量表相同。

②现金流出项中的资本金数额取自“项目总投资使用计划与资金筹措表”中资金筹措项下的项目资本金分项。借款本金偿还由两部分组成：一部分为借款还本付息计算表中本年还本额，一部分为发生在计算期最后一年的流动资金借款本金偿还。借款利息支付数额来自总成本费用估算表中的利息支出项。该表中的所得税取自“利润与利润分配表”中的所得税，而区别于项目投资现金流量表中的调整所得税。如果计算期内需要投入维持运营投资，也应将其作为现金流出(通常设定维持运营投资由企业自有资金支付)。其他现金流出项与项目投资现金流量表中

的数额相同。

③项目计算期各年的净现金流量为各年现金流入量减对应年份的现金流出量。

(3)投资各方财务现金流量表

对于某些项目,为了考察投资各方的具体收益,还应从投资各方实际收入和支出的角度,确定其现金流入和现金流出,并编制投资各方财务现金流量表,如表7-9所示。该表分别以投资各方的出资额作为计算基础,用于计算投资各方的财务内部收益率等。

**投资各方现金流量表**(人民币单位:万元)　　表7-9

| 序号 | 项　目 | 合计 | 计　算　期 | | | | | |
|---|---|---|---|---|---|---|---|---|
| | | | 1 | 2 | 3 | 4 | … | $n$ |
| 1 | 现金流入 | | | | | | | |
| 1.1 | 实分利润 | | | | | | | |
| 1.2 | 资产处置收益分配 | | | | | | | |
| 1.3 | 租赁费收入 | | | | | | | |
| 1.4 | 技术转让或使用收入 | | | | | | | |
| 1.5 | 其他现金流入 | | | | | | | |
| 2 | 现金流出 | | | | | | | |
| 2.1 | 实缴资本 | | | | | | | |
| 2.2 | 租赁资产支出 | | | | | | | |
| 2.3 | 其他现金流出 | | | | | | | |
| 3 | 净现金流量 | | | | | | | |
| 计算指标:<br>投资各方财务内部收益率(%) | | | | | | | | |

投资各方现金流量表中现金流入是指出资方因该项目的实施将实际获得的各种收入;现金流出是指出资方因该项目的实施将实际投入的各种支出。投资各方现金流量表中的现金流入和现金流出科目需根据项目具体情况和投资各方因项目发生的收入和支出情况选择填列。

投资各方现金流量表中的实分利润是指投资者由项目获取的利润;资产处置收益分配是指对有明确的合营期限或合资期限的项目,在期满时对资产余值按入股比例或约定比例的分配;租赁费收入是指出资方将自己的资产租赁给项目使用所获得的收入,此时应将资产价值作为现金流出,列为租赁资产支出科目;技术转让或使用收入是指出资方将专利或专有技术转让或允许该项目使用所获得的收入。

2. 利润与利润分配表

利润与利润分配表(表7-10)反映项目计算期内各年的营业收入、总成本费用支出、利润总额等情况,以及所得税后利润及其分配情况,用以计算投资收益率、项目资本金净利润率等静态分析指标。

**利润与利润分配表**(人民币单位:万元)　　表7-10

| 序号 | 项　目 | 合计 | 计　算　期 | | | | | |
|---|---|---|---|---|---|---|---|---|
| | | | 1 | 2 | 3 | 4 | … | $n$ |
| 1 | 营业收入 | | | | | | | |
| 2 | 营业税金及附加 | | | | | | | |

学习记录

续上表

| 序号 | 项 目 | 合计 | 计算期 | | | | | |
|---|---|---|---|---|---|---|---|---|
| | | | 1 | 2 | 3 | 4 | … | n |
| 3 | 总成本费用 | | | | | | | |
| 4 | 补贴收入 | | | | | | | |
| 5 | 利润总额(1－2－3＋4) | | | | | | | |
| 6 | 弥补以前年度亏损 | | | | | | | |
| 7 | 应纳税所得额(5－6) | | | | | | | |
| 8 | 所得税 | | | | | | | |
| 9 | 净利润(5－8) | | | | | | | |
| 10 | 期初未分配利润 | | | | | | | |
| 11 | 可供分配利润(9＋10) | | | | | | | |
| 12 | 提取法定盈余公积金 | | | | | | | |
| 13 | 可供投资者分配的利润 | | | | | | | |
| 14 | 应付优先股股利 | | | | | | | |
| 15 | 提取任意盈余公积金 | | | | | | | |
| 16 | 应付普通股股利 | | | | | | | |
| 17 | 各投资方利润分配 | | | | | | | |
| | 其中：××方 | | | | | | | |
| | ××方 | | | | | | | |
| 18 | 未分配利润(13－14－15－17) | | | | | | | |
| 19 | 息税前利润 | | | | | | | |
| 20 | 息税折旧摊销前利润 | | | | | | | |

(1)营业收入、营业税金及附加、总成本费用的各年度数据分别取自相应的辅助报表。

(2)利润总额＝产品销售(营业)收入－销售税金及附加－总成本费用。

(3)所得税＝应纳税所得额×所得税税率。

应纳税所得额为利润总额根据国家有关规定进行调整后的数额。在建设项目财务评价中，应纳税所得额＝该年利润总额－上年度亏损，前年度亏损不缴纳所得税。按现行《工业企业财务制度》规定，企业发生的年度亏损，可以用下一年度的税前利润等弥补，下一年度利润不足弥补的，可以在5年内延续弥补，5年内不足弥补的，用税后利润等弥补。

(4)税后利润＝利润总额－所得税。

(5)可供分配利润＝净利润－上年度亏损＋期初未分配利润(上年度剩余的未分配利润)。

(6)法定盈余公积金按照净利润的10%提取，盈余公积金已达注册资金50%时可以不再提取。

(7)可供投资者分配利润＝可供分配利润－法定盈余公积金。

可供投资者分配利润，按下列顺序分配：

①应付优先股股利(如有优先股的话)，是指按照利润分配方案分配给优先股股东的现金股利。

②提取任意盈余公资金,是指按规定提取的任意盈余公积金。

③应付普通股股利,是指企业按照利润分配方案分配给普通股股东的现金股利。企业分配给投资者的利润,也在此核算。

④经过上述分配后的剩余部分为未分配利润。

3.借款还本付息计划表

借款还本付息计划表(表7-11)是一张反映项目计算期内各年借款本金偿还和利息支付情况,用于计算偿债备付率和利息备付率指标,考察项目偿债能力的报表。

**借款还本付息计划表**(人民币单位:万元)　表7-11

| 序号 | 项　目 | 合计 | 计　算　期 | | | | | |
|---|---|---|---|---|---|---|---|---|
| | | | 1 | 2 | 3 | 4 | … | *n* |
| 1 | 借款1 | | | | | | | |
| 1.1 | 期初借款余额 | | | | | | | |
| 1.2 | 当期还本付息 | | | | | | | |
| | 其中:还本 | | | | | | | |
| | 付息 | | | | | | | |
| 1.3 | 期末借款余额 | | | | | | | |
| 2 | 借款2 | | | | | | | |
| 2.1 | 期初借款余额 | | | | | | | |
| 2.2 | 当期还本付息 | | | | | | | |
| | 其中:还本 | | | | | | | |
| | 付息 | | | | | | | |
| 2.3 | 期末借款余额 | | | | | | | |
| 3 | 债券 | | | | | | | |
| 3.1 | 期初债务余额 | | | | | | | |
| 3.2 | 当期还本付息 | | | | | | | |
| | 其中:还本 | | | | | | | |
| | 付息 | | | | | | | |
| 3.3 | 期末债务余额 | | | | | | | |
| 4 | 借款和债券合计 | | | | | | | |
| 4.1 | 期初余额 | | | | | | | |
| 4.2 | 当期还本付息 | | | | | | | |
| | 其中:还本 | | | | | | | |
| | 付息 | | | | | | | |
| 4.3 | 期末余额 | | | | | | | |
| 计算指标 | 利息备付率 | | | | | | | |
| | 偿债备付率 | | | | | | | |

利息支出的估算包括长期借款利息、流动资金借款利息和短期借款利息三部分。

(1)长期借款利息是指对建设期间借款余额(含未支付的建设期利息)应在生产期支付的利息,项目评价中可以选择等额还本付息方式或者等额还本利息照付方式来计算长期借款利息。

学习记录

(2)流动资金借款利息。项目评价中估算的流动资金借款从本质上说应归类为长期借款,但目前企业往往有可能与银行达成共识,按期末偿还、期初再借的方式处理,并按一年期利率计息。流动资金借款利息可以按下式计算:

年流动资金借款利息 = 年初流动资金借款余额 × 流动资金借款年利率

财务分析中对流动资金的借款可以在计算期最后一年偿还,也可在还完长期借款后安排。

(3)短期借款。项目评价中的短期借款系指运营期间由于资金的临时需要而发生的短期借款,短期借款的数额应在财务计划现金流量表中得到反映,其利息应计入总成本费用表的利息支出中。短期借款利息的计算同流动资金借款利息,短期借款的偿还按照随借随还的原则处理,即当年借款尽可能于下年偿还。

4. 财务计划现金流量表

财务计划现金流量表是反映项目计算期各年的投资、融资及经营活动的现金流入和流出,用于计算累计盈余资金,分析项目财务生存能力的报表,见表7-12。财务生存能力分析是分析项目是否有足够的净现金流量维持正常运营,为此,财务生存能力分析也可称为资金平衡分析。

财务计划现金流量表(人民币单位:万元) 表7-12

| 序号 | 项 目 | 合计 | 计 算 期 | | | | | |
|---|---|---|---|---|---|---|---|---|
| | | | 1 | 2 | 3 | 4 | … | n |
| 1 | 经营活动净现金流量 | | | | | | | |
| 1.1 | 现金流入 | | | | | | | |
| 1.1.1 | 营业收入 | | | | | | | |
| 1.1.2 | 增值税销项税额 | | | | | | | |
| 1.1.3 | 补贴收入 | | | | | | | |
| 1.1.4 | 其他流入 | | | | | | | |
| 1.2 | 现金流出 | | | | | | | |
| 1.2.1 | 经营成本 | | | | | | | |
| 1.2.2 | 增值税进项税额 | | | | | | | |
| 1.2.3 | 营业税金及附加 | | | | | | | |
| 1.2.4 | 增值税 | | | | | | | |
| 1.2.5 | 所得税 | | | | | | | |
| 1.2.6 | 其他流出 | | | | | | | |
| 2 | 投资活动净现金流量 | | | | | | | |
| 2.1 | 现金流入 | | | | | | | |
| 2.2 | 现金流出 | | | | | | | |
| 2.2.1 | 建设投资 | | | | | | | |
| 2.2.2 | 维持运营投资 | | | | | | | |
| 2.2.3 | 流动资金 | | | | | | | |
| 2.2.4 | 其他流出 | | | | | | | |
| 3 | 筹资活动净现金流量 | | | | | | | |
| 3.1 | 现金流入 | | | | | | | |
| 3.1.1 | 项目资本金投入 | | | | | | | |

续上表

| 序号 | 项　目 | 合计 | 计　算　期 | | | | | |
|---|---|---|---|---|---|---|---|---|
| | | | 1 | 2 | 3 | 4 | … | n |
| 3.1.2 | 建设投资借款 | | | | | | | |
| 3.1.3 | 流动资金借款 | | | | | | | |
| 3.1.4 | 债券 | | | | | | | |
| 3.1.5 | 短期借款 | | | | | | | |
| 3.1.6 | 其他流入 | | | | | | | |
| 3.2 | 现金流出 | | | | | | | |
| 3.2.1 | 各种利息支出 | | | | | | | |
| 3.2.2 | 偿还债务本金 | | | | | | | |
| 3.2.3 | 应付利润(股利分配) | | | | | | | |
| 3.2.4 | 其他流出 | | | | | | | |
| 4 | 净现金流量(1+2+3) | | | | | | | |
| 5 | 累计盈余资金 | | | | | | | |

财务现金流量表的净现金流量等于经营活动、投资活动和筹资活动三个方面的净现金流量之和。

(1)经营活动净现金流量=经营活动期的现金流入-经营活动期的现金流出。其中经营活动期的现金流量的财务数据取自项目资本金现金流量表。

(2)投资活动净现金流量=投资活动期的现金流入-投资活动期的现金流出。对于新设法人项目,投资活动的现金流入为零;投资活动的现金流出项的财务数据取自项目投资现金流量表。

(3)筹资活动净现金流量=筹资活动期的现金流入-筹资活动期的现金流出。其中筹资活动期的现金流量的财务数据取自借款还本付息计划表、利润与利润分配表等。

5.资产负债表

资产负债表(表7-13)是用于综合反映项目计算期内各年年末资产、负债和所有者权益的增减变化及对应关系,计算资产负债率,考察项目清偿能力的报表。

**资产负债表**(人民币单位:万元)　　表7-13

| 序号 | 项　目 | 合计 | 计　算　期 | | | | | |
|---|---|---|---|---|---|---|---|---|
| | | | 1 | 2 | 3 | 4 | … | n |
| 1 | 资产 | | | | | | | |
| 1.1 | 流动资产总额 | | | | | | | |
| 1.1.1 | 货币资金 | | | | | | | |
| 1.1.2 | 应收账款 | | | | | | | |
| 1.1.3 | 预付账款 | | | | | | | |
| 1.1.4 | 存货 | | | | | | | |
| 1.1.5 | 其他 | | | | | | | |
| 1.2 | 在建工程 | | | | | | | |
| 1.3 | 固定资产净值 | | | | | | | |

学习记录

续上表

| 序号 | 项目 | 合计 | 计算期 | | | | | |
|---|---|---|---|---|---|---|---|---|
| | | | 1 | 2 | 3 | 4 | … | $n$ |
| 1.4 | 无形及其他资产净值 | | | | | | | |
| 2 | 负债及所有者权益 | | | | | | | |
| 2.1 | 流动负债总额 | | | | | | | |
| 2.1.1 | 短期借款 | | | | | | | |
| 2.1.2 | 应付账款 | | | | | | | |
| 2.1.3 | 预收账款 | | | | | | | |
| 2.1.4 | 其他 | | | | | | | |
| 2.2 | 建设投资借款 | | | | | | | |
| 2.3 | 流动资金借款 | | | | | | | |
| 2.4 | 负债小计(2.1+2.2+2.3) | | | | | | | |
| 2.5 | 所有者权益 | | | | | | | |
| 2.5.1 | 资本金 | | | | | | | |
| 2.5.2 | 资本公积 | | | | | | | |
| 2.5.3 | 累计盈余公积金 | | | | | | | |
| 2.5.4 | 累计未分配利润 | | | | | | | |
| | 计算指标：<br>资产负债率(%) | | | | | | | |

(1)资产＝流动资产总额＋在建工程＋固定资产净值＋无形资产及其他资产四项组成。其中：

①流动资产总额为应收账款、预付账款、存货、货币资金和其他之和。前三项数据来自流动资金估算表；货币资金数额则取自财务计划现金流量表，但应扣除其中包含的回收固定资产余值及自有流动资金。

②在建工程是指财务计划现金流量表中的建设投资和建设期利息的年累计额。

③固定资产净值和无形及其他资产净值分别从固定资产折旧费估算表和无形及其他资产摊销估算表中取得。

(2)负债

负债包括流动负债和长期负债。流动负债中的应付账款数据可由流动资金估算表直接取得。流动资金借款和其他短期借款两项流动负债及长期借款均指借款余额，需根据财务计划现金流量表的对应项及相应的本金偿还项进行计算。

(3)所有者权益

所有者权益包括资本金、资本公积金、累计盈余公积金及累计未分配利润。其中，累计未分配利润可直接取自利润与利润分配表，累计盈余公积金也可由利润与利润分配表中盈余公积金项计算各年份的累计值，但应根据有无用盈余公积金弥补亏损或转增资本金的情况进行相应调整。资本金为项目投资中累计自有资金(扣除资本溢价)，当存在由资本公积金或盈余公积金转增资本金的情况时应进行相应调整。资本公积金为累计资本溢价及赠款，转增资本金时进行相应调整资产负债表满足等式：资产＝负债＋所有者权益。

## 二、盈利能力分析

1. 融资前的盈利能力分析

融资前盈利能力分析是以营业收入、建设投资、流动资金和经营成本的估算为基础，通过编制项目投资现金流量表，从项目投资总获利能力的角度，考察项目方案设计的合理性。即不论实际可能支付的利息是多少，分析结果都不发生变化，因此，可以排除融资方案的影响。融资前分析计算的相关指标，可作为初步投资决策的依据和融资方案研究的基础。

根据需要，融资前分析可从所得税前和(或)所得税后两个角度进行考察，选择计算所得税前和(或)所得税后分析指标。依据项目投资现金流量表可以计算项目投资财务内部收益率、项目投资财务净现值，这两项指标通常被称为主要指标。

2. 融资后的盈利能力分析

融资后的盈利能力分析，是在通过融资前分析已对项目基本获利能力有所判断的基础上，通过编制项目资本金现金流量表，计算相应评价指标进而判断项目方案在融资条件下的合理性。因此，可以说项目资本金现金流量分析指标是融资决策的依据，有助于投资者在其可接受的融资方案下最终决策出资。

融资后的盈利能力分析，包括动态分析(折现现金流量分析)和静态分析(非折现盈利能力分析)。

(1)动态分析

动态分析是通过编制财务现金流量表，根据资金时间价值原理，计算财务内部收益率、财务净现值等指标，分析项目的获利能力。融资后的动态分析可分为两个层次：

①项目资本金现金流量分析。项目资本金流量分析是从项目权益投资者整体的角度，考察项目给项目权益投资者带来的收益水平。它是在拟定的融资方案基础上进行的息税后分析，依据的报表是项目资本金现金流量表。该表将各年投入项目的项目资本金作为现金流出，各年缴付的所得税和还本付息也作为现金流出，其净现金流量可以表示在缴税和还本付息之后的剩余，即项目(或企业)增加的净收益，也是投资者的权益性收益。因此，计算的项目资本金内部收益率指标反映从投资者整体权益角度考察盈利能力的要求，也就是从项目发起人(或企业)角度对盈利能力进行判断的要求。在依据融资前分析的指标对项目基本获利有所判断的基础上，项目资本金内部收益率指标体现了在一定的融资方案下，投资者整体所能获得的权益性收益水平。该指标可用来对融资方案进行比较和取舍，是投资者整体做出最终融资决策的依据，也可进一步帮助投资者最终决策出资。

项目资本金内部收益率的判别基准是项目投资者整体对投资获利的最低期望值，也即最低可接受收益率。当计算的项目资本金内部收益率大于或等于该最低可接受收益率时，说明投资获利水利或达到了要求，是可以接受的。最低可接受收益率的确定主要取决于当时的资本收益水平以及投资者对权益资金收益的要求。它与资金机会成本和投资者对风险的态度有关。

②投资各方现金流量分析。投资各方的内部收益率表示了投资各方的收益水平。一般情况下，投资各方按股本比例分配利润和分担亏损及风险，因此，投资各方的利益一般是均等的，没有必要计算投资各方的内部收益率。只有投资者中的各方有股权之外的不对等的利益分配时(契约式的合作企业常常会有这种情况)，投资各方的收益才会有差异，此时常常需要计算投资各方的内部收益率。计算投资各方的内部收益率可以看出各方收益是否均衡，或者其非均衡性是否在一个合理的水平上，有助于促成投资各方在合作谈判中达成平等互利的协议。

学习记录

(2)静态分析

静态分析是不采取折现方式处理数据,主要依据利润与利润分配表,并借助现金流量表计算相关盈利能力指标,包括项目投资回收期、项目资本金净利润率、总投资收益率等。

对静态分析指标的判断,应按不同指标选定相应的参考值(企业或行业的对比值)。当静态分析指标分别符合其相应的参考值时,认为从该指标看盈利能力满足要求。如果不同指标得出的判断结论相反,应通过分析原因,得出合理的结论。

### 三、偿债能力分析

偿债能力分析是根据还本付息表数据与利润表以及总成本费用表的有关数据,计算利息备付率、偿债备付率、资产负债率等比率指标,考察项目借款的偿还能力。对筹措了债务资金的项目,偿债能力考察项目能否按期偿还借款的能力。利息备付率、偿债备付率和资产负债率的计算及评价标准详见本书第四章的相关内容,在此不再赘述。

### 四、财务生存能力分析

在项目(企业)运营期间,确保从各项经济活动中得到足够的净现金流量是项目能够持续生存的条件。财务分析中应根据财务计划现金流量表,综合考察项目计算期内各年的投资活动、融资活动和经营活动所产生的各项现金流入和流出,计算净现金流量和累计盈余资金,分析项目是否有足够的净现金流量维持正常运营。为此,财务生存能力分析也可称为资金平衡分析。

财务生存能力分析应结合偿债能力分析进行,如果拟安排的还款期过短,致使还本付息负担过重,导致为维持资金平衡必须筹借的短期借款过多,可以调整还款期,减轻各年还款负担。

通常因运营期前期的还本付息负担较重,故应特别注重运营期前期的财务生存能力分析。

通过以下相辅相成的两个方面可具体判断项目的财务生存能力:

①拥有足够的经营净现金流量是财务可持续的基本条件,特别是在运营初期。一个项目具有较大的经营净现金流量,说明项目方案比较合理,实现自身资金平衡的可能性大,不会过分依赖短期融资来维持运营;反之,一个项目不能产生足够的经营净现金流量,或经营净现金流量为负值,说明维持项目正常运行会遇到财务上的困难,项目方案缺乏合理性,实现自身资金平衡的可能性小,有可能要靠短期融资来维持运营;或者是非经营项目本身无能力实现自身资金平衡,提示要靠政府补贴。

②各年累计盈余资金不出现负值是财务生存的必要条件。在整个运营期间,允许个别年份的净现金流量出现负值,但不能容许任一年份的累计盈余资金出现负值。一旦出现负值时应适时进行短期融资,该短期融资应体现在财务计划现金流量表中,同时短期融资的利息也应纳入成本费用和其后的计算。较大的或较频繁的短期融资,有可能导致以后的累计盈余资金无法实现正值,致使项目难以持续运营。

## 第四节　既有项目法人项目财务评价

### 一、评价范围与数据的确定

既有项目法人项目财务评价与新设项目法人项目财务评价的主要区别,在于它的盈利能力评价指标，前者是按“有项目”和“无项目”对比，采取增量分析方法计算。偿债能力评价指标，一般是按“有项目”后项目的偿债能力计算，必要时也可按“有项目”后既有项目法人整体偿债能力计算。

1. 确定财务评价范围

范围界定合适与否与项目的经济效益和评价的繁简的程度有直接关系。

(1)“整体改扩建”的项目

对于“整体改扩建”的项目，项目范围包括整个既有企业，除要使用既有企业的部分或全部原有资产、场地、设备外，还要另外新投入一部分资金进行扩建或技术改造。企业的投资主体、融资主体、还债主体、经营主体是统一的，项目的范围就是企业的范围。“整体改扩建项目”不仅要识别和估算与项目直接有关的费用和效益，而且要识别和估算既有企业其余部分的费用和效益。

(2)“局部改扩建”的项目

对于“局部改扩建”的项目，项目范围只包括既有企业的一部分，只使用既有企业的一部分原有资产、资源、场地、设备，加上新投入的资金，形成改扩建项目；企业投资主体、融资主体与还债主体仍然是一致的，但可能与经营主体分离。整个企业只有一部分包含在项目“范围内”，还有相当一部分在“企业内”但属于项目“范围外”。

在保证项目的费用与效益口径一致以及不影响分析结果的情况下，应尽可能缩小项目的范围，有可能的话，只包括与项目直接关联的财务费用与效益。在界定了项目的范围后，就应当正确识别与估算项目范围内、外的费用与效益。

2. 选取财务评价数据

对既有项目法人项目的财务评价，采用“有无对比”进行增量分析，主要涉及下列五种数据：

(1)“有项目”数据

“有项目”数据，指既有企业进行投资活动后，在项目的计算期内，在项目范围内可能发生的效益与费用流量。“有项目”的流量是时间序列的数据。

(2)“无项目”数据

“无项目”数据，指既有企业利用拟建项目范围内的部分或全部原有生产设施(资产)，在项目计算期内可能发生的效益与费用流量。“无项目”的流量是时间序列的数据。

(3)“增量”数据

“增量”数据是指“有项目”数据减“无项目”数据的差额，是时间序列的数据。“有项目”的投资减“无项目”的投资是增量投资；“有项目”的效益减“无项目”的效益是增量效益；“有项目”的费用减“无项目”的费用是增量费用。

(4)“现状”数据

“现状”数据是项目实施前的资产与资源、效益与费用数据，是一个时点数。“现状”数据对于比较“项目前”与“项目后”的效果有重要作用。现状数据也是预测“有项目”和“无项目”的基础。现状数据一般可用实施前一年的数据，当该年数据不具有代表性时，可选用有代表性年份的数据或近几年数据的平均值。其中，特别是对生产能力的估计，应慎重取值。

(5)“新增”数据

“新增”数据是项目实施过程各时点“有项目”的流量与“现状”数据之差，也是时间序列的数据。新增建设投资包括建设投资和流动资金，还包括原有资产的改良支出、拆除、运输和重新安装费用。新增投资是改扩建项目筹措资金的依据。

“无项目”时的效益由“老产品”产生，费用是为“老产品”投入；“有项目”时的效益一般由

学习记录 “新产品”与“老产品”共同产生;“有项目”时的费用包含为“新产品”的投入与为“老产品”的投入。“老产品”的效益与费用在“有项目”与“无项目”时可能有较大差异。

## 二、既有项目法人项目财务评价的特点

改扩建项目财务分析采用一般建设项目财务分析的基本原理和分析指标。由于项目与既有企业既有联系又有区别,一般可进行下列两个层次的分析:

1. 项目层次

盈利能力分析,遵循“有无对比”的原则,利用“有项目”与“无项目”的效益与费用计算增量效益与增量费用,用于分析项目的增量盈利能力,并作为项目决策的主要依据之一;清偿能力分析,分析“有项目”的偿债能力,若“有项目”还款资金不足,应分析“有项目”还款资金的缺口,即既有企业应为项目额外提供的还款资金数额;财务生存能力分析,分析“有项目”的财务生存能力。符合简化条件时,项目层次分析可直接用“增量”数据和相关指标进行分析。

2. 企业层次

分析既有企业以往的财务状况与今后可能的财务状况,了解企业生产与经营情况、资产负债结构、发展战略、资源利用优化的必要性、企业信用等。特别关注企业为项目的融资能力、企业自身的资金成本或同项目有关的资金机会成本。有条件时要分析既有企业包括项目债务在内的还款能力。

## 三、盈利能力分析

1. 盈利能力分析的特点

(1)增量分析为主

既有项目法人项目盈利能力分析是在明确项目范围和项目基本财务数据的基础上进行,强调以“有项目”和“无项目”对比得到的增量数据进行增量现金流量分析,以增量现金流量分析的结果作为投资决策的主要依据。

(2)辅以总量分析

必要时,既有法人项目的盈利能力分析也可以按“有项目”效益和费用数据编制“有项目”的现金流量表进行总量盈利能力分析,依据该表数值计算相关指标。目的是考察项目建成后的总体效果,可以作为辅助的决策依据。是否有必要进行总量盈利能力分析一般取决于企业现状与项目目标。如果企业现状亏损,而该改扩建项目的目标又是使企业扭亏为盈,那么为了了解改造后的预期目标能否因该项目的实施而实现,就可以进行总量盈利能力分析;如果增量效益较好,而总量效益不能满足要求,则说明该项目方案的带动效果不足,需要改变方案才能实现扭亏为盈的目标。

2. 盈利能力分析的报表

既有项目法人项目盈利能力分析报表可以与新建项目的财务报表基本相同,只是输入数据可以不同,科目可能略有增加,既有项目法人项目盈利能力分析的主要报表有项目投资现金流量表(增量)和利润表(有项目)。

3. 盈利能力增量分析的简化

所谓简化的增量分析即按照“有无对比”原则,直接判定增量数据用于报表编制,并进行增量分析。这种做法实际上是把项目模拟成一个法人,相当于按照新建(新设法人)项目的方式进行盈利能力分析。

符合下列特定条件之一的改扩建项目，可按一般建设项目经济评价的方法，简化处理：

①项目的投入和产出与既有企业的生产经营活动相对独立。

②以增加产出为目的的项目，增量产出占既有企业产出比例较小。

③利用既有企业的资产与资源量与新增量相对较小。

④效益与费用的增量流量较容易确定。

⑤其他特定情况。

4. 盈利能力分析的指标

盈利能力分析指标、表达式和判别依据与新设项目法人项目基本相同。

## 四、偿债能力分析

对于既有项目法人项目，由于项目范围界定的不同，可能会分项目和企业两个层次。当项目范围与企业范围一致时，“有项目”数据与报表都与企业一致，可直接进行借款偿还计算；当项目范围与企业不一致时，偿债能力分析就有可能出现项目和企业两个层次。

1. 项目层次的偿债能力分析

首先进行项目层次的偿债能力分析，编制有项目时的借款还本付息计划表计算利息备付率和偿债备付率。

当项目范围内存在原有借款时，应纳入计算。虽然借款偿还是由企业法人承借并负责偿还的，但计算得到的项目偿债能力指标可以表示项目用自身的各项收益偿付债务的能力，显示项目对企业整体财务状况的影响。计算得到的项目层次偿债能力指标可以给企业法人两种提示：一是靠本项目自身收益可以偿还债务，不会给企业法人增加债务负担；二是本项目的自身收益不能偿还债务，需要企业法人另筹资金偿还债务。

2. 企业层次的偿债能力分析

银行等金融部门为了考察企业的整体经济实力，决定是否贷款，往往在考察现有企业财务状况的同时还要了解企业各笔借款（含项目范围内外的原有借款、其他拟建项目将要发生的借款和项目新增借款）的综合偿债能力。为了满足债权人的要求，不仅需要提供项目建设前3~5年的企业主要财务报表，还需要编制企业在拟建项目建设期和投产后3~5年内（或项目偿还期内）的综合借款还本付息计划表，并结合利润表、财务计划现金流量表和资产负债表，分析企业整体偿债能力。考察企业财务状况的指标主要有资产负债率、流动比率和速动比率等比率指标，根据企业资产负债表的相关数据计算。

（1）资产负债率

资产负债率是指各期末负债总额同资产总额的比率。

（2）流动比率

流动比率是流动资产与流动负债之比，反映法人偿还流动负债的能力。

（3）速动比率

速动比率是速动资产与流动负债之比，反映法人在短时间内偿还流动负债的能力。

## 五、财务生存能力分析

财务生存能力分析是分析“有项目”时，企业在整个计算期内的资金充裕程度，分析财务可持续性，判断在财务上的生存能力。改扩建项目的财务生存能力应根据“有项目”的财务计划现金流量表进行，分析的内容与一般新建项目相同。

学习记录

# 第五节 非盈利性项目财务评价

## 一、非盈利性项目的类型

非盈利性项目是指为社会公众提供服务或产品,不以盈利为主要目的的投资项目,包括公益事业项目、行政事业项目和某些基础设施项目。这些项目的显著特点是为社会提供的服务或者使用功能,不收取费用或者只收取少量费用。这类项目的财务评价方法与盈利性项目有所不同,由于建设这类项目的目的是服务于社会,进行财务分析的目的不一定是为了作为投资决策的依据,而是为了考察项目的财务状况,了解盈利还是亏损,以便采取措施使其能维持运营,发挥功能。另外对很多非盈利性项目的财务分析实质上是在进行方案必选,以使所选择方案在满足项目目标的前提下,花费费用最少。

## 二、非盈利性项目财务评价方法

1. 单位功能(或者单位使用效益)投资

这项指标是指建设每单位使用功能所需的投资,如医院每张病床的投资、学校每个就学学生的投资、办公用房项目每个工作人员占用面积的投资。

单位功能(或者单位使用效益)投资 = 建设投资/设计服务能力或设施规模

2. 单位功能运营成本

这项指标是指项目的年运营费用与年服务总量之比,如污水处理厂项目处理每吨污水的运营费用,以此考察项目运营期间的财务状况。

$$\text{单位运营成本} = \text{年运营费用}/\text{年服务总量} \tag{7-1}$$

其中:年运营费用 = 运营直接费用 + 管理费用 + 财务费用 + 折旧费用;年服务总量指拟建项目建设规模中设定的年服务量。

3. 运营和服务收费价格

这项指标是指向服务对象提供每单位服务收取的服务费用,以此评价收费的合理性。评价方法一般是将预测的服务价格与消费者承受能力和支付意愿,以及政府发布的指导价格进行对比。

4. 借款偿还期

一些负债建设且有经营收入的非盈利性项目,应计算借款偿还期,考察项目的偿债能力,按下式计算:

$$\text{借款偿还期} = \text{借款偿还后开始出现盈余年份} - \text{开始借款年份} + \frac{\text{当年借款额}}{\text{当年可用于还款的资金额}} \tag{7-2}$$

## 习题与答案

一、单项选择题

1. 关于项目融资前财务分析的表述,正确的是( )。

A. 融资前分析只进行盈利能力分析

B. 融资前分析从项目投资者获利能力角度,考虑投资的合理性

C. 融资前分析以非折现现金流量分析为主

D. 融资前分析一般只进行所得税后指标分析

参考答案:A

2. 某项目运营期第3年,有关财务数据为:利润总额1000万元,全部为应纳税所得额基数,税率25%;当年折旧400万元,摊销不计;当年付息200万元,则该项目运营期第3年的利息备付率为( )。

A. 3.75　　B. 5.75　　C. 6.00　　D. 8.00

参考答案:D

解析:计算公式为:利息备付率 = 息税前利润(*EBIT*)/应付利息(*PI*) = (1000 + 200) ÷ 200 = 6

3. 某企业相关各年的利润总额如表7-14所示,若企业所得税率为33%,根据现行《工业企业财务制度》,该企业在第5年、第7年应缴纳所得税分别为( )万元。

某企业相关各年的利润总额　　表7-14

| 年份 | 1 | 2 | 3 | 4 | 5 | 6 | 7 |
|---|---|---|---|---|---|---|---|
| 利润总额(万元) | -1000 | 200 | 500 | 200 | 300 | -100 | 400 |
| 累计利润(万元) | 1000 | -800 | -300 | -100 | 200 | 100 | 500 |

A. 99、132　　B. 99、99　　C. 66、132　　D. 66、99

参考答案:D

解析:此题涉及利润总额税前补亏的问题,按照财务制度规定,企业的年度亏损可以在连续5年内用税前利润弥补,5年内不足弥补的,自第6年起,只能用税后利润弥补。本题中,第5年的利润总额300万元中需要弥补第1年尚余的100万元亏损,则第5年序应缴纳所得税 = (300 - 100) × 33% = 66万元;第7年的利润总额400万元中需要弥补第6年的亏损100万元,则第7年序的应缴纳所得税 = (400 - 100) × 33% = 99万元。

4. 已知某项目投资现金流量表如表7-15所示,则该项目静态投资回收期为( )年。

某项目投资现金流量表　　表7-15

| 年份 | 1 | 2 | 3 | 4~10 |
|---|---|---|---|---|
| 现金流入(万元) | | 100 | 100 | 120 |
| 现金流出(万元) | 220 | 40 | 40 | 50 |

A. 4.428　　B. 4.571　　C. 5.428　　D. 5.571

参考答案:A

解析:静态投资回收期是指以项目每年的净收益回收项目全部投资所需要的时间,当项目建成投产后各年的净收益不相同时,需要通过插值法求,过程如下:本项目前五年净现金流量及各年累计净现金流量见表7-16。

前五年净现金流量及各年累计净现金流量　　表7-16

| 年份 | 1 | 2 | 3 | 4 | 5 |
|---|---|---|---|---|---|
| 净现金流量(万元) | -220 | 60 | 60 | 70 | 70 |
| 累计净现金流量(万元) | -220 | -160 | -100 | -30 | 40 |

根据计算公式 $p_t$ = 累计净现金流量开始出现正值的年份 - 1 + 上一年累计现金流量的绝对值/当年净现金流量 = 5 - 1 + |-30|/70 = 4.428,公式中分子为上一年净现金流量的累计值,分

学习记录 母是当年现金流量,无需累计。

5. 已知某项目当基准收益率 =15% 时,$NPV$ =165 万元;当基准收益率 =17% 时,$NPV$ = -21 万元。则其内部收益率所在区间是(　　)。

A. <15%　　B. 15% ~16%　　C. 16% ~17%　　D. >17%

参考答案:C

6. 下面各项中,可以反映企业偿债能力的指标是(　　)。

A. 投资利润率　　B. 速动比率　　C. 净现值率　　D. 内部收益率

参考答案:B

7. 在建设项目财务评价中,反映项目盈利能力的动态比率性指标是(　　)。

A. *ENPV*　　B. *FNPV*　　C. *EIRR*　　D. *FIRR*

参考答案:D

8. 已知某项目评价时点的流动资产总额为 3000 万元,其中存货 1000 万元;流动负债总额 1500 万元。则该项目的速动比率为(　　)。

A. 0.50　　B. 0.75　　C. 1.33　　D. 2.00

参考答案:C

9. 已知流动负债为 80 万元,存货为 120 万元,应收账款 60 万元,无形资产净值为 35 万元,则流动比率是(　　)。

A. 2.69　　B. 2.25　　C. 1.50　　D. 1.19

参考答案:B

二、多项选择题

1. 在建设项目投资经济评价时,建设项目可行的条件是(　　)。

A. $FNPV \geqslant 0$　　B. $FIRR \geqslant i_c$

C. 动态投资回收期≥行业基准投资回收期　　D. 投资利润率≥行业平均投资利润率

E. 贷款偿还期≥借款合同规定期限

参考答案:ABD

2. 下列属于项目偿债能力评价指标的是(　　)。

A. 利息备付率　　B. 借款偿还期　　C. 速动比率

D. 项目投资回收期　　E. 偿债备付率

参考答案:ACE

3. 以下关于财务评价指标阐述正确的是(　　)。

A. 总投资收益率系指项目有收益年份的息税前利润与项目总投资的比率

B. 利息备付率从付息资金来源的充裕性角度反映项目偿付债务利息的保障程度

C. 偿债备付率表示可用于还本付息的资金偿还机款本息的保障程度

D. 项目资金净利润率属动态评价指标

E. 项目投资回收期是进行偿债能力分析的指标

参考答案:BC

三、案例题

案例一

背景:

某企业拟建一个市场急需产品的工业项目。建设期 1 年,运营期 6 年。项目建成当年投产。

当地政府决定扶持该产品生产的启动经费100万元(免税)。其他基本数据如下:

1. 建设投资1000万元。预计全部形成固定资产,固定资产使用年限10年,期末残值100万元。投产当年又投入资本金200万元作为运营期的流动资金。

2. 正常年份年营业收入为800万元,经营成本300万元,产品营业税及附加税率为6%,所得税率为33%,行业基准收益率10%;基准投资回收期6年。

3. 投产第一年仅达到设计生产能力的80%,预计这一年的营业收入、经营成本和总成本均按正常年份的80%计算,以后各年均达到设计生产能力。

4. 运营的第3年预计需更新新型自动控制设备购置投资500万元才能维持以后的正常运营需要。

问题:

1. 编制拟建项目投资现金流量表。

2. 计算项目的静态投资回收期。

3. 计算项目的财务净现值。

4. 计算项目的财务内部收益率。

5. 从财务角度分析拟建项目的可行性。

分析要点:

1. 项目投资现金流量表中,回收固定资产余值的计算,可能出现两种情况:

营运期等于固定资产使用年限,则固定资产余值 = 固定资产残值。

营运期小于使用年限,则固定资产余值 = (使用年限 − 营运期) × 年折旧费 + 残值。

2. 项目投资现金流量表中调整所得税,是以息税前利润为基础,按以下公式计算:

调整所得税 = 息税前利润 × 所得税率

式中,息税前利润 = 利润总额 + 利息支出。

或:息税前利润 = 年营业收入 − 营业税及附加 − 息税前总成本(不含利息支出)

息税前总成本 = 年经营成本 + 年折旧费 + 年摊销费

参考答案:

问题1:

解:编制拟建项目投资现金流量表如表7-17所示。

编制表7-17前需要计算以下数据:

1. 计算固定资产折旧费

年固定资产折旧费 = (1000 − 100) ÷ 10 = 90(万元)

2. 计算固定资产余值

固定资产使用年限10年,运营期末只用了6年还有4年未折旧,所以,运营期末固定资产余值为:

固定资产余值 = 年固定资产折旧费 ×4 + 残值 = 90 ×4 + 100 = 460(万元)

3. 计算调整所得税

调整所得税 = (营业收入 − 营业税及附加 − 息税前总成本) ×33%

第2年息税前总成本 = 经营成本 + 折旧费 = 300 ×80% + 90 = 240 + 90 = 330(万元)

第3年及其以后各年的息税前总成本 = 300 + 90 = 390(万元)

第2年调整所得税 = (800 ×80% − 800 ×80% ×6% − 330) ×33% = (640 − 38.40 − 330) × 33% = 89.63(万元)

学习记录

第3年及其以后各年调整所得税 = (800 - 800 × 6% - 390) × 33% = (800 - 48 - 390) × 33% = 119.46(万元)

**项目投资现金流量表**(人民币单位:万元)　表7-17

| 序号 | 项　目 | 建设期 | 运　营　期 | | | | | |
|---|---|---|---|---|---|---|---|---|
| | | 1 | 2 | 3 | 4 | 5 | 6 | 7 |
| 1 | 现金流入 | 0 | 740 | 800 | 800 | 800 | 800 | 1460 |
| 1.1 | 营业收入 | 0 | 640 | 800 | 800 | 800 | 800 | 800 |
| 1.2 | 补贴收入 | | 100 | | | | | |
| 1.3 | 回收固定资产余值 | | | | | | | 460 |
| 1.4 | 回收流动资金 | | | | | | | 200 |
| 2 | 现金流出 | 1000 | 568.03 | 467.46 | 967.46 | 467.46 | 467.46 | 467.46 |
| 2.1 | 建设投资 | 1000 | | | | | | |
| 2.2 | 流动资金 | | 200 | | | | | |
| 2.3 | 经营成本 | | 240 | 300 | 300 | 300 | 300 | 300 |
| 2.4 | 营业税及附加 | | 38.40 | 48.00 | 48.00 | 48.00 | 48.00 | 48.00 |
| 2.5 | 维持运营投资 | | | | 500 | | | |
| 2.6 | 调整所得税 | | 89.63 | 119.46 | 119.46 | 119.46 | 119.46 | 119.46 |
| 3 | 净现金流量 | -1000 | 171.97 | 332.54 | -167.46 | 332.54 | 332.54 | 992.54 |
| 4 | 累计净现金流量 | -1000 | -828.03 | -495.49 | -662.95 | -330.41 | 2.13 | 994.67 |
| 5 | 折现系数10% | 0.9091 | 0.8264 | 0.7513 | 0.6830 | 0.6209 | 0.5645 | 0.5132 |
| 6 | 折现后净现金流 | -909.10 | 142.12 | 249.84 | -114.38 | 206.47 | 187.72 | 509.37 |
| 7 | 累计折现净现金流 | -909.10 | -766.98 | -517.14 | -631.52 | -425.05 | -237.33 | 272.04 |

问题2:

计算项目的静态投资回收期

静态投资回收期 = (累计净现金流量出现正值的年份 - 1) + (出现正值年份上年累计净现金流量绝对值 ÷ 出现正值年份当年净现金流量) = (6 - 1) + 330.14/332.54 = 5.99(年)

项目静态投资回收期为:5.99年≈6年。

问题3:

项目财务净现值就是计算期末的累计折现后净现金流量272.04万元。见表7-14。

问题4:

解:编制项目投资现金流量延长表7-18。

首先确定 $i_1 = 15\%$,以 $i_1$ 作为设定的折现率,计算出各年的折现系数。利用现金流量延长表,计算出各年的折现净现金流量和累计折现净现金流量,从而得到财务净现值 $FNPV1 = 65.53$(万元),见表7-18。

再设定 $i_2 = 18\%$,以 $i_2$ 作为设定的折现率,计算出各年的折现系数。同样,利用现金流量延长表,计算各年的折现净现金流量和累计折现净现金流量,从而得到财务净现值 $FNPV2 = -27.91$(万元),见表7-18。

试算结果满足:$FNPV1 > 0$,$FNPV2 < 0$,且满足精度要求,可采用插值法计算出拟建项目的财务内部收益率 $FIRR$。

项目投资现金流量延长表(人民币单位:万元)　　表 7-18

| 序号 | 项　目 | 建设期 | 运　营　期 | | | | | |
|---|---|---|---|---|---|---|---|---|
| | | 1 | 2 | 3 | 4 | 5 | 6 | 7 |
| 1 | 现金流入 | 0 | 740 | 800 | 800 | 800 | 800 | 1460 |
| 2 | 现金流出 | 1000 | 568.03 | 467.46 | 967.46 | 467.46 | 467.46 | 467.46 |
| 3 | 净现金流量 | -1000 | 171.97 | 332.54 | -167.46 | 332.54 | 332.54 | 992.54 |
| 4 | 折现系数 15% | 0.8696 | 0.7561 | 0.6575 | 0.5718 | 0.4972 | 0.4323 | 0.3759 |
| 5 | 折现后净现金流量 | -869.60 | 130.03 | 218.65 | -95.75 | 165.34 | 143.76 | 373.10 |
| 6 | 累计折现净现金流量 | -869.60 | -739.57 | -520.92 | -616.67 | -451.33 | -307.57 | 65.53 |
| 7 | 折现系数 18% | 0.8475 | 0.7182 | 0.6086 | 0.5158 | 0.4371 | 0.3704 | 0.3139 |
| 8 | 折现后净现金流量 | -847.50 | 123.51 | 202.38 | -86.38 | 145.35 | 123.17 | 311.56 |
| 9 | 累计折现净现金流量 | -847.50 | -723.99 | -521.61 | -607.99 | -462.64 | -339.47 | -27.91 |

由表 7-15 可知:

$i_1 = 15\%$ 时,$FNPV1 = 65.53$

$i_2 = 18\%$ 时,$FNPV2 = -27.91$

用插值法计算拟建项目的内部收益率 *FIRR*。即:

$$FIRR = i_1 + (i_2 - i_1) \times [FNPV1 \div (|FNPV1| + |FNPV2|)]$$
$$= 15\% + (18\% - 15\%) \times [65.53 \div (65.53 + |-27.91|)]$$
$$= 15\% + 2.1\% = 17.1\%$$

问题 5:

解:本项目的静态投资回收期分别为:5.99 年未超过基准投资回收期和计算期(6 年);财务净现值为 272.04 万元 >0;财务内部收益率 *FIRR* = 17.1% >行业基准收益率 10%,所以,从财务角度分析该项目投资可行。

案例二

背景:

某拟建工业生产项目的有关基础数据如下:

1. 项目建设期 2 年,运营期 6 年,建设投资 2000 万元,预计全部形成固定资产。

2. 项目资金来源为自有资金和贷款。建设期内,每年均衡投入自有资金和贷款各 500 万元,贷款年利率为 6%。流动资金全部用项目资本金支付,金额为 300 万元,于投产当年投入。

3. 固定资产使用年限为 8 年,采用直线法折旧,残值为 100 万元。

4. 项目贷款在运营期的 6 年间,按照等额还本、利息照付的方法偿还。

5. 项目投产第 1 年的营业收入和经营成本分别为 700 万元和 250 万元,第 2 年的营业收入和经营成本分别为 900 万元和 300 万元,以后各年的营业收入和经营成本分别为 1000 万元和 320 万元。不考虑项目维持运营投资、补贴收入。

6. 企业所得税率为 25%,营业税及附加税率为 6%。

问题:

1. 列式计算建设期贷款利息、固定资产年折旧费和计算期第 8 年的固定资产余值。

2. 计算各年还本、付息额及总成本费用,并将数据填入借款还本付息计划表和总成本费用估算表中。

学习记录

3.列式计算计算期第3年的所得税。从项目资本金出资者的角度,列式计算计算期第8年的净现金流量。

(计算结果保留两位小数)

参考答案:

问题1:

列式计算建设期贷款利息、固定资产年折旧费和计算期第8年的固定资产余值。

第1年建设期贷款利息 $=500\times1/2\times6\%=15.00$(万元)

第2年建设期贷款利息 $=(500+15.00+500\times1/2)\times6\%=45.9$(万元)

建设期贷款利息 $=15.00+45.9=60.9$(万元)

固定资产折旧费 $=(2000+60.9-100)/8=245.11$(万元)

计算期第8年的固定资产余值 $=245.11\times(8-6)+100=590.22$(万元)

问题2:

填写借款还本付息计划表,见表7-19。

各年还本额 $=1060.9/6=176.82$(万元)

**借款还本付息计划表**(单位:万元) 表7-19

| 序号 | 项目 | 计算期 | | | | | |
|---|---|---|---|---|---|---|---|
| | | 3 | 4 | 5 | 6 | 7 | 8 |
| 1 | 借款 | | | | | | |
| 1.1 | 期初借款余额 | 1060.90 | 884.08 | 707.26 | 530.44 | 353.62 | 176.80 |
| 1.2 | 当期还本付息 | 240.47 | 229.86 | 219.26 | 208.65 | 198.04 | 187.41 |
| | 其中:还本 | 176.82 | 176.82 | 176.82 | 176.82 | 176.82 | 176.80 |
| | 付息 | 63.65 | 53.04 | 42.44 | 31.83 | 21.22 | 10.61 |
| 1.3 | 期末借款余额 | 884.08 | 707.26 | 530.44 | 353.62 | 176.80 | 0 |

填写总成本费用估算表(生产要素法),见表7-20。

**总成本费用估算表**(生产要素法)(单位:万元) 表7-20

| 序号 | 项目 | 计算期 | | | | | |
|---|---|---|---|---|---|---|---|
| | | 3 | 4 | 5 | 6 | 7 | 8 |
| 1 | 经营成本 | 250 | 300 | 320 | 320 | 320 | 320 |
| 2 | 折旧费 | 245.11 | 245.11 | 245.11 | 245.11 | 245.11 | 245.11 |
| 3 | 摊销费 | | | | | | |
| 4 | 利息支出 | 63.65 | 53.04 | 42.44 | 31.83 | 21.22 | 10.61 |
| 5 | 总成本费用合计 | 558.76 | 598.15 | 607.55 | 596.94 | 586.33 | 575.72 |

问题3:

列式计算计算期第3年的所得税。从项目资本金出资者的角度,列式计算计算期第8年的净现金流量。计算结果如表7-21所示。

计算期第3年的营业税金及附加 $=700$(万元)$\times6\%=42$(万元)

计算期第3年税前利润 $=700-558.76-42=99.24$(万元)

计算期所得税 $=99.24\times25\%=24.81$(万元)

计算期第8年现金流入 $=1000+590.22+300=1890.22$(万元)

计算期第 8 年的营业税金及附加 = 1000 万元 × 6% = 60(万元)

计算期第 8 年的利润总额 = (1000 - 575.72 - 60)万元 = 364.28(万元)

计算期第 8 年的所得税 = 364.28 万元 × 25% = 91.07(万元)

计算期第 8 年现金流出 = 176.8 + 10.61 + 320 + 60 + 91.07 = 658.48(万元)

计算期第 8 年净现金流量 = 1890.22 - 658.48 = 1231.74(万元)

项目资本金现金流量表(人民币单位:万元)　　表 7-21

| 序号 | 项　目 | 计　算　期 | | | | | | | |
|---|---|---|---|---|---|---|---|---|---|
| | | 1 | 2 | 3 | 4 | 5 | 6 | 7 | 8 |
| 1 | 现金流入 | | | 700 | 900 | 1000 | 1000 | 1000 | 1890.22 |
| 1.1 | 营业收入 | | | 700 | 900 | 1000 | 1000 | 1000 | 1000 |
| 1.2 | 补购收入 | | | | | | | | |
| 1.3 | 回收固定资产余值 | | | | | | | | 590.22 |
| 1.4 | 回收流动资金 | | | | | | | | 300 |
| 2 | 现金流出 | 500 | 500 | 856.28 | 545.83 | 582.37 | 574.42 | 666.46 | 558.48 |
| 2.1 | 项目资本金 | 500 | 500 | 300 | | | | | |
| 2.2 | 借款本金偿还 | | | 176.82 | 176.82 | 176.82 | 176.82 | 176.82 | 176.8 |
| 2.3 | 借款利息支付 | | | 63.65 | 53.05 | 42.44 | 31.83 | 21.22 | 10.61 |
| 2.4 | 经营成本 | | | 250 | 300 | 320 | 320 | 320 | 320 |
| 2.5 | 营业税金及附加 | | | 42 | 54 | 60 | 60 | 60 | 60 |
| 2.6 | 所得税 | | | 24.81 | 61.96 | 83.11 | 85.77 | 88.42 | 91.07 |
| 2.7 | 维持运营投资 | | | | | | | | |
| 3 | 净现金流量(1 - 2) | -500 | -500 | -157.28 | 254.17 | 317.63 | 325.59 | 333.54 | 1231.74 |

案例三

背景:

1. 某拟建项目固定资产(包括:建设投资与贷款利息)投资估算总额(含无形资产)为 3600 万元,其中:预计形成固定资产 3060 万元(含建设期贷款利息为 60 万元),无形资产 540 万元。固定资产使用年限为 10 年,残值率为 4%,固定资产余值在项目运营期末收回。该项目的建设期为 2 年,运营期为 6 年。

2. 项目的资金投入、收益、成本等基础数据,见表 7-22。

某建设项目资金投入、收益及成本表(单位:万元)　　表 7-22

| 序号 | 项目 \ 年份 | 1 | 2 | 3 | 4 | 5~8 |
|---|---|---|---|---|---|---|
| 1 | 建设投资:<br>自有资金部分;<br>贷款(不含贷款利息) | 1200 | 340<br>2000 | | | |
| 2 | 流动资金:<br>自有资金部分;<br>贷款部分 | | | 300<br>100 | 400 | |
| 3 | 年销售量(万件) | | | 60 | 120 | 120 |
| 4 | 年经营成本 | | | 1682 | 3230 | 3230 |

3. 建设投资借款合同规定的还款方式为：投产期的前 4 年等额还本，利息照付。借款利率为 6%（按年计息）；流动资金借款利率为 4%（按年计息）。

4. 无形资产在运营期 6 年中，均匀摊入成本。

5. 流动资金为 800 万元，在项目的运营期末全部收回。

6. 设计生产能力为年产量 120 万件某种产品，产品售价为 38 元/件，营业税金及附加税率为 6%，所得税率为 33%，行业基准收益率为 8%。

7. 行业平均总投资收益率为 10%，资本金净利润率为 15%。

8. 提取应付投资者各方股利的利率，按股东会事先约定计取：运营期头两年按可供投资者分配利润 10% 计取，以后各年均按 30% 计取，亏损年份不计取。期初未分配利润作为企业继续投资或扩大生产的资金积累。

问题：

1. 编制借款还本付息计划表、总成本费用估算表和利润与利润分配表。

2. 计算项目总投资收益率和资本金利润率。

3. 编制项目资本金现金流量表。计算项目的静态投资回收期和财务净现值。

4. 从财务角度评价项目的可行性。

分析要点：

1. 总成本费用 = 经营成本 + 折旧费 + 摊销费 + 财务费用（修理费含在年经营成本内）

2. 净利润 = 该年利润总额 - 应纳所得税额 × 所得税率（弥补亏损的数额也含在净利润中）

应纳所得税额 = 该年利润总额 - 上年度亏损

即：前年度亏损不缴纳所得税。利润总额不足弥补上年亏损的可连续弥补 5 年，5 年不足弥补的，则用所得税后的净利润弥补。

3. 可供分配利润 = 净利润 - 上年度亏损 + 期初未分配利润

期初未分配利润 = 上年度剩余的未分配利润

上年度剩余的未分配利润 = 上年可供分配利润 - 上年度应付投资者各方股利 - 上年度还款未分配利润

4. 可供投资者分配利润 = 可供分配利润 - 法定盈余公积金

5. 法定盈余公积金 = 净利润 × 10%

（1）可供投资者分配利润 + 折旧 + 摊销 ≤ 该年应还本金。则该年的可供投资者分配利润全部作为还款未分配利润，不足部分为该年的资金亏损，不提取应付投资者各方股利。并需用临时借款来弥补偿还本金的不足部分。

（2）可供投资者分配利润 + 折旧 + 摊销 ≥ 该年应还本金。则：

该年还款未分配利润 = 该年应还本金 - 折旧费 - 摊销费

6. 应付各投资方的股利 = 可供投资者分配利润 × 约定的分配利率（经营亏损或资金亏损年份均不得提取股利）

7. 总投资收益率 =（正常年份息税前利润或运营期内年平均息税前利润 ÷ 总投资）× 100%

8. 项目资本金净利润率 =（正常生产年份年净利润或运营期内年平均净利润 ÷ 资本金）× 100%

9. 项目资本金现金流量表中，流动资金借款按全年计息，并计入各年的财务费用中。运营期末回收全部流动资金。短期借款利息计算时，应采用流动资金贷款利率。

参考答案：

问题 1：

解:1.根据贷款利息公式列出借款还本付息表中费用名称,计算第3年贷款利息,见表7-23。表7-23中,第2年贷款2000万元,应计利息=(0+2000÷2)×6%=60万元。



某项目借款还本付息计划表(单位:万元) 表7-23

| 序号 | 项目 \ 年份 | 1 | 2 | 3 | 4 | 5 | 6 |
|---|---|---|---|---|---|---|---|
| 1 | 借款1 | | | | | | |
| 1.1 | 期初借款余额 | 0 | 0 | 2060.00 | 1545.00 | 1030.00 | 515.00 |
| 1.2 | 当年借款 | 0 | 2000 | 0.00 | 0.00 | 0.00 | 0.00 |
| 1.3 | 当年应还本付息 | 0 | . | 638.60 | 607.70 | 576.80 | 545.90 |
| 1.3.1 | 其中:应还本金 | 0 | | 515.00 | 515.00 | 515.00 | 515.00 |
| 1.3.2 | 应还(应计)利息(6%) | 0 | 60 | 123.60 | 92.70 | 61.80 | 30.90 |
| 1.4 | 期末余额 | 0 | 2060 | 1545.00 | 1030.00 | 515.00 | 0.00 |
| 2 | 借款2(临时借款) | | | | | | |
| 2.1 | 期初借款余额 | 0 | 0 | 0.00 | 131.24 | 0.00 | 0.00 |
| 2.2 | 当年借款 | 0 | 0 | 131.24 | 0.00 | 0.00 | 0.00 |
| 2.3 | 当年应还本息 | 0 | 0 | 0.00 | 136.49 | 0.00 | 0.00 |
| 2.3.1 | 其中:应还本金 | 0 | 0 | 0.00 | 131.24 | 0.00 | 0.00 |
| 2.3.2 | 应还(应计)利息(4%) | 0 | 0 | 0.00 | 5.25 | 0.00 | 0.00 |
| 2.4 | 期末余额 | 0 | 0 | 131.24 | 0.00 | 0.00 | 0.00 |
| 3 | 借款合计 | | | | | | |
| 3.1 | 期初借款余额((1.1)+(2.1)) | 0 | 0 | 2060.00 | 1676.24 | 1030.00 | 515.00 |
| 3.2 | 当年借款((1.2)+(2.2)) | 0 | 2000 | 131.24 | 0.00 | 0.00 | 0.00 |
| 3.3 | 当年应还本付息((1.3)+(2.3)) | 0 | | 638.60 | 744.19 | 576.80 | 545.90 |
| 3.3.1 | 其中:应还本金((1.3.1)+(2.3.1)) | 0 | | 515.00 | 46.24 | 515.00 | 515.00 |
| 3.3.2 | 应还(应计)利息((1.3.2)+(2.3.2)) | 0 | 60 | 123.6 | 97.95 | 61.80 | 30.90 |
| 3.4 | 期末余额(1.4+2.4) | 0 | 2060 | 1676.24 | 1030.00 | 515.00 | 0.00 |

2.计算各年度等额偿还本金。

各年等额偿还本金=第3年初累计借款÷还款期=2060÷4=515(万元)

3.根据总成本费用的构成列出总成本费用估算表的费用名称见表7-24。

计算固定资产折旧费和无形资产摊销费,并将折旧费、摊销费、年经营成本和借款还本付息表中的第3年贷款利息与该年流动资金贷款利息等数据填入总成本费用估算表7-24中,计算出该年的总成本费用。

某项目总成本费用估算表(单位:万元) 表7-24

| 序号 | 项目 \ 年份 | 3 | 4 | 5 | 6 | 7 | 8 |
|---|---|---|---|---|---|---|---|
| 1 | 经营成本 | 1682.00 | 3230.00 | 3230.00 | 3230.00 | 3230.00 | 3230.00 |
| 2 | 折旧费 | 293.76 | 293.76 | 293.76 | 293.76 | 293.76 | 293.76 |
| 3 | 摊销费 | 90.00 | 90.00 | 90.00 | 90.00 | 90.00 | 90.00 |

学习记录

续上表

| 序号 | 年份 / 项目 | 3 | 4 | 5 | 6 | 7 | 8 |
|---|---|---|---|---|---|---|---|
| 4 | 建设投资贷款利息 | 123.60 | 97.95 | 61.80 | 30.90 | 0.00 | 0.00 |
| 5 | 流动资金贷款利息 | 4.00 | 20.00 | 20.00 | 20.00 | 20.00 | 20.00 |
| 6 | 总成本费用 | 2193.36 | 3731.71 | 3695.56 | 3664.66 | 3633.76 | 3633.76 |

(1)折旧费＝[(固定资产投资估算总额－无形资产)×(1－残值率)]÷使用年限＝[(3600－540)×(1－4%)]÷10＝293.76(万元)

摊销费＝无形资产÷摊销年限＝540÷6＝90(万元)

(2)计算各年的营业额、营业税,并将各年的总成本逐一填入利润与利润分配表7-25中。

第3年营业收入＝60×38＝2280(万元)

第4～8年营业收入＝120×38＝4560(万元)

第3年营业税及附加＝2280×6%＝136.80(万元)

第4～8年营业税及附加＝4560×6%＝273.60(万元)

4.将第3年总成本计入该年的利润与利润分配表中,并计算该年的其他费用,见表7-25。

**某项目利润与利润分配表**(单位:万元) 表7-25

| 序号 | 年份 / 项目 | 3 | 4 | 5 | 6 | 7 | 8 |
|---|---|---|---|---|---|---|---|
| 1 | 营业收入 | 2280.00 | 4560.00 | 4560.00 | 4560.00 | 4560.00 | 4560.00 |
| 2 | 总成本费用 | 2193.36 | 3731.71 | 3695.56 | 3664.66 | 3633.76 | 3633.76 |
| 3 | 营业税金及附加(1)×6% | 136.80 | 273.60 | 273.60 | 273.60 | 273.60 | 273.60 |
| 4 | 补贴收入 | 0 | 0 | 0 | 0 | 0 | 0 |
| 5 | 利润总额(1)－(2)－(3)＋(4) | －50.16 | 554.69 | 590.84 | 621.74 | 652.64 | 652.64 |
| 6 | 弥补以前年度亏损 | 0 | 50.16 | 0 | 0 | 0 | 0 |
| 7 | 应纳所得税额(5)－(6) | 0 | 504.53 | 590.84 | 621.74 | 652.64 | 652.64 |
| 8 | 所得税(7)×33% | 0 | 166.49 | 194.98 | 205.17 | 215.37 | 215.37 |
| 9 | 净利润(5)－(8) | －50.16 | 388.20 | 395.86 | 416.57 | 437.27 | 437.27 |
| 10 | 期初未分配利润(13)－(14)－(15.1) | 0 | 0 | 6.82 | 122.92 | 217.24 | 427.55 |
| 11 | 可供分配利润 | 0 | 338.04 | 402.68 | 539.49 | 654.51 | 864.82 |
| 12 | 法定盈余公积金(9)×10% | 0 | 38.82 | 39.59 | 41.66 | 43.73 | 43.73 |
| 13 | 可供投资者分配利润(11)－(12) | 0 | 299.22 | 363.09 | 497.83 | 610.78 | 821.09 |
| 14 | 应付投资者各方股利(13)×约定利率(头两年10%,以后30%) | 0 | 29.92 | 108.93 | 149.35 | 183.23 | 246.33 |
| 15 | 未分配利润(13)－(14) | 0 | 269.30 | 254.16 | 348.48 | 427.55 | 574.76 |
| 15.1 | 用于还款未分配利润 | 0 | 262.48 | 131.24 | 131.24 | 0 | 0 |
| 15.2 | 剩余利润(15－15.1)(转下年度期初未分配利润) | 0 | 6.82 | 122.92 | 217.24 | 427.55 | 574.76 |
| 16 | 息税前利润(5)＋(当年利息支出) | 77.44 | 672.64 | 672.64 | 672.64 | 672.64 | 672.64 |

第3年的息税前利润77.44＝第三年建设投资贷款利息123.6＋流动资金贷款利息4－当年亏损额50.16

第3年利润为负值,是亏损年份。该年不计所得税、不提取盈余公积金和可供投资者分配的股利,并需要临时借款。

借款额 = 当年应还本金 - 折旧费 - 摊销费 = 515 - 293.76 - 90 = 131.24(万元)

5.第4年期初累计借款额 = 2060 - 515 + 131.24 = 1676.24(万元),将应计利息计入总成本分析表7-24,汇总得该年总成本。将总成本计入利润与利润分配表7-25中,计算第4年利润总额、应纳所得税额、所得税和净利润。该年净利润388.20万元,大于还款未分配利润与上年临时借款之和。故为盈余年份。可提法定取盈余公积金和可供投资者分配的利润等。

第4年应还本金 = 515 + 131.24 = 646.24(万元)

第4年还款未分配利润 = 646.24 - 293.76 - 90 = 262.48(万元)

第4年法定盈余公积金 = 净利润 × 10% = 388.20 × 10% = 38.82(万元)

第4年可供分配利润 = 净利润 - 期初未弥补的亏损 + 期初未分配利润

= 388.20 - 50.16 + 0 = 338.04(万元)

第4年可供投资者分配利润 = 可供分配利润 - 盈余公积金

= 338.04 - 38.82 = 299.22(万元)

第4年应付各投资方的股利 = 可供投资者分配股利 × 10%

= 299.22 × 10% = 29.92(万元)

第4年剩余的未分配利润 = 299.22 - 29.92 - 262.48 = 6.82(万元)(为下年度的期初未分配利润),见表7-25。

6.第5年年初累计欠款额 = 1676.24 - 646.24 = 1030(万元),用以上方法计算出第5年的利润总额、应纳所得税额、所得税、净利润、可供分配利润和法定盈余公积金。该年期初无亏损,期初未分配利润为6.82万元。

第5年可供分配利润 = 净利润 - 上年度亏损 + 期初未分配利润

= 395.86 - 0 + 6.82 = 402.68(万元)

第5年法定盈余公积金 = 395.86 × 10% = 39.59(万元)

第5年可供投资者分配利润 = 可供分配利润 - 法定盈余公积金

= 402.68 - 39.59 = 363.09(万元)

第5年应付各投资方的股利 = 可供投资者分配股利 × 30%

= 363.09 × 30% = 108.93(万元)

第5年还款未分配利润 = 515 - 293.76 - 90 = 131.24(万元)

第5年剩余的未分配利润 = 363.09 - 108.93 - 131.24 = 122.92(万元)(为第6年度的期初未分配利润)

7.第6年各项费用计算同第5年。

以后各年不再有贷款利息和还款未分配利润,只有下年度积累的期初未分配利润。

问题2:

解:项目的投资收益率、资本金净利润率等静态盈利能力指标,按以下计算:

(1)计算投资收益率 = 正常年份的息税前利润 ÷ 总投资

投资收益率 = [672.64 ÷ (3540 + 60 + 800)] × 100% = 15.29% > 10%

(2)计算资本金净利润率

由于正常年份净利润差异较大,故用运营期的年平均净利润计算:

年平均净利润 = ( - 50.16 + 388.20 + 395.86 + 416.57 + 437.27 + 437.27) ÷ 6

= 2025.01 ÷ 6 = 337.50(万元)

学习记录

资本金利润率 = 年平均净利润 ÷ 资本金

= [337.50 ÷ (1540 + 300)] × 100% = 18.34% > 15%

问题 3：

1. 根据背景资料、借款还本付息表中的利息、利润与利润分配表中的营业税、所得税等数据编制拟建项目资本金现金流量表 7-26。

2. 计算回收固定资产余值，填入项目资本金现金流量表 7-26 内。

固定资产余值 = 293.76 × 4 + 3060 × 4% = 1297.44（万元）

3. 计算回收全部流动资金，填入资本金现金流量表 7-26 内。

全部流动资金 = 300 + 100 + 400 = 800（万元）

某项目资本金现金流量表（单位：万元） 表 7-26

| 序号 | 项 目 | 1 | 2 | 3 | 4 | 5 | 6 | 7 | 8 |
|---|---|---|---|---|---|---|---|---|---|
| 1 | 现金流入 | | | 2280.00 | 4560.00 | 4560.00 | 4560.00 | 4560.00 | 6657.44 |
| 1.1 | 营业收入 | | | 2280.00 | 4560.00 | 4560.00 | 4560.00 | 4560.00 | 4560.00 |
| 1.2 | 回收固定资产余值 | | | | | | | | 1297.44 |
| 1.3 | 回收流动资金 | | | | | | | | 800.00 |
| 2 | 现金流出 | 1200 | 340 | 2630.16 | 4434.28 | 4295.38 | 4274.67 | 3738.97 | 4238.97 |
| 2.1 | 项目资本金 | 1200 | 340 | 300.00 | | | | | |
| 2.2 | 经营成本 | | | 1682.00 | 3230.00 | 3230.00 | 3230.00 | 3230.00 | 3230.00 |
| 2.3 | 偿还借款 | | | 511.36 | 764.19 | 596.80 | 565.90 | 20.00 | 520.00 |
| 2.3.1 | 建设借款本金偿还 | | | 383.76 | 646.24 | 515.00 | 515.00 | | |
| 2.3.2 | 建设借款利息偿还 | | | 123.60 | 97.95 | 61.80 | 30.90 | 0.00 | 0.00 |
| 2.3.3 | 流动资金本金偿还 | | | | | | | | 500.00 |
| 2.3.4 | 流动资金利息偿还 | | | 4.00 | 20.00 | 20.00 | 20.00 | 20.00 | 20.00 |
| 2.4 | 营业税金及附加 | | | 136.80 | 273.60 | 273.60 | 273.60 | 273.60 | 273.60 |
| 2.5 | 所得税 | | | 0 | 166.49 | 194.98 | 205.17 | 215.37 | 215.37 |
| 3 | 净现金流量 | −1200 | −340 | −350.16 | 125.72 | 264.62 | 285.33 | 821.03 | 2418.47 |
| 4 | 累计净现金流量 | −1200 | −1540 | −1890.16 | −1764.44 | −1499.82 | −1214.49 | −393.46 | 2025.01 |
| 5 | 折现系数 ic = 8% | 0.9259 | 0.8573 | 0.7938 | 0.7350 | 0.6806 | 0.6302 | 0.5835 | 0.5403 |
| 6 | 折现净现金流量 | −1111.08 | −291.48 | −277.96 | 92.40 | 180.10 | 179.82 | 479.07 | 1306.70 |
| 7 | 累计折现净现金流量 | −1111.08 | −1402.56 | −1680.52 | −1588.12 | −1408.02 | −1228.20 | −749.13 | 557.57 |

4. 根据项目资本金现金流量表 7-26，计算项目的静态投资回收期。

解：(1) 静态投资回收期计算：

$FNPV7$ = −393.46（万元），$FNPV8$ = 2025.01（万元）

静态投资回收期 = (累计净现金流量出现正值的年份 − 1) + (出现正值年份上年累计净现金流量绝对值 ÷ 出现正值年份当年净现金流量)

= (8 − 1) + 393.46 ÷ 2418.47 = 7.16（年）

(2) 财务净现值 = 557.57（万元），详见表 7-23。

问题 4：

因为投资收益率 = 15.29% > 10%，资本金净利润率 = 18.34% > 15%，资本金财务净现值 $FNPV$ = 557.57（万元）> 0。所以，表明项目的盈利能力大于行业平均水平。该项目可行。

# 第八章 DIBAZHANG

# 建设项目经济分析

## 本章导读

建设项目财务评价结论满足投资决策要求后，如何分析项目投资对经济社会所做的贡献，从而评价项目利用社会经济资源的合理性呢？本章内容将按合理资源配置的原则，采用影子价格、影子汇率、社会折现率等经济评价参数，从国民经济全局的角度出发，考察项目的经济合理性。

## 学习目的

1. 了解经济评价的作用；
2. 熟悉经济效益与经济费用的内容；
3. 掌握经济效益与费用的计算、经济分析基本报表的编制以及评价指标的计算。

## 学习重点

1. 需进行经济分析的项目类型，经济分析与财务分析的相同与不同之处；
2. 经济分析基本报表的编制以及评价指标的计算。

## 学习难点

1. 影子价格的计算；
2. 项目间接经济效益与费用的分析与计算。

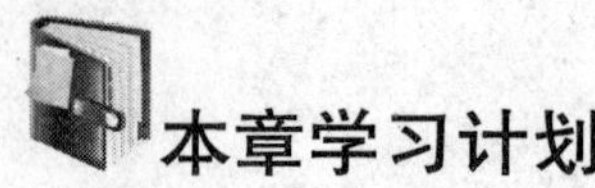

## 本章学习计划

| 内　容 | 建议自学时间（学时） | 学习建议 | 学习记录 |
| --- | --- | --- | --- |
| 第一节　经济分析概述 | 1.0 | 了解经济分析的步骤 | |
| 第二节　经济效益和费用的识别 | 1.0 | 熟悉经济效益和费用的识别与计算 | |
| 第三节　经济效益与费用的计算 | 1.5 | | |
| 第四节　经济费用效益分析 | 1.5 | 掌握经济费用效益分析的方法 | |
| 第五节　经济费用效果分析 | 1.0 | 熟悉经济费用效果分析的方法 | |

# 第一节 经济分析概述

## 一、经济分析的概念与作用

1. 经济分析的概念

项目经济分析(也称国民经济评价),是在合理配置社会资源的前提下,从国家经济整体利益的角度出发,计算项目对国民经济的贡献,分析项目的经济效率、效果和对社会的影响,评价项目在宏观经济上的合理性。

经济分析的理论基础是新古典经济学有关资源优化配置的理论。从经济学的角度看,经济活动的目的是通过配置稀缺经济资源用于生产产品和提供服务,尽可能地满足社会需要。当经济体系功能发挥正常,社会消费的价值达到最大时,就认为是取得了“经济效率”,达到了帕累托最优。

经济分析可以根据具体情况采用经济费用效益分析或经济费用效果分析的方法。

2. 经济分析的作用

(1)正确反映项目对社会经济的净贡献,评价项目的经济合理性

财务分析主要是从企业(财务主体)的角度考察项目的效益。由于企业的利益并不总是与国家和社会的利益完全一致,项目的财务盈利性至少在国家给予项目补贴、企业向国家缴税、某些货物市场价格可能扭曲和项目的外部效果等方面难以全面正确地反映项目的经济合理性。因而,需要从项目对社会资源增加所做贡献和项目引起社会资源耗费增加的角度,进行项目的经济分析,以便正确反映项目的经济效率和对社会福利的净贡献。

(2)为政府合理配置资源提供依据

合理配置有限的资源(包括劳动力、土地、各种自然资源、资金等)是人类经济社会发展所面临的共同问题。在完全的市场经济状态下,可通过市场机制调节资源的流向,实现资源的优化配置。在非完全的市场经济中,需要政府在资源配置中发挥调节作用。但是由于市场本身的原因及政府不恰当的干预,可能造成市场配置资源的失灵。项目的经济分析对项目的资源配置效率,即项目的经济效益(或效果)进行分析评价,可为政府的资源配置决策提供依据,提高资源配置的有效性。

(3)政府审批或核准项目的重要依据

在我国新的投资体制下,国家对项目的审批和核准重点放在项目的外部性、公共性方面,经济分析强调从资源配置效率的角度分析项目的外部效果,是政府审批或核准项目的重要依据。

(4)为市场化运作的基础设施等项目提供财务方案的制订依据

对部分或完全市场化运作的基础设施等项目,可通过经济分析论证项目的经济价值,为制订财务方案提供依据。

(5)有助于实现企业利益与全社会利益有机地结合和平衡

国家实行审批和核准的项目,应当特别强调要从社会经济的角度评价和考察,支持和发展对社会经济贡献大的产业项目,并特别注意限制和制止对社会经济贡献小甚至有负面影响的项目。正确运用经济分析方法,在项目决策中可以有效地察觉盲目建设、重复建设项目,有效地将企业利益与全社会利益有机结合。

(6)比选和优化项目(方案)的作用

学习记录

为提高资源配置的有效性，方案比选应根据能反映资源真实价值的相关数据进行，这只能依赖于经济分析，因此，经济分析在方案比选和优化中可发挥重要作用。

## 二、经济分析与财务分析的联系

1. 经济分析的基本方法

(1)经济分析采用费用效益分析或费用效果分析方法，即效益(效果)与费用比较的理论方法，寻求以最小的投入(费用)获取最大的产出(效益，效果)。

(2)经济分析采取“有无对比”方法识别项目的效益和费用。

(3)经济分析采用影子价格估算各项效益和费用。

(4)经济分析遵循效益和费用的计算范围对应一致的基本原则。

(5)经济费用效益分析采用费用效益流量分析方法，采用经济内部收益率、经济净现值等经济盈利性指标进行定量的经济效益分析。经济费用效果分析对费用和效果采用不同的度量方法，计算效果费用比或费用效果比指标。

2. 经济分析与财务分析的联系

(1)经济分析与财务分析的共同之处

①分析方法相同。两者都是经济效果评价，都采用基本的经济评价理论，即效益与费用比较的理论方法；都要寻求以最小的投入获取最大的产出，都要考虑资金的时间价值，采用内部收益率、净现值等盈利性指标评价工程项目的经济效果。

②分析的基础工作相同。两种分析都要在完成产品需求预测、工艺技术方案选择、投资估算、资金筹措方案等可行性研究内容的基础上进行。

③分析的计算期相同。

(2)经济分析与财务分析的区别

①分析的基本出发点不同。财务分析是站在项目的层次上，从项目经营者、投资者、未来债权人的角度，分析项目在财务上能够生存的可能性，分析各方的实际收益或损失，分析投资或贷款的风险及收益。经济分析则是站在国民经济的层次上，从全社会的角度分析项目的国民经济费用和效益。

②费用效益的含义和划分范围不同。财务分析只根据项目直接发生的财务收支，计算项目的费用和效益。经济分析则从全社会的角度考察项目的费用和效益，这时项目的有些收入和支出，从全社会的角度考虑，不能作为项目费用或效益，例如，税金和补贴、银行贷款利息。

③价格体系不同。财务分析使用实际的市场预测价格，经济分析则使用一套专用的影子价格体系。

④分析所用参数不同。如财务分析中使用的是财务基准收益率，经济分析中则用社会折现率。财务基准收益率依行业的不同而不同，而社会折现率则在全国各行业各地区都是一致的。

⑤分析内容不同。财务分析主要包括财务盈利能力分析、清偿能力分析和财务生存能力分析，而经济分析只进行盈利能力分析。

## 三、经济分析的项目类型和内容

在现实经济中，由于市场本身的原因及政府不恰当的干预，都可能导致市场配置资源的失灵，市场价格难以反映建设项目的真实经济价值，客观上需要通过经济费用效益分析来反映建设项目的真实经济价值，判断投资的经济合理性，为投资决策提供依据。因此，当某类项目依靠市场无法进行资源合理配置时，就需要进行经济费用效益分析。

1. 需要进行经济分析的项目判别准则

(1)具有自然垄断的性质

对于电力、电信、交通运输等行业的项目，存在着规模效益递增的产业特征，企业一般不会按照帕累托最优规则进行运作，从而导致市场配置资源失效。

(2)具有提供公共服务的性质

即项目提供的产品或服务在同一时间内可以被共同消费，具有"消费的非排他性"(未花钱购买公共产品的人不能被排除在此产品或服务的消费之外)和"消费的非竞争性"特征(一人消费一种公共产品并不以牺牲其他人的消费为代价)。由于市场价格机制只有通过将那些不愿意付费的消费者排除在该物品的消费之外才能得以有效运作，因此，市场机制对公共产品项目的资源配置失灵。

(3)具有明显的外部效果

外部效果是指一个个体或厂商的行为对另一个个体或厂商产生了影响，而该影响的行为主体又没有负相应的责任或没有获得应有报酬的现象。产生外部效果的行为主体由于不受预算约束，因此，常常不考虑外部效果承受者的损益情况。这样，这类行为主体在其行为过程中常常会低效率甚至无效率地使用资源，造成消费者剩余与生产者剩余的损失及市场失灵。

(4)具有涉及国家控制的战略性资源开发及国家经济安全的性质。这类项目往往具有公共性、外部效果等综合特征，不能完全依靠市场配置资源。

2. 现阶段需要进行经济分析的项目类型

从投资管理的角度，现阶段需要进行经济分析的项目类型主要有：

(1)政府预算内投资(包括国债资金)的用于关系国家安全、国土开发和市场不能有效配置资源的公益性项目和公共基础设施建设项目、保护和改善生态环境项目、重大战略性资源开发项目。

(2)政府各类专项建设基金投资的用于交通运输、农林水利等基础设施、基础产业建设项目。

(3)利用国际金融组织和外国政府贷款，需要政府主权信用担保的建设项目。

(4)法律、法规规定的其他政府性资金投资的建设项目。

(5)企业投资建设的涉及国家经济安全、影响环境资源、公共利益、可能出现垄断、涉及整体布局等公共性问题，需要政府核准的建设项目。

3. 经济分析的内容与步骤

经济分析的主要工作内容可以概括为：国民经济费用和效益的识别、影子价格及参数的选取和测算、经济费用效益报表的编制和指标的计算、方案的比选。一般来说，可按下列步骤进行：

(1)效益(效果)与费用的识别

建设项目经济分析应从整个国民经济的发展目标出发，考察项目对国民经济发展和资源合理利用的影响。在经济分析中的效益(效果)和费用，是指项目对国民经济所做的贡献及国民经济为项目所付出的代价，综合考察了项目的内部经济效果和外部经济效果。工程项目费用与效益的划分要因项目的类型及其评价目标的不同而有所区别。

(2)影子价格和参数的确定

建设项目经济分析的关键，是要确定项目产出物和投入物的合理的经济价格。必须选择既能反映资源本身的真实社会价值，又能反映供求关系、稀缺物资的合理利用和符合国家经济政策的经济价格(如影子价格)。按照国家规定和定价原则，合理选用和确定投入物与产出物的影子价格和参数，并对其进行鉴定和分析。然后，根据已确定的经济效益与费用的范围，采用影子价

学习记录 格、影子工资、影子汇率和社会折现率来替代财务评价中的财务价格、工资、汇率和折现率。因此,影子价格和有关参数的确定是经济分析的重要内容。

(3)效益和费用数值的调整

把项目的效益和费用等各项经济基础数据,按照已确定的经济价格(影子价格)进行调整,重新计算项目的销售收入、投资和生产成本的支出以及项目固定资产残值的经济价值。

(4)项目国民经济盈利能力分析

在对项目效益和费用等经济数值调整的基础上,编制项目的国民经济效益费用流量表(全部投资),并据此计算全部投资的经济内部收益率和经济净现值指标;对使用国外贷款的项目,还应编制国民经济效益费用流量表(国内投资),并据此计算国内投资的经济内部收益率和经济净现值等评价指标。

(5)方案经济比选

建设项目投资方案的经济效果比选,是寻求合理的经济和技术决策的必要手段,也是国民经济评价的重要组成部分。方案的比选应遵循宏观和微观、技术和经济相结合的原则进行。方案比选一般可采用净现值或差额收益率法。而对于效益相同的方案或效益基本相同又难以具体估算的方案,可采用最小费用法(如总费用现值比较法和年费用比较法)比选。

(6)综合评价与结论

首先按照国家政策,对与项目有关的各种经济因素做出综合分析,以国民经济效益评价为主,结合财务评价和社会效益评价,对主要评价指标进行综合分析,形成评价结论。然后,对项目经济分析中反映的问题和对项目需要说明的问题及有关建议加以明确阐述。

## 四、经济分析的通用参数

经济参数是进行经济分析的重要工具。正确理解和使用这些参数,对正确估算经济效益和费用,计算评价指标并进行经济合理性的判断,以及方案的比选优化是十分重要的。经济分析参数分为两类:一类是通用参数,包括社会折现率、影子汇率、影子工资等,由专门机构组织测算和发布;另一类是各种货物、服务、土地、自然资源等影子价格,需要项目评价人员根据项目具体情况自行测算。

1. 社会折现率

社会折现率系指建设项目经济分析中衡量经济内部收益率的基准值,也是计算项目经济净现值的折现率,是项目经济可行性和方案比选的主要判据。社会折现率在项目经济分析中的这种使用,使得它具有双重职能,即:作为项目费用—效益的不同时间价值之间的折算率,同时作为项目经济效益要求的最低经济收益率。

作为项目—效益不同时间价值之间的折算率,社会折现率反映了对于社会费用效益价值的时间偏好。社会费用或效益的时间偏好代表人们对于现在的社会价值与未来价值之间的权衡。

作为项目经济效益要求的最低经济收益率,社会折现率代表着社会投资所要求的最低收益率水平。项目投资产生的社会收益率如果达不到这一最低水平,项目不应当被接受。

根据国家发展改革委员会和建设部联合发布的《建设项目经济评价方法与参数》(第三版)规定,目前的社会折现率为8%;对于受益期长的建设项目,如果远期效益较大,效益实现的风险较小,社会折现率可适当降低,但不应低于6%。

2. 影子汇率

影子汇率系指用于对外贸货物和服务进行经济费用效益分析的外币的经济价格,应能正确反映外汇的经济价值。建设项目经济分析中，项目的进口投入物和出口产出物，应采用影子汇率换算系数调整计算进出口外汇收支的价值。

影子汇率可通过影子汇率换算系数得出。影子汇率换算系数系指影子汇率与外汇牌价之间的比值。影子汇率应按下式计算：

$$影子汇率 = 外汇牌价 \times 影子汇率换算系数 \quad (8\text{-}1)$$

根据我国外汇收支、外汇供求、进出口结构、进出口关税、进出口增值税及出口退税补贴等情况，影子汇率换算系数为1.08。

3. 影子工资

影子工资系指建设项目使用劳动力、耗费劳动力资源而使社会付出的代价。建设项目经济分析中以影子工资计算劳动力费用。

影子工资应按下式计算：

$$影子工资 = 劳动力机会成本 + 新增资源消耗 \quad (8\text{-}2)$$

式中：劳动力机会成本——劳动力在本项目被使用，而不能在其他项目中使用而被迫放弃的劳动收益；

新增资源消耗——劳动力在本项目新就业或由其他岗位转移来本项目而发生的社会资源消耗，这些资源的消耗并没有提高劳动力的生活水平。

在经济分析中，影子工资可通过影子工资换算系数得到，影子工资换算系数是指影子工资与项目财务分析中的劳动力工资之间的比值。

$$影子工资 = 财务工资 \times 影子工资换算系数 \quad (8\text{-}3)$$

技术劳动力的工资报酬一般可由市场供求决定，即影子工资一般可以财务实际支付工资计算。对于非技术劳动力，根据我国非技术劳动力就业状况，其影子工资换算系数一般取为0.25～0.8；具体可根据当地的非技术劳动力供求状况确定，非技术劳动力较为富余的地区可取较低值，不太富余的地区可取较高值，中间状况可取0.5。

4. 土地影子价格

土地影子价格是指建设项目使用土地资源而使社会付出的代价。在建设项目经济分析中以土地影子价格计算土地费用。

土地影子价格应按下式计算：

$$土地影子价格 = 土地机会成本 + 新增资源消耗 \quad (8\text{-}4)$$

式中：土地机会成本——按拟建项目占用土地而使国民经济为此放弃的该土地“最佳替代用途”的净效益计算；

新增资源消耗——主要包括拆迁补偿费、农民安置补助费等。在实践中，土地平整等开发成本通常计入工程建设费用中，在土地影子价格中不再重复计算。

## 第二节　经济效益和费用的识别

### 一、经济效益和费用识别的基本要求

1. 对经济效益和费用全面识别的原则

在经济费用效益分析中，应尽可能全面地识别建设项目的经济效益和费用，对项目涉及的所

学习记录

有社会成员的有关费用和效益进行识别和计算，全面分析项目投资及运营活动耗用资源的真实价值，以及项目为社会成员福利的实际增加所做出的贡献，并需要注意以下几点：

(1)分析体现在项目实体本身的直接费用和效益，以及项目引起的其他组织、机构或个人发生的各种外部费用和效益。

(2)分析项目的近期影响，以及项目可能带来的中期、远期影响。

(3)分析与项目主要目标直接联系的直接费用和效益，以及各种间接费用和效益。

(4)分析具有物质载体的有形费用和效益，以及各种无形费用和效益。

2. 遵循有无对比的原则

项目经济费用效益分析应建立在增量效益和增量费用识别和计算的基础之上，不应考虑沉没成本和已实现的效益。应按照"有无对比"增量分析的原则，通过项目的实施效果与无项目情况下可能发生的情况进行对比分析，作为计算机会成本或增量效益的依据。

3. 考虑关联效果原则

在经济费用效益识别时，应考虑项目投资可能产生的其他关联效应，并对项目外部效果的识别是否适当进行评估，防止漏算或重复计算。对于项目的投入或产出可能产生的第二级乘数波及效应，在经济费用效益分析中不予考虑。

4. 合理确定效益和费用的空间范围和时间跨度

经济费用效益识别应以本国居民作为分析对象，对于跨越国界，对本国之外的其他社会成员产生影响的项目，应重点分析对本国公民新增的效益和费用。项目对本国以外的社会群体所产生效果，应进行单独陈述。

经济费用效益识别的时间跨度应足以包含项目所产生的全部重要费用和效益，而不应仅依据有关财务核算规定确定。如财务分析的计算期可根据投资各方的合作期进行计算，而经济费用效益分析不受此限制。

5. 正确处理"转移支付"的原则

项目的有些财务收入和支出，从社会角度看，并没有造成资源的实际增加或减少，从而称为经济费用效益分析中的"转移支付"。转移支付代表购买力的转移行为，接受转移支付的一方所获得的效益与付出方所产生的费用相等，转移支付行为本身没有导致新增资源的发生。在经济费用效益分析中，税赋、补贴、借款和利息属于转移支付。

但是，一些税收和补贴可能会影响市场价格水平，导致包括税收和补贴的财务价格可能并不反映真实的经济成本和效益。在进行经济费用效益分析中，转移支付的处理应区别对待：

(1)剔除企业所得税或补贴对财务价格的影响。

(2)一些税收、补贴或罚款往往是用于校正项目"外部效果"的一种重要手段，这类转移支付不可剔除，可以用于计算外部效果。

(3)项目投入与产出中流转税应具体问题具体处理：

①对于产出品，增加供给满足国内市场供应的，流转税不应剔除；顶替原有市场供应的，应剔除流转税。

②对于投入品，用新增供应来满足项目的，应剔除流转税；挤占原有用户需求来满足项目的，流转税不应剔除。

③在不能判定产出或投入是增加供给还是挤占(替代)原有供给的情况下，可简化处理：产出品不剔除实际缴纳的流转税，投入品剔除实际缴纳的流转税。

## 二、直接效益和直接费用的识别

1. 项目的直接效益

项目的直接效益是指由项目本身产生，由其产出物提供，并用影子价格计算的经济价值。

项目直接效益的确定，分为两种情况：

(1)项目的产出物用以增加国内市场的供应量

如果项目的产出物用以增加国内市场的供应量，其效益就是其所满足的国内需求，也就等于消费者支付意愿。

(2)国内市场的供应量不变

①项目产出物增加了出口量，其效益为所获得的外汇。

②项目产出物减少了总进口量，即替代了进口货物，其效益为节约的外汇。

③项目产出物顶替了原有项目的生产，致使其减少或停产的，其效益为原有项目减产或停产向社会释放出来的资源，其价值也就等于这些资源的支付意愿。

项目的直接效益大多在财务评价中能够得以反映，但有时这种反映会在一定程度上有所失真。对于价值失真的直接效益，在经济分析中应按影子价格重新计算。

2. 项目的直接费用

项目的直接费用主要指国家为满足项目投入(包括固定资产投资、流动资金及经常投入)的需要而付出的代价。这些投入物用影子价格计算的经济价值即为项目的直接费用。

项目直接费用的确定，也分为两种情况：

(1)拟建项目的投入物来自国内供应量的增加

如果拟建项目的投入物来自国内供应量的增加，即增加国内生产来满足拟建项目的需求，其费用就是增加国内生产所消耗的资源价值。

(2)国内总供应量不变

①项目投入物来自国外，即增加进口来满足项目需求，其费用就是所花费的外汇。

②项目的投入物本来可以出口，为满足项目需求，减少了出口量，其费用就是减少的外汇收入。

③项目的投入物本来用于其他项目，由于改用于拟建项目将减少对其他项目的供应因此而减少的效益，也就是其他项目对该投入物的支付意愿。

直接费用一般在项目的财务评价中已经得到反映，但有时这种反映会在一定程度上有所失真。对于价值失真的直接费用在经济分析中应按影子价格重新计算。

## 三、间接效益和间接费用的识别

项目的费用和效益不仅体现在它的直接投入物和产出物中，还会在国民经济相邻部门及社会中反映出来，这就是项目的间接费用和间接效益，也可统称为外部效果。项目外部效果是指项目可能会对其他社会群体产生正面或负面影响，而项目本身却不会承担相应的货币费用或相应的货币效益。

以往经济费用效益分析对项目产生的有利影响(正面影响)的分析比较多，而对项目会带来不利影响(主要是对环境、生态和社会的负面影响)的分析较少考虑，这种做法既不利于充分认识项目外部效果以便采取成本最小措施，也不能在危害的预防与接受之间进行平衡。

外部效果计算的范围应考虑环境及生态影响效果、技术扩散效果和产业关联效果。一般计

学习记录

算一次性的外部影响效果，计算外部效果应明确项目"范围"的边界。根据具体项目情况，合理确定项目扩展的边界。有条件时可将具有相互关联的项目拴在一起作为"项目群"进行评价，使外部效果的处理内部化。对于无法量化的外部效果，应进行定性分析。

1. 环境及生态影响效果

为对建设项目进行全面的经济费用效益分析，应重视对环境影响外部效果的经济费用效益分析，尽可能地对环境成本与效益进行量化，在可行的情况下赋予经济价值，并纳入整个项目经济费用效益分析的框架体系之中。对于建设项目环境影响的量化分析，应从社会整体角度对建设项目环境影响的经济费用和效益进行识别和计算。

2. 产业关联效果

产业关联效果是指一个项目的实施可能会刺激其他产业的发展，增加新的生产能力或使原有生产能力得到更充分的利用。例如兴建汽车厂，会对为汽车厂生产零部件的企业产生刺激，对钢铁生产企业产生刺激。

3. 技术扩散效果

技术扩散效果是由于建设技术先进的项目会培养和造就大量的技术人员和管理人员，他们除了为本项目服务外，由于人员流动、技术交流对整个社会经济发展也会带来好处。

## 四、转移支付

1. 税金

在财务分析中，税金是一种财务支出。企业纳税，就要减少它的净收益，但是企业纳税并未减少国民收入，并未发生社会资源的变动，只不过是将企业的这笔货币收入转移到政府手中而已，是收入的再分配。从整个社会角度看，税金不对应于资源的变动，所以税金不能作为国民经济分析中的费用和收益。

2. 补贴

补贴是一种货币流动方向与税金相反的转移支付。政府如果对某些产品实行价格补贴，可能会降低项目投入的支付费用，或者会增加项目的收入，从而增加项目的净收益。但是，从社会资源变动的角度看，补贴既未增加社会资源，也未减少社会资源，国民收入并未因补贴的存在而发生变化，仅是货币在项目和政府间的转移，因而，补贴不被视作经济分析中的费用和收益。

3. 国内贷款及其还本付息

从企业（项目）角度看，从银行得到贷款就是货币流入，因而在自有资金的财务效益分析中，贷款被视作收入（现金流入）项。还本付息则是与贷款相反的货币流动过程，因而被视作财务支出（现金流出）项。从整个国民经济角度看，情况则不同。贷款并没有增加国民收入，还本付息也没有减少国民收入，这种货币流动过程仅仅代表资源支配权力的转移，社会实际资源并未增加或减少，因而，它们不是国民经济分析意义上的收益和费用，只不过是一种转移支付。

4. 国外贷款及其还本付息

在经济分析中，国外贷款和还本付息根据分析的角度不同，有两种不同处理原则。

（1）在全部投资效益费用流量表中的处理

在全部投资效益费用流量表中把国外贷款也作国内投资，以项目的全部投资作为计算基础，对拟建项目使用的全部资源的使用效果进行评价。由于随着国外贷款的发放，国外相应的实际资源的支配权力也同时转移到了国内。这些国外贷款资源与国内资源一样，也存在着合理配置的问题。因此，在全部投资效益费用流量表中，国外贷款和还本付息与国内贷款和还本付息一样,既不作为效益,也不作为费用。

(2)在国内投资效益费用流量表中的处理

为了考察国内投资对国民经济的实际贡献,应以国内投资作为计算的基础,因此,在国内投资效益费用流量表中,把国外贷款还本付息视为费用。

# 第三节　经济效益与费用的计算

## 一、经济效益和费用的计算原则

项目投资所造成的经济费用或效益的计算,应在利益相关者分析的基础上,研究在特定的社会经济背景条件下相关利益主体获得的收益及付出的代价,计算项目相关的费用和效益。经济效益和费用的计算具体应遵循以下原则:

1. 支付意愿原则

项目产出物正面效果的计算应遵循支付意愿原则,用于分析社会成员为项目所产出的效益愿意支付的价值。

2. 受偿意愿原则

项目产出物的负面效果的计算遵循接受补偿意愿原则,用于分析社会成员为接受这种不利影响所得到补偿的价值。

3. 机会成本原则

项目投入的经济费用的计算应遵循机会成本原则,用于分析项目所占用的所有资源的机会成本。机会成本应按资源的其他最有效利用所产生的效益进行计算。

4. 实际价值计算原则

项目经济费用效益分析应对所有费用和效益采用反映资源真实价值的实际价格进行计算,不考虑通货膨胀因素的影响,但应考虑相对价格变动。

## 二、经济效益和经济费用的计算

经济费用效益分析中投入物或产出物使用的计算价格称为“影子价格”。影子价格应是能够反映项目投入物和产出物真实经济价值的计算价格。

影子价格的测算在建设项目的经济费用效益分析中占有重要地位。考虑到我国仍然是发展中国家,整个经济体系还没有完成工业化过程,国际市场和国内市场的完全融合仍然需要一定时间等具体情况,将投入物和产出物区分为外贸货物和非外贸货物,并采用不同的思路确定其影子价格。

1. 具有市场价格的货物(或服务)的影子价格计算

(1)可外贸货物

对于可外贸货物,其投入物或产出物价格应基于口岸价格进行计算,以反映其价格取值具有国际竞争力。计算公式为:

出口产出的影子价格(出厂价)=离岸价(*FOB*)×影子汇率-出口费用　(8-5)

进口投入的影子价格(出厂价)=到岸价(*CIF*)×影子汇率+进口费用　(8-6)

式中:　离岸价——出口货物运抵我国出口口岸交货的价格;

学习记录

到岸价——进口货物运抵我国进口口岸交货的价格，包括货物进口的货价、运抵我国口岸之前所发生的境外的运费和保险费；

进口或出口费用——货物进出口环节在国内所发生的所有相关费用，包括运输费用、储运、装卸、运输保险等各种费用支出及物流环节的各种损失、损耗等。

如果可外贸货物以财务成本或价格为基础调整计算经济费用和效益，应注意以下两点：

①如果不存在关税、增值税、消费税、补贴等转移支付因素，则项目的投入物或产出物价值直接采用口岸价格进行调整计算。

②如果在货物的进出口环节存在转移支付因素，应区分不同情况处理。

**【例 8-1】** 某货物 A 进口到岸价为 120 美元/t，某货物 B 出口离岸价为 100 美元/t，用影子价格估算的进口费用和出口费用分别为 50 元/t 和 40 元/t，官方汇率为 1 美元 =6.8 元人民币，试计算货物 A 以及货物 B 的影子价格。

**【解】** 货物 A 的影子价格：

$$120 \times 6.8 \times 1.08 + 50 = 931.28(\text{元/t})$$

货物 B 的影子价格：

$$100 \times 6.8 \times 1.08 - 40 = 694.40(\text{元/t})$$

(2)非外贸货物

对于非外贸货物，其投入或产出的影子价格应根据下列要求计算：

①如果项目处于竞争性市场环境中，应采用市场价格作为计算项目投入或产出地影子价格的依据，计算公式为：

$$\text{投入物影子价格(到厂价)} = \text{市场价格} + \text{国内运杂费} \tag{8-7}$$

$$\text{产出物影子价格(出厂价)} = \text{市场价格} - \text{国内运杂费} \tag{8-8}$$

②如果项目的投入或产出的规模很大，项目的实施将足以影响其市场价格，导致“有项目”和“无项目”两种情况下市场价格不一致，在项目评价中，取二者的平均值作为测算影子价格的依据。

2. 不具有市场价格的货物(或服务)的影子价格计算

如果项目的产出效果不具有市场价格，应遵循消费者支付意愿和(或)接受补偿意愿的原则，按下列方法测算其影子价格：

(1)“显示偏好”法

“显示偏好”法是按照消费者支付意愿的原则，通过其他相关市场价格信号，按照“显示偏好”的方法，寻找揭示这些影响的隐含价值，对其效果进行间接估算。如果项目的外部效果导致关联对象产出水平或成本费用的变动，通过对这些变动进行客观量化分析，作为对项目外部效果进行量化的依据。

(2)“陈述偏好”法

“陈述偏好”法是根据意愿调查评估法，按照“陈述偏好”的原则进行间接估算。一般通过对被评估者的直接调查，直接评价调查对象的支付意愿或接受补偿的意愿，从中推断出项目造成的有关外部影响的影子价格。

3. 特殊投入物影子价格的计算

项目的特殊投入物主要包括：劳动力、土地和自然资源，其影子价格需要采取特定的方法确定。

(1)劳动力的影子价格

项目占用的人力资源，是项目实施所付出的代价。如果财务工资与人力资源的影子价格之间存在差异，应对财务工资进行调整计算，以反映其真实经济价值。

$$人力资源投入的影子价格 = 劳动力机会成本 + 新增资源消耗 \quad (8\text{-}9)$$

①劳动力机会成本是拟建项目占用的人力资源由于在本项目使用而不能再用于其他地方或享受闲暇时间而被迫放弃的价值，应根据项目所在地的人力资源市场及劳动力就业状况确定。

②新增资源耗费是指劳动力在本项目新就业或由其他就业岗位转移到本项目而发生的经济资源消耗，而这种消耗与劳动者生活水平的提高无关。在分析中应根据劳动力就业的转移成本测算。

(2)土地影子价格

土地是一种重要的经济资源，项目占用的土地无论是否需要实际支付财务成本，均应根据土地用途的机会成本原则或消费者支付意愿的原则计算其影子价格。

①生产性用地，主要指农业、林业、牧业、渔业及其他生产性用地，按照这些生产用地未来可以提供的产出物的效益及因改变土地用途而发生的新增资源消耗进行计算。

$$土地的经济成本 = 土地机会成本 + 新增资源消耗 \quad (8\text{-}10)$$

其中，土地的机会成本应按照社会对这些生产用地未来可以提供的消费产品的支付意愿价格进行分析计算，一般按照项目占用土地在“无项目”情况下的“最佳可行替代用途”的生产性产出的净效益现值进行计算。

新增资源耗费应按照在“有项目”情况下土地的征用造成原有地上附属物财产的损失及其他资源耗费来计算。土地平整等开发成本应计入工程建设成本中，在土地经济成本估算中不再重复计算。

②对于非生产性用地，如住宅、休闲用地等，应按照支付意愿的原则，根据市场交易价格测算其影子价格。

(3)自然资源影子价格

自然资源是指自然形成的，在一定的经济、技术条件下可以被开发利用以提高人们生活福利水平和生存能力，并同时具有某种“稀缺性”的实物性资源的总称，包括土地资源、森林资源、矿产资源和水资源等。项目经济费用效益分析将自然资源分为资源资产和非资产性自然资源，在影子价格的计算中只考虑资源资产。

经济费用效益分析中，项目建设和运营需要投入的自然资源，是项目投资所付出的代价，这些代价要用资源的经济价值而不是市场价格表示，可以用项目投入物的替代方案的成本，对这些资源资产用于其他用途的机会成本等进行分析测算。

4.人力资本和生命价值的估算

某些项目的产出效果表现为人力资本、生命延续或疾病预防等方面的影响，如教育项目、卫生项目、环境改善工程或交通运输项目等，应根据项目的具体情况，测算人力资本增值的价值，可能引起的死亡增加或减少的价值，以及对健康影响的价值，并将量化结果纳入项目经济费用效益分析的框架之中。如果货币量化缺乏可靠依据，应采用非货币的方法进行量化。

(1)教育项目

对于教育项目，其项目的实施可以引起人力资本增值的效果，例如教育项目引起的人才培养和素质提高，在劳动力市场发育成熟的情况下，其价值应根据“有项目”和“无项目”两种情况下的税前工资率的差别进行估算。例如世界银行的一项研究成果表明，每完成一年教育可以给受教育者增加约5%的月收入。

学习记录

(2)医疗卫生项目

对于项目的效果表现为增加或减少死亡的价值,应尽可能分析由于死亡风险的增加或减少的价值,根据社会成员为避免死亡而愿意支付的价格进行计算。在缺乏估算人们对生命的支付意愿的资料时,可通过人力资本法,通过分析人员死亡所带来的为社会创造收入的减少来评价死亡引起的损失,以测算生命的价值,或者通过分析不同工种的工资差别来测算人们对生命价值的支付意愿。

(3)卫生保健项目

对于项目的效果表现为对人们健康的影响时,一般应通过分析疾病发病率与项目影响之间的关系,测算发病率的变化所导致的收入损失,看病、住院、医疗等医疗成本及其他各种相关支出的变化,并综合考虑人们对避免疾病而获得健康生活所愿意付出的代价,测算其经济价值。

5. 时间节约价值的估算

交通运输等项目,其效果可表现为时间的节约,需要计算时间节约的经济价值。对于表现为时间节约的项目效果,应按照有无对比的原则分析"有项目"和"无项目"情况下的时间耗费情况,区分不同人群、货物,根据项目具体特点测算时间节约的价值。

(1)出行时间节约的价值

出行时间节约的价值是指为了得到这种节约受益者所愿意支付的货币数量。在项目经济费用效益分析中,应根据所节约时间的具体性质分别测算。

①如果所节约的时间用于工作,时间节约的价值应为将节约的时间用于工作带来的产出增加,由企业负担的所得税前工资、保险、退休金及有关的其他劳动成本综合分析计算。

②如果所节约的时间用于闲暇,应从受益者个人的角度,综合考虑个人家庭情况、收入水平、对闲暇的偏好等因素,采用意愿调查评估的方法进行估算。

(2)货物时间节约的价值

货物时间节约的价值是指应为得到这种节约受益者所愿意支付的货币数量。在项目经济费用效益分析中,应根据不同货物对时间的敏感程度测算其时间节约价值。

6. 环境外部效果的估算

①如果项目对环境的影响可能导致受影响的区域生产能力发生变化,可以根据项目所造成的相关产出物的产出量变化,对环境影响效果进行量化。如果产出物具有完全竞争的市场价格,应直接采用市场价格计算其经济价值;如果存在市场扭曲现象,应对其市场价格进行相应调整。

②如果不能直接估算拟建项目环境影响对相关产出量的影响,可以通过有关成本费用信息来间接估算环境影响的费用或效益。

③对于无法通过产出物市场价格或成本变化测算其影响的环境价值,应采用各种间接评估的方法进行量化。

## 第四节 经济费用效益分析

### 一、经济费用效益分析的概念

在识别项目经济费用和经济效益的基础上,对于效益和费用可以货币化的项目应采用经济费用效益分析方法;对于效益难以货币化的项目,应采用费用效果分析方法;对于效益和费用均难于量化的项目,应进行定性经济费用效益分析。

项目经济费用效益分析采用社会折现率对未来经济效益和经济费用流量进行折现。项目的所有效益和费用一般均应在共同的时点基础上予以折现。

经济费用效益分析可在直接识别估算经济费用和经济效益的基础上,利用表格计算相关指标;也可在财务分析的基础上将财务现金流量转换为经济效益与费用流量,利用表格计算相关指标。

如果项目的经济费用和效益能够进行货币化,应在费用效益识别和计算的基础上,编制经济费用效益流量表,计算经济费用效益分析指标,分析项目投资的经济效率。

## 二、经济费用效益流量表的编制

编制经济费用效益流量表是进行经济分析的基础工作之一。经济费用效益流量分析的基本报表包括:项目投资经济效益费用流量表和国内投资经济效益费用流量表。项目投资经济效益费用流量表是以全部投资(包括国内投资和国外投资)作为分析对象,考察项目全部投资的盈利能力;国内投资经济效益费用流量表是以国内投资作为分析对象,考察项目国内投资部分的盈利能力。

经济效益费用流量表一般在项目财务评价基础上进行调整编制,有些项目也可以直接编制。

1. 在财务评价基础上编制经济效益费用流量表

以项目财务评价为基础编制经济效益费用流量表,应注意合理调整效益与费用的范围和内容。

(1)剔除财务现金流量中的通货膨胀因素,得到以实价表示的财务现金流量。

(2)剔除运营期财务现金流量中不反映真实资源流量变动状况的转移支付因素。

(3)用影子价格和影子汇率调整建设投资各项组成,并剔除其费用中的转移支付项目。

(4)调整流动资金,将流动资产和流动负债中不反映实际资源耗费的有关现金、应收、应付、预收、预付款项,从流动资金中剔除。

根据建设投资和流动资金调整结果,编制经济费用效益分析投资费用估算调整表,如表8-1所示。

**投资费用估算调整表**(人民币单位:万元)　　表8-1

| 序号 | 项　目 | 财务分析 | | | 经济费用效益分析 | | | 经济费用效益分析比财务分析增减(%) |
|---|---|---|---|---|---|---|---|---|
| | | 外币 | 人民币 | 合计 | 外币 | 人民币 | 合计 | |
| 1 | 建设投资 | | | | | | | |
| 1.1 | 建筑工程费 | | | | | | | |
| 1.2 | 设备购置费 | | | | | | | |
| 1.3 | 安装工程费 | | | | | | | |
| 1.4 | 其他费用 | | | | | | | |
| 1.4.1 | 其中:土地费用 | | | | | | | |
| 1.4.2 | 专利及专有技术费 | | | | | | | |
| 1.5 | 基本预备费 | | | | | | | |
| 1.6 | 涨价预备费 | | | | | | | |
| 1.7 | 建设期利息 | | | | | | | |

续上表

| 序号 | 项目 | 财务分析 | | | 经济费用效益分析 | | | 经济费用效益分析比财务分析增减（%） |
|---|---|---|---|---|---|---|---|---|
| | | 外币 | 人民币 | 合计 | 外币 | 人民币 | 合计 | |
| 2 | 流动资金 | | | | | | | |
| | 合计(1+2) | | | | | | | |

注：若投资费用是通过直接估算得到的，本表应略去财务分析的相关栏目。

(5)调整经营费用，用影子价格调整各项经营费用，对主要原材料、燃料及动力费用影子价格进行调整；对劳动工资及福利费，用影子工资进行调整。编制经济费用效益分析经营费用估算调整表，如表8-2所示。

**经营费用估算调整表**（人民币单位：万元）　　表8-2

| 序号 | 项目 | 单位 | 投入量 | 财务分析 | | 经济费用效益分析 | |
|---|---|---|---|---|---|---|---|
| | | | | 单价（元） | 成本 | 单价（元） | 费用 |
| 1 | 外购原材料 | | | | | | |
| 1.1 | 原材料A | | | | | | |
| 1.2 | 原材料B | | | | | | |
| 1.3 | 原材料C | | | | | | |
| 1.4 | …… | | | | | | |
| 2 | 外购燃料及动力 | | | | | | |
| 2.1 | 煤 | | | | | | |
| 2.2 | 水 | | | | | | |
| 2.3 | 电 | | | | | | |
| 2.4 | 重油 | | | | | | |
| 2.5 | …… | | | | | | |
| 3 | 工资及福利费 | | | | | | |
| 4 | 修理费 | | | | | | |
| 5 | 其他费用 | | | | | | |
| | 合计 | | | | | | |

注：若经营费用是通过直接估算得到的，本表应略去财务分析的相关栏目。

(6)调整营业收入，对于具有市场价格的产出物，以市场价格为基础计算其影子价格；对于没有市场价格的产出效果，以支付意愿或接受补偿意愿的原则计算其影子价格。编制经济费用效益分析营业收入调整表，如表8-3所示。

**营业收入调整表**（人民币单位：万元）　　表8-3

| 序号 | 产品名称 | 年销售量 | | | | 财务分析 | | 经济费用效益分析 | | |
|---|---|---|---|---|---|---|---|---|---|---|
| | | 计算单位 | 内销 | 外销 | 合计 | 内销 | 外销 | 内销 | 外销 | 合计 |
| 1 | 投产第一年负荷（%）<br>A产品<br>B产品<br>小计 | | | | | | | | | |

续上表　

| 序号 | 产品名称 | 年销售量 | | | | 财务分析 | | 经济费用效益分析 | | |
|---|---|---|---|---|---|---|---|---|---|---|
| | | 计算单位 | 内销 | 外销 | 合计 | 内销 | 外销 | 内销 | 外销 | 合计 |
| 2 | 投产第二年负荷(%)<br>A产品<br>B产品<br>小计 | | | | | | | | | |
| 3 | 正常生产年份(%)<br>A产品<br>B产品<br>小计 | | | | | | | | | |

注:若营业收入是通过直接估算得到的,本表应略去财务分析的相关栏目。

(7)对于可货币化的外部效果,应将货币化的外部效果计入经济效益费用流量;对于难以进行货币化的外部效果,应尽可能地采用其他量纲进行量化。难以量化的,进行定性描述,以全面反映项目的产出效果。

(8)编制项目投资国民经济费用效益流量表和国内投资国民经济费用效益流量表,如表8-4、表8-5所示。

**项目投资经济费用效益流量表**(单位:万元)　表8-4

| 序号 | 项　目 | 计　算　期 | | | | | | | | |
|---|---|---|---|---|---|---|---|---|---|---|
| | | 1 | 2 | 3 | 4 | 5 | 6 | 7 | … | $n$ |
| 1 | 效益流量 | | | | | | | | | |
| 1.1 | 项目直接效益 | | | | | | | | | |
| 1.2 | 资产余值回收 | | | | | | | | | |
| 1.3 | 项目间接效益 | | | | | | | | | |
| 2 | 费用流量 | | | | | | | | | |
| 2.1 | 建设投资 | | | | | | | | | |
| 2.2 | 维持运营投资 | | | | | | | | | |
| 2.3 | 流动资金 | | | | | | | | | |
| 2.4 | 经营费用 | | | | | | | | | |
| 2.5 | 项目间接费用 | | | | | | | | | |
| 3 | 净效益流量 | | | | | | | | | |

**国内投资经济费用效益流量表**(人民币单位:万元)　表8-5

| 序号 | 项　目 | 计　算　期 | | | | | | | | |
|---|---|---|---|---|---|---|---|---|---|---|
| | | 1 | 2 | 3 | 4 | 5 | 6 | 7 | … | $n$ |
| 1 | 效益流量 | | | | | | | | | |
| 1.1 | 项目直接效益 | | | | | | | | | |
| 1.2 | 定资产余值回收 | | | | | | | | | |
| 1.3 | 项目间接效益 | | | | | | | | | |
| 2 | 费用流量 | | | | | | | | | |

学习记录

续上表

| 序号 | 项　目 | 计　算　期 | | | | | | | | |
|---|---|---|---|---|---|---|---|---|---|---|
| | | 1 | 2 | 3 | 4 | 5 | 6 | 7 | … | $n$ |
| 2.1 | 建设投资中国内资金 | | | | | | | | | |
| 2.2 | 流动资金中国内资金 | | | | | | | | | |
| 2.3 | 经营费用 | | | | | | | | | |
| 2.4 | 流到国外的资金 | | | | | | | | | |
| 2.4.1 | 国外借款本金偿还 | | | | | | | | | |
| 2.4.2 | 国外借款利息偿还 | | | | | | | | | |
| 2.4.3 | 其他 | | | | | | | | | |
| 2.5 | 项目间接费用 | | | | | | | | | |
| 3 | 国内投资净效益流量 | | | | | | | | | |

2. 直接编制经济费用效益流量表

有些行业的项目可能需要直接进行经济费用效益分析，判断项目的经济合理性。可以按照经济费用效益识别和计算的原则和方法直接编制经济费用效益流量表，直接进行经济费用效益流量的识别和计算，基本步骤如下：

(1)对于项目的各种投入物，应按照机会成本的原则计算其经济价值。

(2)识别项目产出物可能带来的各种影响效果。

(3)对于具有市场价格的产出物，以市场价格为基础计算其经济价值。

(4)对于没有市场价格的产出效果，应按照支付意愿及接受补偿意愿的原则计算其经济价值。

(5)对于难以进行货币量化的产出效果，应尽可能地采用其他量纲进行量化。难以量化的，进行定性描述，以全面反映项目的产出效果。

## 三、经济费用效益分析指标的计算

经济费用效益分析的基本评价指标是经济净现值、经济内部收益率和效益费用比。在进行项目初选时，也可采用投资净收益率（也即投资利税率）等静态指标；当进行多方案比选时，也可采用差额投资内部收益率进行排序。对涉及有外贸及其他影响外汇流入、流出的项目，如出口创汇及替代进口节汇的项目，因其有直接和间接的外汇效果，除进行以上指标计算外，还应进行外汇效果分析，根据具体情况计算经济外汇净现值、经济换汇成本和经济节汇成本等指标。此外，对于间接费用和间接效益，应根据需要和可能尽可能地纳入费用效益流量中，对量化确有困难的间接费用和间接效益，应进行定性分析。

1. 经济净现值

经济净现值（$ENPV$）是项目按照社会折现率将计算期内各年的经济净效益流量折现到建设期初的现值之和，是经济费用效益分析的主要评价指标。其计算公式为：

$$ENPV=\sum_{t=1}^{n}(B-C)_t(1+i_s)^{-t} \tag{8-11}$$

式中：$ENPV$——经济净现值；

$B$——经济效益流量；

$C$——经济费用流量；

$i_s$——社会折现率。

在经济费用效益分析中,如果经济净现值等于或大于零,说明项目可以达到社会折现率要求的效率水平,认为该项目从资源配置的角度可以被接受。

2. 经济内部收益率

经济内部收益率是项目在计算期内的经济净效益流量的折现值累计等于零时的折现率。其计算公式为:

$$\sum_{t=1}^{n}(B-C)_t(1+EIRR)^{-t}=0 \tag{8-12}$$

式中:$EIRR$——经济内部收益率;

$B$——经济效益流量;

$C$——经济费用流量;

$(B-C)_t$——第 $t$ 年的净效益流量;

$n$——计算期。

经济内部收益率可手工利用差值试算法求解,也可利用 Excel 表的财务函数求解。

如果经济内部收益率等于或大于社会折现率时,表明项目资源配置的经济效率达到了可以被接受的水平。

3. 效益费用比

效益费用比是项目在计算期内效益流量的现值与费用流量的现值的比率,是经济费用效益分析的辅助评价指标。其计算公式为:

$$R_{BC}=\frac{\sum_{t=1}^{n}B_t(1+i_s)^{-t}}{\sum_{t=1}^{n}C_t(1+i_s)^{-t}} \tag{8-13}$$

式中:$R_{BC}$——经济效益费用比;

$B_t$——第 $t$ 期的经济效益;

$C_t$——第 $t$ 期的经济费用。

如果效益费用比大于1,表明项目资源配置的经济效率达到了可以被接受的水平。

## 四、经济费用效益分析的对策建议

经济费用效益分析一方面应从资源优化配置的角度,分析项目投资的经济合理性;另一方面,应通过财务分析和经济费用效益分析结果的对比,分析市场的扭曲情况,判断政府公共投资是否有必要介入本项目的投资建设,并为改善本项目的财务状况、进行政策调整提出分析意见。因此,在建设项目的经济费用效益分析中,必须重视对策建议的分析。

(1)经济费用效益分析强调以受益者支付意愿原则测算项目产出效果的经济价值,对于基础设施项目,是分析建设投资的经济价值及市场化运作能力的重要依据。

(2)通过财务现金流量与经济费用效益流量的对比分析,判断二者出现的差异及其原因,分析项目所在行业或部门存在的导致市场失灵的现行政策,提出纠正政策干预失当、改革现行政策法规制度、提高部门效率的政策建议。

(3)通过项目费用及效益在不同利益相关者之间分布状况的分析,评价项目对不同利益相关群体的影响程度,分析项目利益相关群体受益及受损状况的经济合理性。

学习记录

# 第五节　经济费用效果分析

## 一、费用效果分析的基本原理

1. 费用效果分析的含义

广义的费用效果分析泛指通过比较所达到的效果与所付出的耗费，用于分析判断所付出的代价是否值得，它是项目经济评价的基本原理。广义费用效果分析并不刻意强调采用何种计量方式。狭义的费用效果分析专指耗费采用货币计量，效果采用非货币计量的分析方法，而效果和耗费均用货币计量的称为费用效益分析。项目评价中一般采用狭义的概念。

根据社会和经济发展的客观需要直接进行费用效果分析的项目，一般情况下，在充分论证项目必要性的前提下，重点是制订实现项目目标的途径和方案，并根据以尽可能少的费用获得尽可能大的效果原则，通过多方案比选，提供优先选定方案优先次序排队，以供决策。正常情况下，进入方案比选阶段，不再对项目的可行性提出质疑，不可能得出无可行方案的结论。费用效果分析只能比较不同方案的优劣，不能像费用效益分析那样保证所选方案的效果大于费用，因此，更加强调充分挖掘方案的重要性。

2. 费用效益分析和费用效果分析的比较

费用效益分析的优点是简洁、明了、结果透明，易于被人们接受。在市场经济中，货币是最为统一和认可的参考物，在不同产出物（效果）的叠加计算中，各种产出物的价格往往是市场认可的公平权重。总收入、净现金流量等是效果的货币化表达。财务盈利能力、偿债能力分析必须采用费用效益分析方法。在项目经济分析中，当项目效果或其中主要部分易于货币化时也采用费用效益分析方法。

费用效果分析回避了效果定价的难题，直接用非货币化的效果指标与费用进行比较，方法相对简单，最适用于效果难以货币化的领域。在项目经济费用效益分析中，当涉及代内公平（发达程度不同的地区、不同收入阶层等）和代际公平（当代人福利和未来人福利）等问题时，对效益的价值判断将十分复杂和困难。环境的价值、生态的价值、生命和健康的价值、人类自然和文化遗产的价值、通过义务教育促进人的全面发展的价值等，往往很难定价，而且不同的测算方法可能有数十倍的差距。勉强定价，往往引起争议，降低评价的可信度。另外，在可行性研究的不同技术经济环节，如场址选择、工艺比较、设备选型、总图设计、环境保护、安全措施等，无论进行财务分析，还是进行经济费用效益分析，都很难直接与项目最终的货币效益直接挂钩测算。这些情况下，都适宜采用费用效果分析。

费用效果分析既可以应用于财务现金流量，也可以用于经济费用效益流量。用于前者，主要用于项目各个环节的方案比选，项目总体方案的初步筛选；用于后者，除了可以用于上述方案比选、筛选以外，对于项目主体效益难于货币化的，则取代费用效益分析，并作为经济分析的最终结论。

## 二、费用效果分析的方法

1. 费用效果分析的要求

费用效果分析是将效果与费用采取不同的度量方法、度量单位和指标，在以货币度量费用的同时，采用某种非货币指标度量效果。费用效果分析遵循多方案比选原则，通过对各种方案的费用和效果进行比较，选择最好或较好的方案。对于单一方案的项目，由于费用与效果采取不同的度量单位和指标，不易直接评价其合理性。在进行费用效果分析时，项目的备选方案应具备以下条件：

（1）备选方案互斥

备选方案是互斥方案或可转化为互斥方案的，且不少于2个。

（2）备选方案目标相同

各个方案必须具有共同的既定实物目标。所谓实物目标是指不以货币计量的一项具体的使命。目标不同的方案，不满足目标最低要求的方案不可比。

（3）费用可以货币量化

备选方案的费用应能货币化，并采用同一计量单位，且资金用量未突破资金限额。

（4）效果应采用同一非货币单位计量

效果应采用同一非货币单位计量。如果有多个效果，可通过加权的方法处理成单一的综合指标。

（5）寿命周期可比

备选方案应具有可比的寿命周期。

2. 费用效果分析的程序

（1）确立项目目标，并将其转化为可量化的效果指标。

（2）拟定各种可以完成任务（达到效果）的方案。

（3）识别和计算各方案的费用与效果。

（4）计算指标，综合比较，分析各方案的优缺点。

（5）推荐最佳方案或提出优先采用的次序。

3. 项目效果计量单位的选择

计量单位的选择，既要能够切实度量项目目标的实现程度，又要便于计算。效果用非货币指标计算，应选择能真实反映项目目标实现程度的指标。例如，供水工程选用供水量（吨）、教育项目选用受教育人数等。效果指标有时可能是多个，需要采用加权平均方法处理为一个统一的当量。

4. 费用测算的要点

费用的测算强调采用全寿命周期费用，它是项目从建设投资开始到项目终结整个过程期限内所发生的全部费用，包括投资、经营成本、末期资产回收和拆除、恢复环境的处置费用。全寿命周期费用一般按现值计算或年值计算。

5. 费用效果分析的指标

（1）费用效果分析的基本指标

费用效果分析的基本指标是效果费用比（$R_{E/C}$），即单位费用所达到的效果：

$$R_{E/C}=\frac{E}{C} \tag{8-14}$$

式中：$R_{E/C}$——效果费用比；

$E$——项目效果；

$C$——项目费用。

在习惯上也可以采用费用效果比（$R_{C/E}$）指标，即单位效果所花费的费用：

$$R_{C/E}=\frac{C}{E} \tag{8-15}$$

(2)费用效果分析的基准指标

费用效果分析的基准指标是$[E/C]_0$,即该类项目可行的最低要求。它是用单位费用所应该达到的效果值表示。基准指标也可以采用其倒数形式,即单位效果可接受的费用,项目不得突破。

基准指标是项目可以接受的效果费用比的最低要求。基准指标决定因素较为复杂,受经济实力、技术水平、社会需求等多方面的影响,需按项目行业类别等专门制定。有些行业定额,可以作为测定基准指标的重要参考。基准指标有时也采用倒数形式,例如每吨供水的费用、每吨污水处理的费用、学校每个学生的费用等,使用时要注意与分析计算公式保持一致。这里所说的费用是寿命周期费用,原则上要避免简单化地用单位投资或单位运营成本代替。

6. 费用效果分析的基本方法

费用效果分析的常用方法是最小费用法、最大效果法和增量分析法。

(1)最小费用法

当项目目标是明确固定的,也即效果相同的条件下,选择能够达到效果的各种可能方案中费用最小的方案。这种满足固定效果寻求费用最小方案的方法称为最小费用法,也称固定效果法。

(2)最大效果法

当对费用有明确规定时,追求效果最大化的方法称为最大效果法,也称固定费用法。例如用于某一贫困地区扶贫的资金通常是事先固定的,扶贫效用最大化是通常要追求的目标,也就是采用最大效果法。

(3)增量分析法

有时,各个方案的费用和效果都不固定,则必须进行增量分析,分析增加的效果与增加的费用相比是否值得。不可盲目选择效果与费用比值最大的方案。其原理与费用效益分析中不可盲目选择 $IRR$、$B/C$ 最大的方案相同。

当采用增量分析法时,需要首先确定效果与费用比值最低可以接受的基准指标$[E/C]_0$或最高可接受的单位成本指标$[C/E]_0$。当$\Delta E/\Delta C \geqslant [E/C]_0$或$\Delta C/\Delta E \leqslant [C/E]_0$时,选择费用高的方案,否则选择费用低的方案。基准指标的确定需要根据国家经济状况、行业特点及以往同类项目 $E/C$ 比值水平综合确定,例如每吨自来水可以接受的成本,城市公共交通人公里成本等。

## 习题与答案

一、单项选择题

1. 下列关于外贸货物影子价格计算正确的是(　　)。

A. 出口产出的影子价格 = 离岸价(FOB)×影子汇率 - 出口费用

B. 出口产出的影子价格 = 到岸价(FOB)×影子汇率 + 出口费用

C. 进口投入的影子价格 = 离岸价(FOB)×影子汇率 - 出口费用

D. 进口投入的影子价格 = 到岸价(CIF)×影子汇率 - 出口费用

2. 劳动力的影子价格等于(　　)。

A. 劳动力机会成本　　B. 劳动力转移引起的新增资源消耗

C. 工资　　D. 机会成本 + 新增资源消耗

3. 下列不属于特殊投入物影子价格的是(　　)。

A. 自然资源的影子价格　　B. 进口投入的影子价格

C. 劳动力的影子价格　　D. 土地的影子价格

4. 在财务分析基础上进行经济费用效益流量的识别和计算,错误的是(　　)。

A. 剔除财务现金流量表中的通货膨胀因素,得到以影子价格表示的财务现金流量

B. 剔除运营期财务现金流量中不反映真实资源流量变动情况的转移支付因素

C. 调整经营费用,用影子价格调整主要原材料燃料及动力费用、工资及福利费等

D. 对于没有市场价格的产出效果,以支付意愿或接受补偿意愿的原则计算其影子价格

5. 下列对于效益费用指标的理解,正确的是(　　)。

A. 如果效益费用比小于1,表明项目资源配置的经济效率达到了可以被接受的水平

B. 如果经济内部收益率等于或者小于社会折现率,表明项目资源配置的经济效率达到了可以被接受的水平

C. 在经济费用效益分析中,如果经济净现值等于或大于0,说明项目可以达到社会折现率要求的效率水平,认为该项目从经济资源配置的角度可以被接受

D. 在经济费用效益分析中,经济净现值不可能小于0

6. 进行经济费用效益分析时,对于项目产出物正面效果的计算应遵循原则是(　　)。

A. 受偿意愿原则　　B. 支付意愿原则　　C. 机会成本原则　　D. 实际价值原则

二、多项选择题

1. 在建设项目投资经济评价时,建设项目可行的条件是(　　)。

A. $FNPV \geqslant 0$　　B. $FIRR \geqslant i_c$

C. 动态投资回收期≥行业基准投资回收期　　D. 投资利润率≥行业平均投资利润率

E. 贷款偿还期≥借款合同规定期限

2. 经济费用效益分析与财务分析的区别是(　　)。

A. 经济费用效益分析更关注从利益群体各方的角度来分析项目,与国民经济评价和财务评价出发点不完全一样

B. 经济费用效益分析只考虑间接的费用和效益,不考虑直接的费用和效益

C. 经济费用效益分析使用市场价格体系

D. 经济费用效益分析通常只有清偿能力分析

E. 经济费用效益分析的理论基础是新古典经济学有关资源优化配置的理论

3. 建设项目经济费用和效益的计算应遵循的原则有(　　)。

A. 支付意愿原则　　B. 受偿意愿原则　　C. 机会成本原则　　D. 影子价格

E. 实际价值计算原则

4. 下列关于经济费用效益分析,表述正确的是(　　)。

A. 经济净现值大于或等于0,项目从经济资源配置的角度可以接受

B. 经济内部收益率大于或等于基准收益率,项目从经济资源配置的角度可以接受

C. 经济内部收益率大于或等于社会折现率,项目从经济资源配置的角度可以接受

D. 效益费用比大于0,项目从经济资源配置的角度可以接受

E. 效益费用比大于1,项目从经济资源配置的角度可以接受

答案:

一、单项选择题:1. A　2. D　3. B　4. A　5. C　6. B

二、多项选择题:1. ABD　2. CD　3. AE　4. ABCE

第九章 DIJIUZHANG

# 不确定性分析与风险分析

## 本章导读

通过前面的学习我们知道，项目评价所采用的数据大部分来自预测和估算，因此，需要对项目的不确定性及风险所带来的影响需要进行不确定性分析及风险分析。本章将介绍两种常用的不确定性分析方法和风险分析方法。

## 学习目的

1. 了解不确定分析的概念、基本方法类型；
2. 熟悉非线性盈亏平衡分析、多因素敏感性分析、概率分析；
3. 掌握线性盈亏平衡分析、单因素敏感性分析。

## 学习重点

1. 方案的线性盈亏平衡分析；
2. 单因素敏感性分析；
3. 多因素敏感性分析；
4. 概率分析的基本方法。

## 学习难点

1. 非线性盈亏平衡分析；
2. 多因素敏感性分析；
3. 概率分析。

## 本章学习计划

| 内　　容 | 建议自学时间（学时） | 学 习 建 议 | 学 习 记 录 |
| --- | --- | --- | --- |
| 第一节　概述 | 0.5 | 熟悉不确定性分析与风险分析的概念 | |
| 第二节　盈亏平衡分析 | 1.5 | 掌握盈亏平衡分析、敏感性分析与风险分析的基本方法 | |
| 第三节　敏感性分析 | 1.0 | | |
| 第四节　风险分析 | 1.0 | | |

# 第一节　概　　述

## 一、不确定性分析的概念

前面所介绍的经济效果分析与评价,其所采用的大部分基础数据,如投资额、产量、成本、价格、收入、计算期等虽然都来自预测和估算,但是却假定这些参数在计算期内保持不变,在这种条件下对项目做出的决策我们称之为确定性决策。然而,由于人们对未来事物认识的局限性、可获信息的有限性以及未来事物本身的变化,使得这些数据与实际情况可能有出入,这样就产生了不确定性。

不确定性的直接后果是项目经济效果评价指标的实际值与评价值偏离,从而使按照评价值做出的决策带有风险,严重时可造成决策的失误。为了提高经济效果评价的可靠性和决策的科学性,需要在确定性评价的基础上,进一步分析各种不确定因素对项目经济效果的影响,分析项目本身对各种风险的承受能力,这就是不确定性分析。

所谓不确定性分析,就是对影响项目的不确定性因素进行分析,计算这些不确定性因素的增减变化对项目经济效果的影响程度,找出最敏感的因素及其临界点的过程。

不确定性分析主要包括盈亏平衡分析和敏感性分析。

## 二、风险分析的概念

1. 风险与不确定性

风险是指未来发生不利事件的概率或可能性。风险发生的根源在于项目的不确定性。不确定性是与确定性相对的概念,确定性是指某一事件在未来一定发生或一定不发生;不确定性指某一事件在未来可能发生,也可能不发生,其发生的状况、时间及结果的可能性或概率是未知的。确定性只有一种结果,不确定性由于存在多种可能性,因而可能有多种结果,但不能预测某一事件发生的概率。风险则被认为是介于确定性与不确定性之间的一种状态,是指某一事件发生的可能性(或概率)是可以知道的。

2、风险分析概念

风险分析是通过对风险因素的识别,采用定性或定量分析方法估计各风险因素发生的可能性及其对项目的影响程度,揭示影响项目成败的关键风险因素,提出项目风险的预警、预报和相应的对策,为投资决策服务的一种分析方法。

在项目决策分析阶段进行风险分析有助于在可行性研究的过程中,通过信息反馈,改进或优化项目设计方案,直接起到降低项目风险的作用,避免因忽视风险的存在而蒙受损失。

## 三、风险分析与不确定性分析的关系

由于项目的不确定性,使得项目实施结果可能偏离预期目标,这就形成了项目预期目标的不确定性,从而使项目可能得到高于或低于预期的收益,甚至遭受一定的损失,导致项目“有风险”。通过不确定性分析可以得知项目的敏感因素和敏感程度,借助于风险分析,可进一步得知这种不确定性因素发生的可能性以及给项目带来的损失程度。

简而言之,风险分析与不确定性分析的目的相同,都是识别、分析、评价影响项目的主要因素,防范不利影响以提高项目的成功率。两者的主要区别在于分析方法不同,不确定性分析方法主要用盈亏平衡分析和敏感性分析对项目的不确定性因素进行分析,并粗略了解项目的抗风险能力;风险分析则是通过概率分析方法对项目风险因素进行识别和判断。

## 第二节 盈亏平衡分析

### 一、盈亏平衡分析的含义

1. 盈亏平衡分析的概念

盈亏平衡分析是一种在一定的市场、经营管理条件下,计算项目达产年的盈亏平衡点,研究项目成本与收入平衡关系的一种分析方法。随着影响项目的各种不确定因素(如投资额、生产成本、产品价格、销售量等)的变化,项目的盈利与亏损会有一个转折点,这一点称为盈亏平衡点(Break - Even Point,简称 *BEP*)。在这一点上,项目销售(营业、服务)收入等于总成本费用,正好盈亏平衡。

盈亏平衡点通常根据项目正常生产年份的产品产量、固定成本、可变成本、产品价格和营业税金及附加等数据计算。可变成本主要包括原材料、燃料、动力消耗、包装费和计件工资等;固定成本主要包括工资(计件工资除外)、折旧费、无形资产及其他资产摊销费、修理费和其他费用等。为简化计算,将财务费用也作为固定成本。

盈亏平衡点的表达方式有多种,可以用产量、产品售价、单位可变成本等绝对量表示,也可以用生产能力利用率等相对值表示。

2. 盈亏平衡分析的作用

盈亏平衡分析主要考查当影响方案的各种不确定因素发生变化时,对项目经济效果的影响。特别是当这些因素的变化达到某一临界值(即处于盈亏平衡点)时,对项目取舍的影响。盈亏平衡分析的目的,就是要找到盈亏平衡点,以判断项目对不确定性因素变化的适应能力和抗风险能力。盈亏平衡分析只适宜在财务分析中应用。

3. 盈亏平衡分析基本方法

盈亏平衡分析的基本方法是建立成本与产量、销售收入与产量之间的函数关系,通过对这两个函数及其图形的分析,找出盈亏平衡点。

按照不确定因素间的函数关系,盈亏平衡分析可分为线性盈亏平衡分析和非线性盈亏平衡分析。

### 二、线性盈亏平衡分析

1. 线性盈亏平衡分析的基本假设

(1)产量等于销售量,即当年生产的产品当年全部销售出去。

(2)产量变化,单位可变成本不变,从而总成本费用是产量的线性函数。

(3)产量变化,产品售价不变,从而销售收入是销售量的线性函数。

(4)按单一产品计算,当生产多种产品,可以换算成单一产品,不同产品的生产负荷率的变化应一致。

2. 线性盈亏平衡分析数学模型

根据线性盈亏平衡分析的假定条件,产品的销售收入、总成本费用与产量的线性盈亏平衡分析基本公式如下：

$$R=(P-T)Q=P(1-t)Q \tag{9-1}$$

$$C=F+V=F+vQ \tag{9-2}$$

式中：$R$——正常生产年总销售收入；

$P$——单位产品销售价格；

$Q$——年销售量或年产量；

$T$——单位产品销售税金；

$t$——销售税金及附加税率；

$C$——正常生产年总成本费用；

$F$——总成本费用中的固定成本；

$V$——总成本费用中的可变成本；

$v$——单位产品可变成本。

3. 线性盈亏平衡分析图（图 9-1）

当项目利润为 $B$ 时，则：

$$B=R-C=(P-T-v)Q-F \tag{9-3}$$

图中销售收入线 $R$ 与总成本费用线 $C$ 的交点即盈亏平衡点。在 $BEP$ 的左边，项目亏损；在 $BEP$ 的右边，项目盈利；在 $BEP$ 点上，项目不盈不亏。

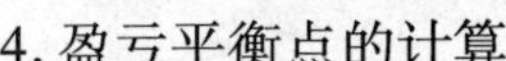

4. 盈亏平衡点的计算

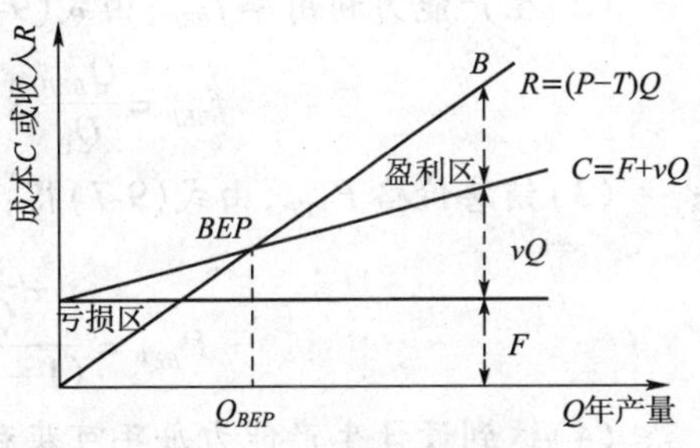


图 9-1　线性盈亏平衡图

盈亏平衡点的表达方式有多种，具体形式如下所示。

（1）用产量表示

$$Q_{BEP}=\frac{F}{P-T-v} \tag{9-4}$$

经济意义：项目不发生亏损时所必须达到产量，此产量越小，表明项目适应市场需求变化的能力越大，抗风险能力越强。

（2）用生产能力利用率表示

$$f_{BEP}=\frac{Q_{BEP}}{Q_C}\times 100\%$$

$$=\frac{F}{(P-v-T)Q_C}=\frac{F}{R-V-TQ_C} \tag{9-5}$$

式中：$Q_C$——设计年产量。

经济意义：项目不发生亏损时所必须达到最低生产能力，此值越小，表明项目适应市场需求变化的能力越大，抗风险能力越强。

（3）用销售收入表示

$$R_{BEP}=(P-T)Q_{BEP}=\frac{(P-T)F}{P-v-T} \tag{9-6}$$

经济意义：项目不发生亏损时所必须达到最低销售收入，此值越小，表明项目适应销售收入变化的能力越大，抗风险能力越强。

（4）用销售价格表示

$$P_{BEP}=v+T+\frac{F}{Q_C} \tag{9-7}$$

学习记录

经济意义:项目不发生亏损时所必须达到最低销售价格,此值越小,表明项目适应销售价格变化的能力越大,抗风险能力越强。

(5)用单位产品变动成本表示

$$v_{BEP}=P-T-\frac{F}{Q_C} \tag{9-8}$$

经济意义:项目不发生亏损时能够承担的单位产品可变成本的最高值,此最高值越低,表明项目适应生产技术进步的能力越大,抗风险能力越强。

**【例 9-1】** 某厂建设方案设计生产能力 30000 件,预计单位产品的变动成本 60 元,单位产品售价 150 元,年固定成本 120 万元。问该厂盈亏平衡点的年产量和生产能力利用率是多少?盈亏平衡销售价格是多少?达产后每年可获利多少?销售税金税率为 6%。

**【解】** (1)产量 $Q_{BEP}$,由式(9-4)得:

$$Q_{BEP}=\frac{F}{P-T-v}=\frac{F}{P(1-t)-v}=\frac{1200000}{150\times(1-6\%)-60}=14815(\text{件})$$

(2)生产能力利用率 $f_{BEP}$,由式(9-5)得:

$$f_{BEP}=\frac{Q_{BEP}}{Q_C}\times100\%=\frac{14815}{30000}\times100\%=49.38\%$$

(3)销售价格 $P_{BEP}$,由式(9-7)得:

$$P_{BEP}=\frac{v+\frac{F}{Q_C}}{(1-t)}=\frac{60+\frac{1200000}{30000}}{1-6\%}=106.38(\text{元})$$

(4)达到设计生产能力每年可获利 $B$,由式(9-3)得:

$$B=(P-T-v)Q_C-F=(150-150\times6\%-60)\times30000-1200000=123(\text{万元})$$

## 三、非线性盈亏平衡分析

在实际工作中常常会遇到在项目的不同时期内,其产品销售收入、产品总成本费用与产量并不一定是线性关系。当市场供求关系变化时,产品价格不再是一个不变的值。另外,产量不同时,产品总成本中的固定成本在一定时期内不随产量变化,但可变成本将随产量的变化而呈非线性变化。如在垄断竞争条件下,随着产量的增加,市场上产品的单位价格就要下降,因而销售收入与产量之间是非线性关系;同时,企业增加产量时原材料价格可能上涨,可能还会多支付一些加班费、奖金、设备维修费等,使得单位产品可变成本增加,从而,总成本费用与产量之间呈现非线性关系。这种情况下,销售收入、产品总成本应看作是产量的非线性函数,即 $R=R(Q)$、$C=C(Q)$。

销售收入、产品总成本与产量的非线性函数通常可表示为一元二次函数:

$$R=aQ+bQ^2 \tag{9-9}$$

$$C=c+dQ+eQ^2 \tag{9-10}$$

式中:$a$、$b$、$c$、$d$、$e$——常数。

在盈亏平衡时应有 $R(Q)-C(Q)=0$,即:

$$(b-e)Q^2+(a-d)Q-c=0 \tag{9-11}$$

解得:

$$Q_{BEP1,2}=\frac{-(a-d)}{2(b-e)}\pm\frac{\sqrt{(a-d)^2+4(b-e)c}}{2(b-e)} \tag{9-12}$$

此方程可求得两个盈亏平衡点的产量：$Q_{BEP1}$ 与 $Q_{BEP2}$，$Q_{BEP1}$ 到 $Q_{BEP2}$ 内的产量即为盈利区的产量范围。

学习记录

在项目的两个盈亏平衡点之间，存在最大利润点，对应于利润最大点的产量 $Q_{max}$ 为：

$$\frac{d(R-C)}{dQ}=2(b-e)Q+(a-d)=0$$

$$Q_{max}=\frac{-(a-d)}{2(b-e)} \tag{9-13}$$

非线性盈亏平衡分析图如图 9-2 所示。

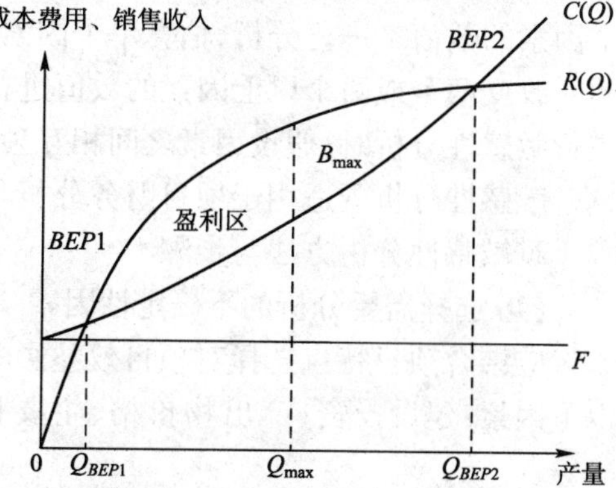


图 9-2　非线性盈亏平衡分析图

**【例 9-2】**　某企业生产某种产品，年固定成本为 50000 元，当原材料为批量采购时，可使单位产品成本在原来每件 48 元的基础上降低产品产量的0.4%，产品售价在原来每件 75 元的基础上降低产品产量的 0.7%，试求企业在盈亏平衡点的产量及最优产量（即产量的经济规模区及最优规模）。

**【解】**　由题意，销售收入、产品总成本分别可表示为产量 $Q$ 的函数：

$$R(Q)=(75-0.007Q)Q=75Q-0.007Q^2$$

$$C(Q)=50000+(48-0.004Q)Q=50000+48Q-0.004Q^2$$

盈亏平衡时有 $R(Q)=C(Q)$，即：

$$75Q-0.007Q^2=50000+48Q-0.004Q^2$$

化简得：

$$0.003Q^2-27Q+50000=0$$

$$Q_{BEP1}=\frac{27}{2\times0.003}-\frac{\sqrt{27^2-4\times0.003\times50000}}{2\times0.003}=2607(\text{件})$$

$$Q_{BEP2}=\frac{27}{2\times0.003}+\frac{\sqrt{27^2-4\times0.003\times50000}}{2\times0.003}=6393(\text{件})$$

最优产量：

$$\frac{dB(Q)}{dQ}=\frac{d(R-C)}{dQ}=0.006Q-27=0$$

即：

$$Q_{max}=4500(\text{件})$$

# 第三节　敏感性分析

## 一、敏感性分析基本原理

1. 敏感性分析的概念

敏感性分析是考察项目所涉及的各种不确定性因素的变化对项目基本方案经济评价指标的影响，从中找出敏感因素，确定其敏感程度，据此预测项目可能承担风险的一种分析方法。

学习记录

项目的不确定性因素有很多,但并不是对所有不确定性因素进行分析,只需要分析那些可能会对项目效益产生较大影响的不确定性因素,具体应根据行业、项目的特点选择。一般而言,选择发生在项目期初、金额较大的因素如投资,或选择在费用效益构成中比例大的因素以及在项目寿命期内会发生较大变化的因素。

敏感性分析包括单因素敏感性分析和多因素敏感性分析。单因素敏感性分析每次只改变一个因素的数值来进行分析,估算单个因素的变化对项目效益产生的影响。多因素敏感性分析则同时改变两个或两个以上因素的数值进行分析,估算多个因素同时变化对项目经济效益的影响。进行敏感性分析时,假设因素之间相互独立,每个因素的变化不会影响到其他因素。

敏感性分析既适用于项目财务分析与评价,也适用于经济分析与评价。

2. 敏感性分析方法与步骤

(1)选择需要分析的不确定性因素

应结合项目特点选择对项目效益影响大且重要的因素进行分析,经验表明,建设项目应选择以下因素:建设投资、产出物价格、主要投入物价格或可变成本、运营负荷、建设期、人民币汇率等。

(2)确定不确定性因素变化程度

敏感性分析通常针对不确定性因素的不利变化进行,为了绘制敏感性分析图,也可考虑其有利变化。一般选择不确定因素变化的百分率,如 ±5%、±10%、±15%、±20% 等;对于不便于用百分数表示的因素,如建设期,可采用延长一段时间表示,如延长一年。

(3)确定敏感性分析指标

建设项目经济评价有一整套指标体系,敏感性分析可选定其中一个或几个主要指标进行分析。最基本的分析指标是内部收益率,也可根据项目具体情况选择净现值或投资回收期指标,必要时可同时针对两个或两个以上的指标进行敏感性分析。

(4)计算不确定性因素的敏感度系数

计算各不确定性因素发生不同幅度变化时,项目经济评价指标的变化结果,同时计算各不确定性因素的敏感度系数及临界点。

①敏感度系数。

敏感度系数是指项目评价指标变化的百分率与不确定性因素变化的百分率之比。敏感度系数高,表示项目效益对该不确定性因素敏感程度高。计算公式如下:

$$S_{AF}=\frac{\Delta A/A}{\Delta F/F} \tag{9-14}$$

式中:$S_{AF}$——评价指标 $A$ 对于不确定性因素 $F$ 的敏感度系数;

$\Delta F/F$——不确定因素 $F$ 的变化率;

$\Delta A/A$——不确定因素 $F$ 发生 $\Delta F$ 变化率时,评价指标 $A$ 的相应变化率。

$S_{AF}>0$,表示评价指标与不确定性因素同方向变化;$S_{AF}<0$,表示评价指标与不确定性因素反方向变化。$|S_{AF}|$较大者敏感度程度高。

②临界点(转换值 Switch Value)。

临界点是指不确定性因素的变化使项目由可行变为不可行的临界数值,是项目允许不确定因素向不利方向变化的极限值。例如:当产品价格下降到某值时,项目内部收益率刚好等于基准收益率,此点称为产品价格下降的临界点。临界点可以用不确定性因素相对于基本方案的变化率或其对应的具体数值表示。

临界点的高低与计算临界点的指标初始值有关。若选取基准收益率为计算临界点的指标，对于同一个项目，随着设定基准收益率的提高，临界点就会变低（即临界点表示的不确定性因素的极限变化小）；而在一定的基准收益率下，临界点越低，说明该因素对项目评价指标影响越大，项目对该因素就越敏感。

（5）编制敏感性分析表，绘制敏感性分析图，提出决策建议

根据敏感性分析计算结果，编制敏感性分析表、敏感度系数和临界点分析表；根据敏感性分析表，用横轴表示不确定性因素变化率，纵轴表示项目效益评价指标，绘制出敏感性分析图。最终找出敏感度系数绝对值较高或临界点（用变化率表示）绝对值较低的一个或几个关键因素，分析其可能造成的风险并提出应对措施。

## 二、单因素敏感性分析

**【例 9-3】** 某投资项目的基本数据估算值如表 9-1 所示，$i$ 为 10%，试对其进行单因素敏感性分析。

**项目基本方案现金流量表**（单位：万元）　　表 9-1

| 序号 | 项目＼年份 | 1 | 2 | 3 | 4 | 5 | 6 | 7 | 8 |
|---|---|---|---|---|---|---|---|---|---|
| 1 | 现金流入 | 0 | 0 | 1000 | 1400 | 2400 | 2400 | 2400 | 2400 |
| 1.1 | 销售收入 | | | 1000 | 1400 | 2400 | 2400 | 2400 | 2400 |
| 2 | 现金流出 | 2000 | 1000 | 600 | 800 | 1200 | 1200 | 1200 | 1200 |
| 2.1 | 投资 | 2000 | 1000 | | | | | | |
| 2.2 | 经营成本 | | | 600 | 800 | 1200 | 1200 | 1200 | 1200 |
| 3 | 净现金流量 | −2000 | −1000 | 400 | 600 | 1200 | 1200 | 1200 | 1200 |

**【解】** （1）选择销售收入、投资、经营成本、投资收益率四个因素进行敏感性分析。

（2）设各不确定性因素变化幅度为：±5%、±10%、±15%、±20%。

（3）以 *NPV* 作为经济效益评价指标，计算基本方案的 *NPV*。

（4）分别计算这四个因素变化 ±5%、±10%、±15%、±20% 时各自对应的 *NPV* 值。计算结果汇总在表 9-2 敏感性分析表中。

**敏感性分析表**　　表 9-2

| 变化因素＼变化率(%) | −20 | −15 | −10 | −5 | 0 | 5 | 10 | 15 | 20 |
|---|---|---|---|---|---|---|---|---|---|
| 投资 | 1193 | 1060 | 928 | 796 | 664 | 532 | 399 | 267 | 135 |
| 销售收入 | −717 | −372 | −27 | 319 | 664 | 1009 | 1354 | 1699 | 2045 |
| 经营成本 | 1383 | 1203 | 1023 | 844 | 664 | 484 | 304 | 124 | −55 |
| 投资收益率 | 971 | 890 | 812 | 736 | 664 | 594 | 527 | 462 | 399 |

（5）根据敏感性分析表的计算结果绘制敏感性分析图，如图 9-3 所示。

图 9-3 中每一条曲线代表净现值随不确定性因素变动而发生的变化。每条曲线与横坐标轴的相交点是该不确定因素变化的临界点，用该点对应的不确定因素的变化率表示。用变化率表示的临界点的绝对值越小，说明项目效益评价指标对该不确定性因素越敏感。图 9-3 中，销售收入的临界点大约在 −10%，净现值指标对该因素最敏感。

（6）编制敏感度系数和临界点分析表，并进行结果分析。

学习记录

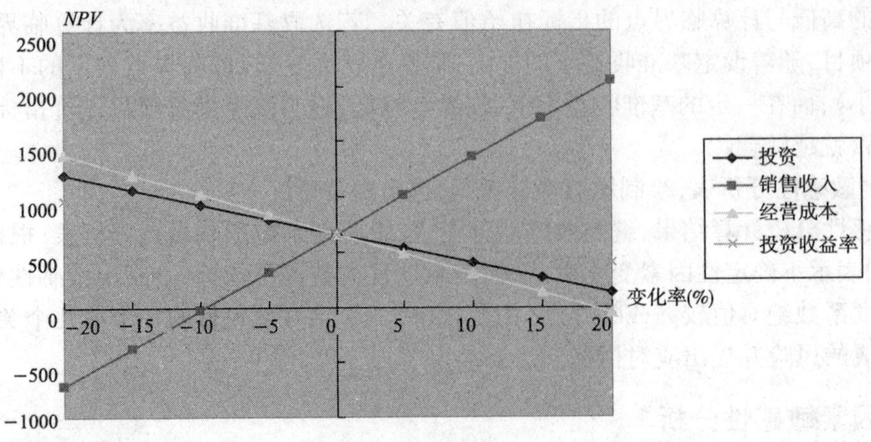


图 9-3 敏感性分析图

以投资变化 -20% 为例说明敏感度系数的计算。

投资降低20%,得:

$$\Delta A = 1193 - 664 = 529(\text{万元})$$

$$\Delta A/A = 529/664 = 0.7967$$

$$\Delta F/F = -20\%$$

$$S_{AF} = \frac{\Delta A/A}{\Delta F/F} = \frac{0.7967}{-20\%} = -3.983$$

计算结果见表 9-3。

**敏感度系数和临界点分析表** 表 9-3

| 序号 | 不确定因素 | 不确定因素变化率(%) | 净现值 | 敏感度系数 | 临界点(%) | 临 界 值 |
|---|---|---|---|---|---|---|
| | 基本方案 | | 664 | | | |
| 1 | 投资 | -20 | 1193 | -3.983 | 25.10 | 第一年投资:2502 万元;第二年投资:1251 万元 |
| | | -15 | 1060 | -3.976 | | |
| | | -10 | 928 | -3.976 | | |
| | | -5 | 796 | -3.976 | | |
| | | 5 | 532 | -3.976 | | |
| | | 10 | 399 | -3.991 | | |
| | | 15 | 267 | -3.986 | | |
| | | 20 | 135 | -3.983 | | |
| 2 | 销售收入 | -20 | -717 | 10.399 | -9.620 | 第 3 年:903.85 万元;第 4 年:1265.39 万元;第 5~8 年:2149.24 万元 |
| | | -15 | -372 | 10.402 | | |
| | | -10 | -27 | 10.407 | | |
| | | -5 | 319 | 10.392 | | |
| | | 5 | 1009 | 10.392 | | |
| | | 10 | 1354 | 10.392 | | |
| | | 15 | 1699 | 10.392 | | |
| | | 20 | 2045 | 10.399 | | |

续上表

| 序号 | 不确定因素 | 不确定因素变化率(%) | 净现值 | 敏感度系数 | 临界点(%) | 临界值 |
|---|---|---|---|---|---|---|
| | 基本方案 | | 664 | | | |
| 3 | 经营成本 | -20 | 1383 | -5.414 | 18.46 | 第3年:710.772万元;第4年:947.696万元;第5~8年:1421.544万元 |
| | | -15 | 1203 | -5.412 | | |
| | | -10 | 1023 | -5.407 | | |
| | | -5 | 844 | -5.422 | | |
| | | 5 | 484 | -5.422 | | |
| | | 10 | 304 | -5.422 | | |
| | | 15 | 124 | -5.422 | | |
| | | 20 | -55 | -5.414 | | |
| 4 | 基准收益率 | -20 | 971 | -2.312 | 57.30 | 15.73% |
| | | -15 | 890 | -2.269 | | |
| | | -10 | 812 | -2.229 | | |
| | | -5 | 736 | -2.169 | | |
| | | 5 | 594 | -2.108 | | |
| | | 10 | 527 | -2.063 | | |
| | | 15 | 462 | -2.028 | | |
| | | 20 | 399 | -1.995 | | |

注:1. 表9-3中临界点的计算采用的是试插法求解。

2. 临界点为正,表示允许该不确定性因素升高的比率;临界点为负,表示允许该不确定因素降低的比率。

3. 表中敏感度系数为负,说明效益指标变化方向与不确定性因素变化方向相反;敏感度系数为正,说明效益指标变化方向与不确定性因素变化方向相同。

根据表9-3分析结果,各不确定性因素的敏感度系数绝对值从大到小的顺序依次是:销售收入、经营成本、投资、投资收益率,也就是说项目净现值指标对销售收入最敏感,其次是经营成本、投资和基准收益率。根据各不确定因素临界点(用变化率表示)的绝对值从小到大的顺序,也能得到同样的结论。

**【例9-4】** 对【例9-3】用内部收益率指标进行单因素敏感性分析,其余条件同【例9-3】。

**【解】** (1)拟进行敏感性分析的不确定性因素仍然是销售收入、投资、经营成本、投资收益率;其变化范围仍采用±5%、±10%、±15%、±20%。

(2)基本方案的内部收益率:

$$-2000(P/F,IRR,1)-1000(P/F,IRR,2)+400(P/F,IRR,3)+600(P/F,IRR,4)+1200(P/A,IRR,4)(P/F,IRR,4)=0$$

解得:$IRR=15.73\%$。

(3)分别计算这四个因素变化±5%、±10%、±15%、±20%时各自对应的$IRR$值,本例题将敏感性分析表与敏感度系数及临界点分析表合并,结果见表9-4。

(4)绘制敏感性分析图

图9-4中,每条曲线与$i_c=10\%$这条直线的交点即为该不确定因素变化的临界点。

学习记录

敏感度系数和临界点分析表 表 9-4

| 序号 | 不确定因素 | 不确定因素变化率(%) | 内部收益率(%) | 敏感度系数 | 临界点(%) | 临界值 |
|---|---|---|---|---|---|---|
| | 基本方案 | | 15.73 | | | |
| 1 | 投资 | -20 | 21.89 | -1.958 | 25.10 | 第1年:2502万元;<br>第2年:1251万元 |
| | | -15 | 20.17 | -1.882 | | |
| | | -10 | 18.58 | -1.812 | | |
| | | -5 | 17.10 | -1.742 | | |
| | | 5 | 14.44 | -1.640 | | |
| | | 10 | 13.24 | -1.583 | | |
| | | 15 | 12.10 | -1.538 | | |
| | | 20 | 11.03 | -1.494 | | |
| 2 | 销售收入 | -20 | 2.70 | 4.142 | -9.62 | 第3年:903.85万元;<br>第4年:1265.39万元;<br>第5~8年:2149.24万元 |
| | | -15 | 6.39 | 3.958 | | |
| | | -10 | 9.75 | 3.802 | | |
| | | -5 | 12.85 | 3.662 | | |
| | | 5 | 18.43 | 3.433 | | |
| | | 10 | 20.98 | 3.338 | | |
| | | 15 | 23.40 | 3.251 | | |
| | | 20 | 25.70 | 3.169 | | |
| 3 | 经营成本 | -20 | 21.23 | -1.748 | 18.46 | 第3年:710.772万元;<br>第4年:947.696万元;<br>第5~8年:1421.544万元 |
| | | -15 | 19.91 | -1.772 | | |
| | | -10 | 18.56 | -1.799 | | |
| | | -5 | 17.16 | -1.818 | | |
| | | 5 | 14.25 | -1.882 | | |
| | | 10 | 12.72 | -1.914 | | |
| | | 15 | 11.13 | -1.950 | | |
| | | 20 | 9.49 | -1.983 | | |
| 4 | 投资收益率 | ±5、±10、±15、±20 | 15.73 | 0 | 57.30 | 15.73% |

注:实际上项目内部收益率的大小与投资收益率无关,也就是说,无论投资收益率怎样变化,内部收益率始终不变,即投资收益率是内部收益率的非敏感性因素。

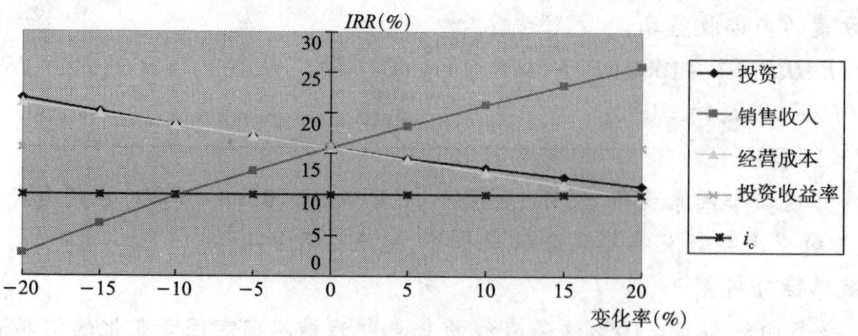


图 9-4 敏感性分析图

## 三、多因素敏感性分析

单因素敏感性分析，是假定一个因素变动的同时其他因素保持不变，这种方法虽然简单，但忽视了因素间的相关性。实际上，一个因素的变动往往引起其他相关因素同时变动，多因素变动造成的风险要比单因素变动的风险大。多因素敏感性分析考虑到这种相关性，能更全面地揭示事物的本质。

1. 双因素敏感性分析

双因素敏感性分析是假定其他因素不变，仅考察两个因素同时变化时对项目效益的影响程度。它通常是在单因素敏感性分析的基础上先确定两个主要的敏感性因素，然后进行双因素敏感性分析。

分析步骤如下：

(1)作直角坐标图，分别以 $x$ 轴、$y$ 轴代表一个不确定性因素的变化率。

(2)以 $NPV$ 为评价指标，令 $NPV=0$，可得到一个直线方程，这条线称为临界线。进一步判断临界线的哪一侧任何点的 $NPV>0$，哪一侧任何点的 $NPV<0$。

(3)结果判断：

①若两个不确定性因素同时变化的交点落在临界线 $NPV>0$ 的一侧，则认为项目可行；若两不确定性因素同时变化的交点落在临界线 $NPV<0$ 的一侧，则认为项目不可行。

②如果两个不确定性因素变化范围是设定好的，那么以这两个因素的变化范围所形成的区域为总区域，$NPV>0$ 所占的区域和总区域的比值，即为这两个因素同时在设定范围内变动时项目可行的概率。

**【例 9-5】** 在【例 9-3】中，经单因素敏感性分析知销售收入与经营成本是两个强敏感性因素，为进一步评估项目的风险，需对这两个因素作双因素敏感性分析。

**【解】** (1)用 $x$ 表示销售收入的变化率，$y$ 表示经营成本的变化率，$x$、$y$ 均在 $\pm20\%$ 范围内变化。

(2)计算 $NPV=0$ 时的临界线。由净现值的计算公式得：

$$\begin{aligned}NPV = &-2000(P/F,10\%,1)-1000(P/F,10\%,2)+[1000(1+x)-600(1+y)]\\&(P/F,10\%,3)+[1400(1+x)-800(1+y)](P/F,10\%,4)+[2400(1+x)-\\&1200(1+y)](P/A,10\%,4)(P/F,10\%,4)\\=&0\end{aligned}$$

整理上式得：

$$y=1.9202x+0.1846$$

(3)作双因素敏感性分析图，如图 9-5 所示。

图 9-5 中，当 $x$、$y$ 两个因素变化率的交点落在临界线 $y=1.9202x+0.1846$ 上，此时项目净现值为零；当 $x$、$y$ 两个因素变化率的交点落在临界线的左侧，此时项目净现值小于零；当 $x$、$y$ 两个因素变化率的交点落在临界线的右侧，此时项目净现值大于零。当 $x$、$y$ 两个因素都在 $\pm20\%$ 范围内变化时，项目可行的概率大约是 3/4，即 $x$、$y$ 两个因素都在 $\pm20\%$ 范围内变化时，项目有较强的抗风险能力。

2. 多因素敏感性分析

多因素敏感性分析要考虑可能发生的多种因素不同变动幅度的多种组合，所以计算起来要复杂得多，所以通常最多分析三个因素。三因素敏感性分析多采用三项预测值分析法：即给出各

学习记录

因素出现的三种特殊预测值(最不利状态 $P$、最可能状态 $M$、最有利状态 $O$)为依据来计算项目的经济效果评价指标。

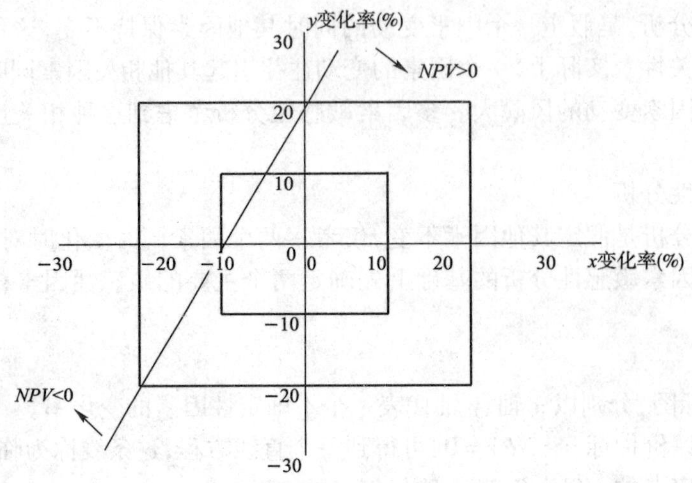


图 9-5 双因素敏感性分析图

【例 9-6】 有一投资项目,初始投资 1000 万元,已经预测出年销售收入、年经营支出、寿命的三种可能状态,具体情况见表 9-5,$i_c=10\%$,固定资产残值为零。试对年销售收入、年经营成本、寿命这三个不确定因素进行三因素敏感性分析。

项目不确定因素的三项预测值(单位:万元) 表 9-5

| 因素变化 \ 因素 | 年销售收入 | 年经营成本 | 使用寿命(年) |
|---|---|---|---|
| 最有利($O$) | 600 | 300 | 15 |
| 很可能($M$) | 520 | 360 | 12 |
| 最不利($P$) | 400 | 400 | 10 |

【解】 本题采用净现值指标作为效益评价指标。

由于项目有三个不确定性因素同时发生变化,每个因素都有三种状态,且这三个因素相互独立,因而项目总共有 27 种状态(净现值)。这三个因素发生变化的所有可能组合见表 9-6,计算其发生变化后项目的净现值,将结果列入表 9-6 中。

三项预测值敏感性分析(单位:万元) 表 9-6

| 因素 | | 年经营成本 | | | | | | | | |
|---|---|---|---|---|---|---|---|---|---|---|
| | | $O$ | | | $M$ | | | $P$ | | |
| | | 寿命 | | | 寿命 | | | 寿命 | | |
| | | $O$ | $M$ | $P$ | $O$ | $M$ | $P$ | $O$ | $M$ | $P$ |
| 年销售收入 | $O$ | 1281.82 | 1044.11 | 843.37 | 825.46 | 635.29 | 474.70 | 521.22 | 362.74 | 228.91 |
| | $M$ | 673.34 | 499.01 | 351.80 | 216.97 | 90.19 | -16.87 | -87.27 | -182.36 | -262.65 |
| | $P$ | -239.39 | -318.63 | -385.54 | -695.76 | -727.45 | -754.22 | -1000 | -1000 | -1000 |

以表 9-6 中左上角数据 1281.82 为例说明计算过程:

1281.82 万元是项目在年销售收入处于最有利状态 $O$(600 万元)、年经营成本处于最有利状态 $O$(300 万元),以及使用寿命处于最有利状态 $O$(15 年)时项目的净现值,计算过程如下:

$$NPV=-1000+(600-300)(P/A,10\%,15)=-1000+300\times 7.6061=1281.82(\text{万元})$$

由表9-6的计算结果可以得出下列结论:在项目27种状态中,净现值大于零的状态有14种,也就是说,当三个因素同时变化时,项目可行的概率是14/27;还可以判断出项目净现值达到某一目标要求的概率,如当这三种因素同时变化时,项目净现值大于500万元的概率是7/27。

## 四、敏感性分析的不足

敏感性分析通过考察各种不确定性因素的变化对项目基本方案经济评价指标的影响程度,可以找出项目效益对之敏感的不确定性因素,有助于决策者确定一些需要进行重点研究和控制的因素,对项目风险做出初步预测。但是敏感性分析没有考虑到每一个不确定性因素发生变化的概率,也就不能判断因素变化对项目效益影响发生的可能性有多大,这是敏感性分析最大的不足之处。实际上,各不确定因素在未来发生变动的概率不尽相同。可能出现这种情况,通过敏感性分析分析找出的某一强敏感性因素,因其未来发生的概率较小,所以对项目的影响不大;而另一不太敏感的因素未来发生的概率较大,其给项目带来的风险远远大于前一因素。为了正确地判断项目的风险,必须进行风险分析。

# 第四节 风险分析

## 一、风险的含义

俗话说:“天有不测之风云,人有旦夕之祸福”,“祸兮福之所倚,福兮祸之所伏”,可见人类在从事生产活动的实践中始终伴随着风险。风险是对人们生命、健康、财产、生产活动、生存环境和生活质量等都会产生负面效应的威胁。

一般来讲,风险一词有两方面的含义:一方面是风险的发生意味着将产生不利结果,此不利结果泛指人们不希望发生的、不利于甚至阻碍人们实现预定目标,例如产生的危害、造成的损失等;另一方面是风险不利结果的大小以及出现的可能性是一种不确定性的随机现象。简言之,风险受到风险事件概率和风险损失大小的共同影响和作用。构成风险的三大基本要素为:风险因素、风险事件和损失。

1. 风险因素

风险因素可理解为引起或增加风险事件的机会或扩大损失幅度的原因与条件。它是风险事件发生的潜在原因,是造成风险损失的根源。风险因素根据性质的不同,可分为实质性风险因素、道德风险因素和心理风险因素。实质性风险因素是指能直接引起或增加损失发生机会或损失严重程度的因素,如环境污染就是影响人体健康的实质性因素;道德风险因素是指由于人的品德、素质不良,促使风险事件发生的因素,如诈骗、偷工减料等行为;心理因素是指由于人主观上的疏忽或过失而导致风险事件发生的因素,如遗忘、侥幸导致损失的发生等。

2. 风险事件

风险事件是指由一种或几种风险因素共同作用而发生的任何直接或间接造成生命、财产损失的偶发事件,是造成损失和危害的直接原因。风险事件的发生意味着风险因素由发生的可能性转化成了现实的必然性,风险事件是使风险造成损失的可能性转化为现实性的桥梁。

3. 损失

项目风险一旦发生后将对项目目标的实现产成不利的影响。风险损失通常以货币单位来衡

学习记录 量,具体可表述为非故意的、非计划的和非预期的直接或间接的人身损害及物质财产、经济价值的减少或灭失。

风险损失的不同类型包括:因经济因素,赶工程进度,处理安全、质量事故等而增加的费用。经济因素主要是市场价格、汇率、利率等的波动以及工程项目建设资金筹措不当等;赶工程进度涉及资金的时间价值和赶工的额外支出两个方面,额外支出主要是因建筑材料供应强度增加、工人加班增加的费用以及机械使用费和管理费用等的增加;安全、质量事故导致的经济损失包括直接经济损失,返工、修复、补救等过程发生的费用,伤亡人员的医疗和丧葬补偿费用,材料设备等的损失,工期拖延造成的损失,工程永久性缺陷对使用功能造成的损失,以及第三者的责任损失等。

4. 风险因素、风险事件和损失三者的关系

风险因素引发风险事故,风险事故导致损失,解释风险因素、风险事件和损失三者之间相互关系的理论主要有两种:一种是 H. W. Heinrich 的骨牌理论,认为风险因素、风险事件和损失三者骨牌之所以相继倾倒,主要是人的错误所致,强调人的主观作用;另一种是 W. Haddon 的能量释放理论,认为造成损失是因为事物所能承受的能量超过了所能容纳的能量,其中物理因素起主要作用,即强调客观作用。风险因素、风险事件和损失三者的关系可通过作用链条来表示,如图 9-6 所示。

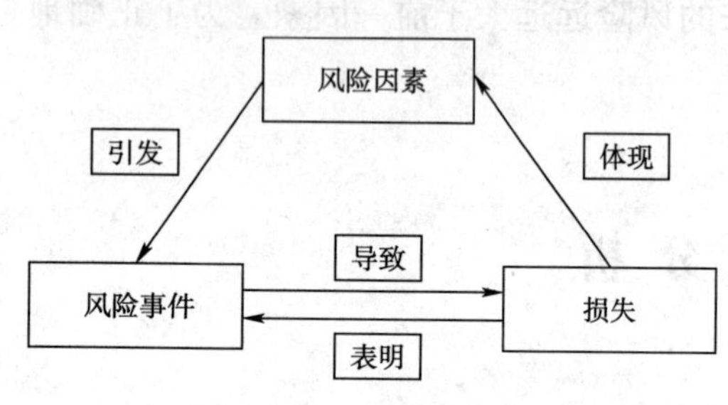


图 9-6 风险因素、风险事件、损失关系图

风险是由风险因素、风险事件和损失三者相互关联而产生的,是三者构成的统一体,其产生的过程如图 9-7 所示。

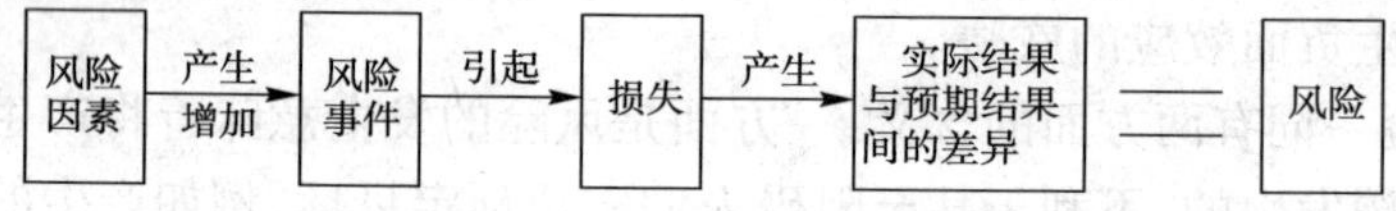


图 9-7 风险产生过程示意图

## 二、风险分析的基本原理

1. 风险分析的程序

项目风险分析的程序是:风险识别、风险估计、风险评价和风险应对。

在决策分析中,应首先从认识风险特征入手去识别风险因素,然后根据需要和可能选择恰当的方法估计风险发生的可能性及其影响;其次,按照一个标准评价风险程度,包括单个因素风险程度估计和对项目整体风险程度估计;最后提出针对性风险对策,将项目风险进行归纳,提出风险分析结论。也就是说,风险分析实质上是从定性分析到定量分析,再从定量分析到定性分析的过程。

2. 风险识别

风险识别是风险分析的基础工作,是运用系统论的方法对项目进行全面的考察和综合分析,找出潜在的风险因素,并对各种风险因素进行比较、分类,确定各因素间相关性和独立性,判断其发生的可能性及对项目的影响程度,按其重要性进行排队或赋予权重的过程。

在风险识别过程中应注意,风险因素因不同行业、不同项目而具有不同的特殊性,并且在项目的不同阶段存在的主要风险也不同。对于同一风险事件,不同的风险管理主体所面临的风险

也不同,这就要求风险识别人员富有经验,在借鉴历史经验的基础上运用系统论的观点层层剖析风险的构成递阶层次,正确判断风险因素间的相关性与独立性,尽可能明确风险的根本来源。

风险的识别应根据项目特点选用适当的方法,常用的识别方法有问卷调查法、专家调查法和风险分解法、情景分析法等,但在具体操作中大多通过问卷调查或专家调查法完成。

3. 风险估计

风险估计是在风险识别之后用定量分析方法测度风险发生的可能性及对项目的影响程度,即估算风险事件发生的概率及其严重后果。概率是度量某一事件发生的可能性大小的量,是随机事件的函数。必然发生的事件概率为1,不可能事件的概率为0,一般的随机事件概率在0~1。

由于概率分为主观概率和客观概率,因而风险估计也分为主观概率估计和客观概率估计。主观概率估计是人们基于长期经验的积累和所掌握的大量信息对某一风险因素发生可能性的主观判断;客观概率估计是根据大量的试验数据用统计的方法计算得到的某一风险因素发生的可能性,是客观存在的规律。风险估计的一个重要方面是确定风险事件的概率分布以及期望值、方差等参数。

4. 风险评价

风险评价是在风险识别和估计的基础上,通过建立项目风险的系统评价指标体系和评价标准,对风险程度进行划分,以找出影响项目的关键风险因素,确定项目的整体风险水平。

1)风险评价的内容

风险评价包括单因素风险评价和整体风险评价。单因素风险评价是评价单个风险因素对项目的影响程度,以找出项目的关键风险因素。评价方法主要有风险概率矩阵、专家评价法等。整体风险评价是综合评价影响项目的若干主要风险因素对项目整体的影响程度,对于重大投资项目或估计风险很大的项目应进行项目整体风险评价。

2)风险评价的判别准则

风险评价的判别准则可采用两种类型:

(1)以经济指标的累积概率、标准差为判别准则。

①内部收益率大于等于基准收益率的累计概率值越大,风险越小;标准差越小,风险越小。

②净现值大于等于零的累计概率值越大,风险越小;标准差越小,风险越小。

(2)以综合风险等级作为判别标准。

风险等级的划分既要考虑风险因素出现的可能性又要考虑风险出现后对项目的影响程度,有多种表述方法,一般建立矩阵划分风险等级。方法如下:

①将风险因素发生的可能性划分为四个等级:

a. 高:风险因素很有可能发生。

b. 较高:风险因素发生的可能性较大。

c. 适度:风险因素可能发生。

d. 低:风险因素不太可能发生。

②将风险因素的影响程度也划分为四级:

a. 严重:一旦发生风险,将导致整个项目目标的失败。

b. 较大:一旦发生风险,将导致整个项目的目标值严重下降。

c. 适度:一旦发生风险,对整个项目的目标造成中度影响,但仍然能够到达到部分目标。

d. 低:一旦发生风险,项目对应部分的目标受到影响,但不影响整体目标。

③建立风险评价矩阵。

学习记录

以风险因素发生的概率为横坐标，以风险因素发生后对项目影响的大小为纵坐标，发生概率大且对项目影响也大的因素位于矩阵的右上角，发生概率小且对项目影响也小的因素位于矩阵的左下角，如图9-8所示。

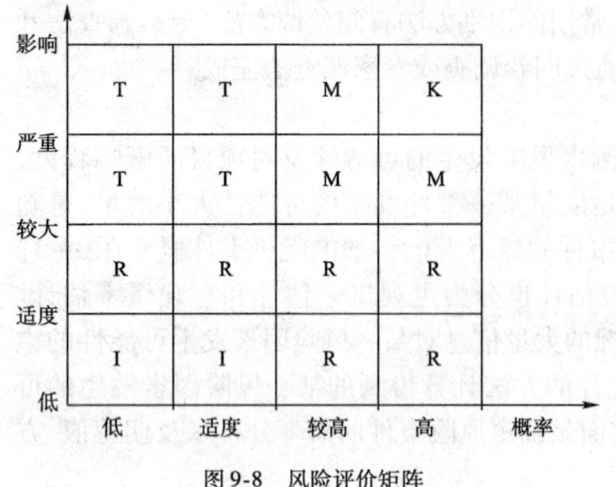


图9-8 风险评价矩阵

④风险等级。

综合风险等级分五个等级：

a. K，表示风险很强，出现这类风险就要放弃项目。

b. M，表示项目风险较强，需要修正拟议中的方案，改变设计或采取补偿措施等。

c. T，表示风险较强，设定某些临界值，指标一旦达到临界值，就要变更设计或对负面影响采取措施。

d. R，表示风险适度（较小），适当采取措施后不影响项目。

e. I，表示风险弱，可忽略。

在图9-8中，落在矩阵的右上角的风险因素发生概率大且对项目影响也大，会对项目产生严重后果；落在矩阵的左下角的风险因素发生概率小且对项目影响也小，可以忽略不计；落在矩阵的右下角的风险因素虽然影响适度，但发生的概率相对高，也会对项目产生影响，应注意防范；落在矩阵的左上角的风险因素虽发生的概率较低，但必须注意临界指标的变化，提前防范与管理。

5. 风险应对

1）可行性研究中风险对策研究应满足的要求

为保证项目的成功，避免决策失误，在项目可行性研究中，不仅要了解项目可能面临的风险，还要提出针对性的风险对策，尽可能降低风险的不利影响，实现预期投资效益。在可行性研究阶段的风险对策研究应满足以下基本要求：

（1）风险对策研究应贯穿可行性研究的全过程。可行性研究是一项复杂的系统工程，而风险因素又存在于技术、工程、市场、经济等方面，在识别出风险因素后，应从规划设计方案上就采取规避防范风险的措施，才能防患于未然。

（2）风险对策应具有针对性。不同行业、项目所涉及的风险因素不尽相同，风险对策应结合行业特点，针对特定项目注意的或关键的风险因素提出必要的措施，将其影响降低到最低程度。

（3）风险对策应具有可行性。可行性研究阶段所进行的风险应对研究应立足于现实客观的基础上，提出的风险应对在财务、技术等方面是切实可行的。

（4）风险对策必须具备经济性。规避防范风险是要付出代价的，如果提出的风险应对所花费的费用远远大于可能造成的损失，该对策则无任何意义。在风险应对研究中，应将规避防范风险措施所付出的代价与该风险可能造成的损失进行权衡，旨在寻求以最少的费用获取最大的风险效益。

2）在项目寿命周期不同阶段的风险应对措施

风险管理应该贯穿于项目的整个寿命周期，在项目的决策、实施和运营阶段，风险管理、风险应对措施又各不相同。

（1）决策阶段的主要风险应对措施：

①提出多个备选方案，通过多方案的技术、经济比较，选择最优方案。

②对有关重大工程技术难题潜在风险因素提出必要的研究与试验课题，准确把握有关问题，消除模糊认识。

③对影响投资、质量、工期和效益等有关数据，如价格、汇率和利率等风险因素，在编制投资估算、制定建设计划和分析经济效益时，应留有充分余地，谨慎决策，并在项目执行过程中实施有效监控。

(2)建设或运营阶段的风险可建议采取回避、转移、分担和自担措施：

①风险回避。风险回避是投资主体有意识地放弃风险行为，彻底规避风险的一种做法，即断绝风险的来源。风险回避是一种最消极的风险应对措施，因为放弃风险行为也就放弃了潜在的收益，因而只有当某种风险造成相当大的损失或防范风险代价昂贵、得不偿失的时候才使用。

②风险转移。风险转移是将项目业主可能面临的风险转移给他人承担，以避免风险损失的一种方法。风险转移可以大大降低业主的风险程度，使更多的人共同承担风险。转移方式有两种：一是将风险源转移出去，如将已经完成前期工作的项目转给他人投资或将其中风险大的部分转给他人承包建设或经营；另一种是把部分或全部风险损失转移出去，如通过保险转移。

③风险分担。风险分担是针对风险较大、投资人无法独立承担，或是为了控制项目的风险源，而采取的与其他企业合资或合作等方式，共同承担风险、共享收益的方法。

④风险自担。风险自担就是将风险损失留给项目业主自己独立承担。风险自担包括无计划自留和有计划自我保险，无计划自留是业主没有意识到风险及其损失，或对风险及损失估计不足时，只能被动地将风险发生后的损失从收入中扣除的一种方法；有计划自我保险是项目业主在风险发生之前通过各种资金安排以确定损失出现后能及时获得资金以补偿损失的方法，如以建立风险预留基金的方式来实现。

## 三、风险分析的主要方法

1. 概率树分析

概率树分析是借助现代计算技术，运用概率论和数理统计原理进行概率分析，求得风险因素取值的概率分布，并计算期望值、方差或标准差、离散系数，表明项目的风险程度的一种分析方法。

由于项目效益评价指标与输入变量(风险因素)之间的数量关系比较复杂，概率树分析一般只适用于服从离散分布的输入与输出变量。概率树分析步骤如下：

(1)假设风险变量(输入变量)之间相互独立，在敏感性分析的基础上确定项目风险变量。

(2)判断每个风险变量可能发生的情况。

(3)将每个风险变量的各种状态值组合计算，分别计算每种组合状态下的评价指标(内部收益率或净现值等)及相应的概率，每种状态发生的概率之和必须等于1。

(4)将评价指标由小到大进行顺序排列，列出相应的联合概率和从小到大的累计概率，绘制以评价指标为横轴，累计概率为纵轴的累计概率曲线。计算评价指标的期望值、方差或标准差、离散系数。

(5)根据评价指标 $NPV=0$，$IRR=i_c$，由累计概率表计算 $P(NPV\geqslant 0)$ 或 $P(IRR\geqslant i_c)$ 的累计概率。

**【例9-7】** 某房地产公司一个开发项目的现金流量见表9-7，根据敏感性分析，项目的主要风险因素有两个：开发成本与租售收入。经调查，两个不确定因素的可能状态及其概率见表9-8。若计算期为10年，基准收益率为10%，试求：净现值的期望值；净现值大于等于0的累计概率；若

学习记录 投资者要求净现值大于0的累计概率是70%,此时项目在经济上是否可行。

某房地产开发项目现金流量表(单位:万元)　　表9-7

| 年份 | 开发成本 | 租售收入 | 期末残值 | 净现金流量 |
|---|---|---|---|---|
| 0 | 4500 | — | — | -4500 |
| 1~9 | — | 800 | — | 800 |
| 10 | — | 800 | 400 | 1200 |

开发成本和租售收入变化的概率　　表9-8

| 变动幅度＼变化率 | -20% | 0 | +20% |
|---|---|---|---|
| 开发成本 | 0.1 | 0.6 | 0.3 |
| 租售收入 | 0.3 | 0.5 | 0.2 |

**【解】** 因为每个变量有三种状态,共组成9种组合,见图9-9中的9个分支。圆圈内的数字表示风险变量各种状态发生的概率,如第一个分支表示开发成本、租售收入同时减少20%的状态。

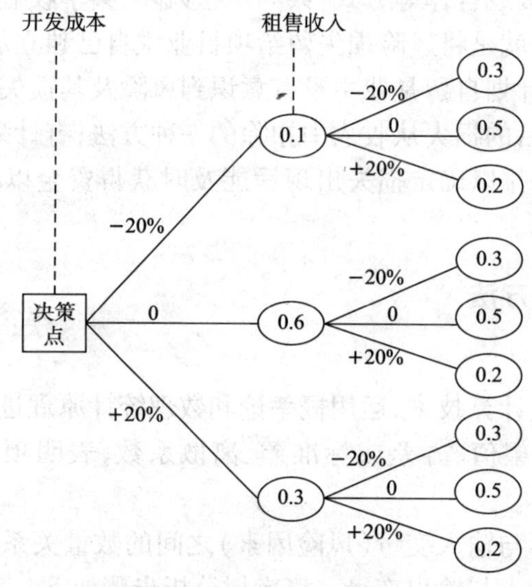


图9-9 概率树分析图

(1)计算各状态下净现值的大小及其发生概率。

①分别计算各种状态(可能发生事件)的概率 $P_j(j=1,2,\cdots,9)$,以第一种状态为例进行说明。

第一种状态发生的概率:

$$P_1 = P(\text{开发成本减少}20\%)P(\text{租售收入减少}20\%) = 0.1\times0.3 = 0.03$$

其他状态的概率计算见表9-9。

②计算项目各状态的净现值 $NPV_j(j=1,2,\cdots,9)$。

令开发成本的变动幅度为 $x$,租售收入的变动幅度为 $y$,则有:

$$NPV = -4500(1+x) + 800(1+y)(P/A,10\%,10) + 400(P/F,10\%,10)$$

以第一种状态为例进行计算:

$$NPV = -4500(1-20\%) + 800(1-20\%)(P/A,10\%,10) + 400(P/F,10\%,10)$$

学习记录

$= -3600 + 640 \times 6.1446 + 400 \times 0.3855$

$= 486.74$(万元)

计算加权净现值 $NPV_j \times P_j (j = 1, 2, \cdots, 9)$，填入表 9-9 中。9 种状态的加权净现值之和即为项目净现值的期望值，该项目的期望值为 291.57 万元。

各状态下的概率与净现值　　表 9-9

| 状态 $j$ | 概　率　$P_j$ | 净现值 $NPV_j$(万元) | 加权净现值 $NPV_j \times P_j$ |
|---|---|---|---|
| 1 | $P_1 = 0.1 \times 0.3 = 0.03$ | 486.74 | 14.60 |
| 2 | $P_2 = 0.1 \times 0.5 = 0.05$ | 1469.88 | 73.49 |
| 3 | $P_3 = 0.1 \times 0.2 = 0.02$ | 2453.02 | 49.06 |
| 4 | $P_4 = 0.6 \times 0.3 = 0.18$ | -413.26 | -74.39 |
| 5 | $P_5 = 0.6 \times 0.5 = 0.30$ | 569.88 | 170.96 |
| 6 | $P_6 = 0.6 \times 0.2 = 0.12$ | 1553.02 | 186.36 |
| 7 | $P_7 = 0.3 \times 0.3 = 0.09$ | -1313.26 | -118.19 |
| 8 | $P_8 = 0.3 \times 0.5 = 0.15$ | -330.12 | -49.52 |
| 9 | $P_9 = 0.3 \times 0.2 = 0.06$ | 653.02 | 39.18 |
| 合计 | 1.00 | — | 期望值:291.57 |

(2)净现值大于等于零的累计概率的计算。

通过净现值大于等于零的累计概率的大小可以判断项目承受风险的程度，若该概率越接近 1，说明项目的风险越小；若该概率越接近 0，说明项目的风险越大。可以通过绘制累计概率曲线或填制累计概率表进行分析。

①通过绘制累计概率曲线计算。

将净现值按从小到大进行顺序排列，列出相应的联合概率和从小到大的累计概率，绘制以净现值为横轴，累计概率为纵轴的累计概率曲线，如图 9-10 所示。

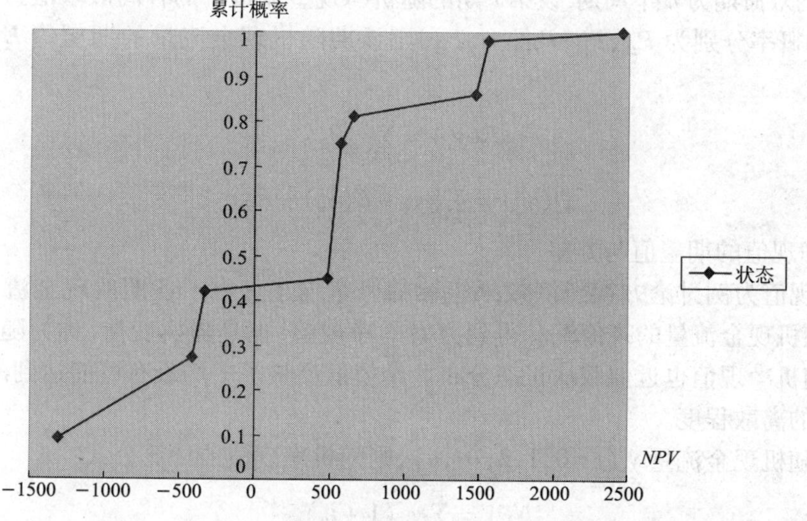


图 9-10　累计概率曲线图

累计概率曲线图可以直观地给出项目的风险状态，从图 9-10 中可大致判断，项目净现值小于 0 的概率大约是 0.42；也就是说项目净现值大于等于 0 的概率大约是 0.58。精确概率值应通过累计概率计算表进行计算。

学习记录

②编制累计概率表进行计算。

将项目可能发生的各种状态的净现值按照从小到大的顺序排列，到出现第一个正值止，并将各可能状态发生的概率按同样顺序累加起来得到累计概率，可得到净现值小于0的概率，同时根据 $P(NPV \geqslant 0)=1-P(NPV<0)$，可得到净现值大于等于0的累计概率。累计概率表见表9-10。

累计概率计算表

表9-10

| 状态 | $NPV$ | $P_j$ | 累计概率 |
|---|---|---|---|
| 7 | -1313.26 | 0.09 | 0.09 |
| 4 | -413.26 | 0.18 | 0.27 |
| 8 | -330.12 | 0.15 | 0.42 |
| 1 | 486.744 | 0.03 | 0.45 |

如表9-10所示，项目净现值小于0的概率是：

$P(NPV<0)=0.42+(0.45-0.42)\times\dfrac{330.12}{330.12+486.74}=0.432$，即项目不可行的概率是0.432。则项目净现值大于等于0的概率是0.568。

(3)由于投资者要求净现值大于0的累计概率是70%，项目净现值大于等于0的概率是56.8%，小于投资者的要求，因此，项目在经济上是不可行的。

2. 随机现金流量法

(1)随机现金流量的概率描述

严格说来，影响项目经济效果的绝大多数因素都是随机变量。我们可以预测其未来的取值范围，估计各种取值的概率，但不能确切地知道其具体的取值。所以，投资方案在各期的现金流量都是随机变量，在概率分布中我们称之为随机现金流量。

通常情况下，项目的随机现金流量要受很多因素的影响，可以看成是多个独立随机变量之和，它在多数情况下近似地服从正态分布。此时描述随机变量的主要参数是期望值和方差。

若某项目的寿命期为 $n$ 个周期，设第 $t$ 期的随机净现金流量 $y_t$ 的各离散取值为 $y_{t1},y_{t1},y_{t3},\cdots,y_{tk}$，对应发生的概率分别为 $P_{t1},P_{t1},P_{t3},\cdots,P_{tk}$，则该期随机现金流量的期望值 $E(y_t)$ 及方差 $D(y_t)$ 分别为：

$$E(y_t)=\sum_{j=1}^{k}y_{tj}P_{tj} \tag{9-15}$$

$$D(y_t)=\sum_{j=1}^{k}[y_{tj}-E(y_t)]^2P_{tj} \tag{9-16}$$

(2)方案净现值的期望值与方差

我们以净现值为例讨论方案经济效果指标的概率描述。由于各期的现金流量都是随机变量，把各期的随机现金流量的现值汇总得到方案的净现值，也是随机变量，称为随机净现值。在多数情况下，随机净现值也近似服从正态分布。期望值反映了平均最有可能达到的值的水平，方差反映了平均的离散程度。

设各期的随机现金流量 $y_t(t=0,1,2,\cdots,n)$，则随机净现值的计算公式：

$$NPV=\sum_{t=0}^{n}y_t\,(1+i_0)^{-t} \tag{9-17}$$

设方案寿命期的周期数 $n$ 为一常数，各期的随机现金流量的期望值为 $E(y_t)(t=0,1,2,\cdots,n)$，则可求得方案净现值的期望值：

$$E(NPV)=\sum_{t=0}^{n}E(y_t)\cdot(1+i_0)^{-t} \tag{9-18}$$

在方案寿命期内任意两个随机现金流量之间相互独立时，方案净现值的方差为：

$$D(NPV)=\sum_{t=0}^{n}D(y_t)\cdot(1+i_0)^{-2t} \tag{9-19}$$

由于净现值的方差与净现值具有不同的量纲，为了便于分析，通常使用与净现值具有相同量纲的参数——标准差来反映随机净现值取值的离散程度。方案净现值的标准差可由下式求得：

$$\sigma(NPV)=\sqrt{D(NPV)} \tag{9-20}$$

**【例 9-8】** 某项目在寿命期内可能出现的 5 种状态的净现金流量及其发生的概率见表 9-11。假定各年净现金流量之间相互独立，方案净现值服从正态分布，基准折现率为 10%，试计算：净现值大于或等于零的概率；净现值小于 −75 万元的概率；净现值大于 1500 万元的概率。

**项目各状态净现金流量及发生概率**(单位：百万元) 表 9-11

| 状 态 | $\theta_1$ | $\theta_2$ | $\theta_3$ | $\theta_4$ | $\theta_5$ |
|---|---|---|---|---|---|
| 概率 | $P_1=0.1$ | $P_1=0.2$ | $P_1=0.4$ | $P_1=0.2$ | $P_1=0.1$ |
| 第 0 年 | −22.5 | −22.5 | −22.5 | −24.75 | −27 |
| 第 1 年 | 0 | 0 | 0 | 0 | 0 |
| 第 2 ~ 10 年 | 2.445 | 3.93 | 6.9 | 7.59 | 7.785 |
| 第 11 年 | 5.445 | 6.93 | 9.9 | 10.59 | 10.935 |

**【解】** (1)计算方案净现值的期望值和标准差

①计算各状态下的净现值 $NPV_j$：

$NPV_1=-22.5+2.445(P/A,10\%,9)(P/F,10\%,1)+5.445(P/F,10\%,11)=-779.1$(万元)

$NPV_2=-22.5+3.93(P/A,10\%,9)(P/F,10\%,1)+6.93(P/F,10\%,11)=50.4$(万元)

$NPV_3=-22.5+6.9(P/A,10\%,9)(P/F,10\%,1)+9.9(P/F,10\%,11)=1709.5$(万元)

$NPV_4=-24.75+7.59(P/A,10\%,9)(P/F,10\%,1)+10.59(P/F,10\%,11)=1869.9$(万元)

$NPV_5=-27+7.785(P/A,10\%,9)(P/F,10\%,1)+10.935(P/F,10\%,11)=1759.1$(万元)

②计算净现值的期望值、方差、标准差：

$$E(NPV)=\sum_{j=1}^{5}NPV_j\cdot P_j=1165.9(\text{万元})$$

$$D(NPV)=\sum_{j=1}^{5}[NPV_j-E(NPV)]^2P_j=879680.0(\text{万元})$$

$$\sigma(NPV)=\sqrt{D(NPV)}=937.9(\text{万元})$$

(2)概率分析

由于项目净现值为连续变量，且 $\mu=E(NPV)=11.659$，$\sigma=\sigma(NPV)=9.379$，则根据：

$$P(X<x)=\Phi\left(\frac{x-\mu}{\sigma}\right)=\frac{NPV-11.659}{9.379}$$

可以求出各项待求概率，$\Phi$ 值可由标准正态分布表中查出。

①净现值大于或等于零的概率：

$$\begin{aligned}P(NPV\geq 0)&=1-P(NPV<0)\\&=1-\Phi\left(\frac{0-11.659}{9.379}\right)\\&=1-1+\Phi(1.24)\end{aligned}$$

学习记录

$$=\Phi(1.24)=0.8925$$

②净现值小于 -0.75 百万元的概率：

$$P(NPV<-0.75)=\Phi\left(\frac{-0.75-11.659}{9.379}\right)$$
$$=1-\Phi(1.32)=1-0.90658$$
$$=0.0924$$

③净现值大于 15 百万元的概率：

$$P(NPV\geqslant 15)=1-P(NPV<15)$$
$$=1-\Phi\left(\frac{15-11.659}{9.379}\right)$$
$$=1-\Phi(0.36)=1-0.6406$$
$$=0.3594$$

由计算结果可知：该项目净现值大于等于 0 的概率为 89.25%，且净现值大于 1500 万元的概率为 36.32%，故风险不大，可以放心通过。

## 习题与答案

1. 什么是不确定性分析，它包括哪些内容？

答：所谓的不确定性分析，就是对影响项目的不确定性因素进行分析，计算这些不确定性因素的增减变化对项目经济效果的影响程度，找出最敏感的因素及其临界点的过程。不确定性因素最要包括盈亏平衡分析和敏感性分析。

2. 线性盈亏平衡分析有哪些前提条件？

答：(1)产量等于销量，即当年生产的产品当年全部销售出去。

(2)产量变化，单位可变成本不变，从而总成本费用是产量的线性函数。

(3)产量变化，产品售价不变，从而销售收入是销售量的线性函数。

(4)按单一产品计算，当生产多种产品，可以换算成单一产品，不同产品的生产负荷率的变化应一致。

3. 什么是敏感性分析？敏感性分析的步骤是什么？敏感性分析有什么不足之处？

答：敏感性分析是考察项目所涉及的各种不确定性因素的变化对项目基本方案经济评价指标的影响，从中找出敏感因素，确定其敏感程度，据此预测项目可能承担风险的一种分析方法。

步骤：(1)选择需要分析的不确定性因素。

(2)确定不确定因素变化程度。

(3)确定敏感性分析指标。

(4)计算不确定因素的敏感度系数。

(5)编制敏感性分析表，绘制敏感性分析图，提出决策建议。

不足之处：敏感性分析没有考虑到每一个不确定性因素发生变化的概率，也就不能判断因素变化对项目效益影响发生的可能性有多大，这是敏感性分析最大的不足之处。实际上，各不确定性因素在未来发生变动的概率不尽相同。

4. 某项目设计年产量为 10 万件，每件产品的出厂价格估算为 60 元，每年固定成本为 120 万元，每件产品变动成本为 30 元，销售税金及附加税率占销售收入的 6%。计算：

(1)项目盈亏平衡点的产量和生产能力利用率。

（2）项目最大可能盈利。

（3）项目年利润为 50 万元时的产量。

解：（1）盈亏平衡点产量：

$$Q_{BEP}=\frac{F}{P-T-v}=120/(60-60\times6\%-30)=4.55(\text{万件})$$

生产能力利用率：

$$f_{BEP}=\frac{Q_{BEP}}{Q_{\mathrm{C}}}\times100\%=\frac{F}{(P-v-T)Q_C}=\frac{4.55}{10}\times100\%=45.45\%$$

（2）项目最大可能盈利：

$$(60-3.6-30)\times10-120=144(\text{万元})$$

（3）当年利润为 50 万元时，$50=(60-3.6-30)\times Q-120$，得：

$$Q=6.44(\text{万件})$$

# 第十章 DISHIZHANG

# 建设项目后评价

## 本章导读

建设项目后评价是工程项目建设程序中非常重要的最后一个环节，它不仅是对项目前期各个环节做出客观全面的分析并总结经验教训，以便完善和修正项目的不足之处，而且还能通过及时有效的信息反馈，为将来新的工程项目的决策提供建议。本章将在介绍项目后评价的概念、特点、作用及其程序的基础上；重点介绍项目项目前期与实施过程及运营后评价的内容与方法。

## 学习目的

1. 了解项目后评价的概念、作用；
2. 熟悉项目前期及实施后评价的内容与方法；
3. 掌握项目后评价的内容和方法。

## 学习重点

1. 项目前期及实施后评价的内容和方法；
2. 项目运营后评价的内容和方法。

## 学习难点

恰当的项目后评价方法的选择与使用。

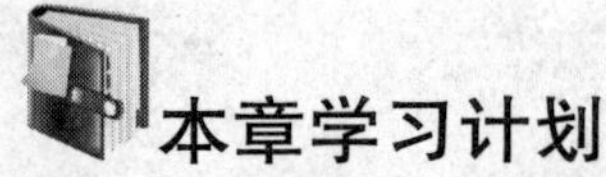

## 本章学习计划

| 内　　容 | 建议自学时间（学时） | 学 习 建 议 | 学 习 记 录 |
| --- | --- | --- | --- |
| 第一节　概述 | 0.3 | 了解项目后评价的概念 | |
| 第二节　项目后评价的内容 | 0.7 | 熟悉项目后评价的内容、方法与评价报告的撰写 | |
| 第三节　项目后评价的方法 | 0.5 | | |
| 第四节　项目后评价报告的撰写 | 0.5 | | |

# 第一节　概　述

## 一、项目后评价的含义

项目后评价一般是指项目投资完成之后所进行的评价。它通过对项目实施过程、结果及其影响进行调查研究和全面系统回顾，与项目决策时确定的目标以及技术、经济、环境、社会指标进行对比，找出差别和变化，分析原因，总结经验，汲取教训，得到启示，提出对策建议，通过信息反馈，改善新一轮投资管理和决策，达到提高投资效益的目的。

关于项目后评价的定义，目前国内外理论与实际工作者尚有不同的理解。本书工程项目后评价是指对已经完成项目的目的、执行过程、效益、作用和影响等所进行的系统的客观的分析。通过对投资活动实践的检查总结，确定投资预期的目标是否达到，项目或规划是否合理有效，项目的主要效益指标是否实现，通过分析评价找出成败的原因，总结经验教训，并通过及时有效的信息反馈，为未来项目的决策和提高完善投资决策管理水平提出建议，同时也为被评价项目实施运营中出现的问题提出改进建议，从而达到提高投资效益的目的。

## 二、项目后评价的特点

项目后评价不同于项目可行性研究和项目前评价。项目可行性研究和项目前评价是指在项目决策之前，在深入细致的调查研究、科学预测和技术经济论证的基础上，分析评价建设项目的技术先进性、适用性、经济合理性和建设可能性的过程，其目的是为建设项目投资决策提供依据。与可行性研究和前评价相比，项目后评价的特点如下（图10-1）：

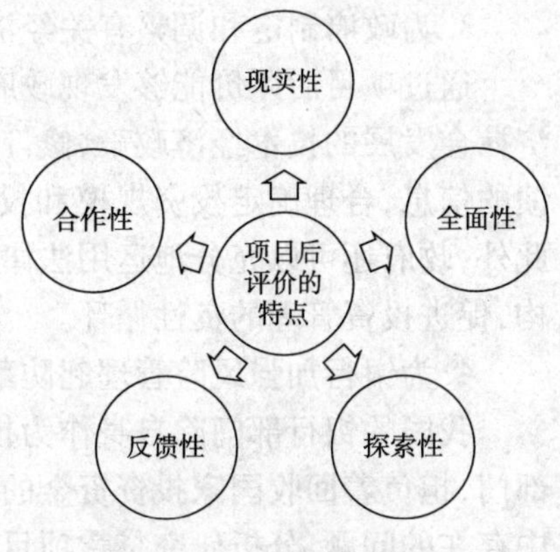

图10-1　项目后评价的特点

1. 现实性

项目后评价分析研究的是项目实际情况，所依据的数据资料是现实发生的真实数据或根据实际情况重新预测的数据，而项目可行性研究和前评价分析研究的是项目未来的状况，所用的数据都是预测数据。

2. 全面性

在进行项目后评价时，既要分析其投资过程，又要分析其经营过程，不仅要分析项目投资经济效益，而且要分析其经营管理的状况，发掘项目的潜力。

3. 探索性

项目后评价要分析企业现状，发现问题并探索未来的发展方向，因而要求项目后评价人员具有较高的素质和创造性，把握影响项目效益的主要因素，并提出切实可行的改进措施。

4. 反馈性

项目可行性研究和前评价的目的在于为计划部门投资决策提供依据，而项目后评价主要目的在于为有关部门反馈信息，为今后项目管理、投资计划的制订和投资决策积累经验，并用来检测项目投资决策正确与否。

5. 合作性

项目可行性研究和前评价一般只通过评价单位与投资主体间的合作,由专职的评价人员就可以提出评价报告,而后评价需要更多方面的合作,如专职技术经济人员、项目经理、企业经营管理人员、投资项目主管部门等,各方融洽合作,项目后评价工作才能顺利完成。

## 三、项目后评价的作用

从项目后评价的定义、特点及其在项目管理中的地位可以看出,项目后评价对于提高项目决策科学化水平,改进项目管理和提高投资效益等方面发挥着极其重要的作用。具体地说,项目后评价的作用主要表现在以下几个方面:

1. 总结项目管理的经验教训,提高项目管理水平

投资项目管理是一项十分复杂的活动,它涉及银行、计划、主管部门、企业、物资供应、施工等许多部门,只有这些部门密切合作,项目才能顺利完成。如何协调各部门间的关系,各方面应采取什么样的具体协作形式等都有待进一步的完善。项目后评价通过对已建成项目实际情况的分析研究,总结项目管理经验,指导未来项目管理活动,从而可以提高项目管理水平。

2. 提高项目决策科学化水平

项目可行性研究和前评价是项目投资决策的依据,但可行性研究和前评价中所做的预测是否准确,需要后评价来检验。通过建立完善的项目后评价制度和科学的方法体系,一方面可以增强可行性研究和前评价人员的责任感,促使评价人员努力做好可行性研究和前评价工作,提高项目预测的准确性;另一方面可以通过项目后评价的反馈信息,及时纠正项目决策中存在的问题,从而提高未来项目决策的科学化水平。

3. 为政府制定和调整有关经济政策起参考作用

通过项目后评价能够发现政府投资项目管理中的不足,从而可以及时地修正某些不适合经济社会发展的技术经济政策,修订某些已经过时的指标参数。同时,政府还可以根据后评价所反馈的信息,合理确定投资规模和投资流向,协调各产业、各部门之间及其内部的各种比例关系。此外,政府还可以充分地运用法律的、经济的、行政的手段,建立必要的法令、法规、各项制度和机构,促进投资管理的良性循环。

4. 为银行加强风险管理起防范作用

我国的银行部门除自身作为投资主体外,还是国家投资资金的供应部门和投资的监督管理部门,担负着回收国家投资资金的职责。通过开展项目后评价,及时发现项目建设资金使用过程中存在的问题,分析研究贷款项目成功或失败的原因,从而为银行调整信贷政策提供依据,为加强风险管理起防范作用,并确保投资资金的按期回收。

5. 可以对企业经营管理进行“诊断”,为企业优化生产管理起助推作用

项目后评价是在项目运营阶段进行,因而运营阶段的项目后评价可以分析和研究项目投产初期和达产时期的实际情况,比较实际状况与预测状况的偏离程度,探索产生偏差的原因,提出切实可行的措施,从而促使项目运营状态正常化,为企业优化生产管理起助推作用,提高项目的经济效益和社会效益。

## 四、项目后评价的基本程序

尽管因项目规模、复杂程度的不同,而导致每个项目后评价的具体工作程序也有所区别,但从总的情况来看,一般项目的后评价都应遵循一个客观和循序渐进的过程。具体可以概括为以下几个步骤(图 10-2):

1. 建立项目后评价机构

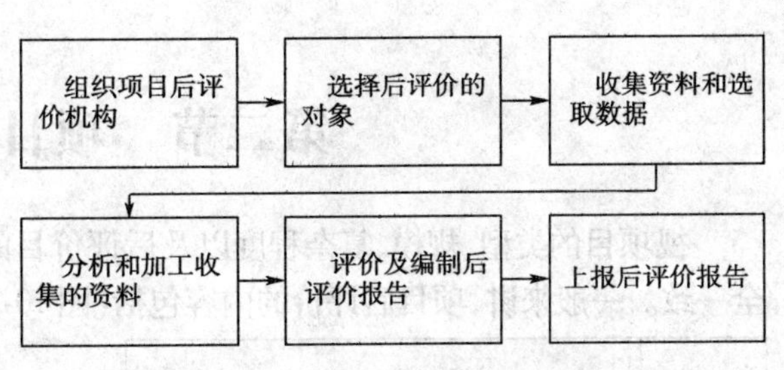


图 10-2　项目后评价的基本程序

项目后评价组织机构是指负责这项工作的主体。根据项目后评价的概念、特点和职能，我国项目后评价的组织机构应符合以下两方面的基本要求：

(1)满足独立性、客观性、公正性要求。这是由项目后评价本身的特点和要求决定的。只有项目后评价组织机构具有独立性、客观性、公正性，才能保证项目后评价的客观性和公正性。这就要求后评价组织机构要排除人为干扰，以第三方身份独立地对项目实施及其结果做出评论。

(2)具有反馈检查、科学可靠的功能。项目后评价的作用主要是通过项目全过程的再评价并反馈信息，为投资决策科学化服务。因此要求后评价组织机构具有反馈检查、科学可靠的功能，也就是要求后评价组织机构与计划决策部门具有通畅的反馈回路，以使后评价有关信息迅速地反馈到决策部门，从而不断提高决策科学化水平。

2. 选择后评价的对象

原则上，对所有竣工投产的市政工程项目都要进行后评价，项目后评价应纳入项目管理程序之中。但是，由于我国现阶段客观条件不成熟，不可能对所有投资都及时地进行后评价。现阶段可选择一部分对国民经济有重大影响的大中型市政工程项目进行后评价，以把握项目投资的总体状态。

3. 收集资料和选取数据

项目后评是以大量的资料和数据为依据的，这些资料和数据的来源要可靠，一般应由后评价者亲自调查整理。需要收集的资料和数据如下：

(1)档案资料。主要有建设项目的规划方案、项目建议书(预可行性研究)和批文、可行性研究报告、评估报告、设计任务书、初步设计材料和批文、施工图设计和批文、竣工验收报告、工程大事记、各种协议书和合同及有关厂址选择、工艺方案选择、设备方案选择的论证材料。

(2)项目生产经营资料。主要是生产、销售、供应、技术、财务、劳动工资等部门的统计年度报告。

(3)分析预测用基础资料。主要是建设项目开工以来的有关利率、汇率、价格、税种税率、物价指数变化的有关资料。

(4)与项目有关的其他资料。如国家及地方的产业结构调整政策、发展战略和长远规划；国家和地方颁布的规定和法律文件等。

4. 分析和加工收集的资料

对所收集的资料和数据进行汇总、加工和分析，对需要调整的数据和资料要调整。此时往往需要进一步补充测算有关的资料，以满足验证的需要。

5. 评价及编制后评价报告

编制各种评价报表及计算评价指标，并与可行性研究和前评价进行对比分析，找出差异及其原因，由评价组编制后评价报告。

6. 上报后评价报告

把编制的详细后评价报告和其重点摘要上报给组织后评价的部门。

学习记录

## 第二节　项目后评价的内容

视项目的类型、规模、复杂程度以及后评价目的的不同,对每个项目进行后评价的内容也并不完全一致。一般来讲,项目后评价的内容包括(图 10-3):

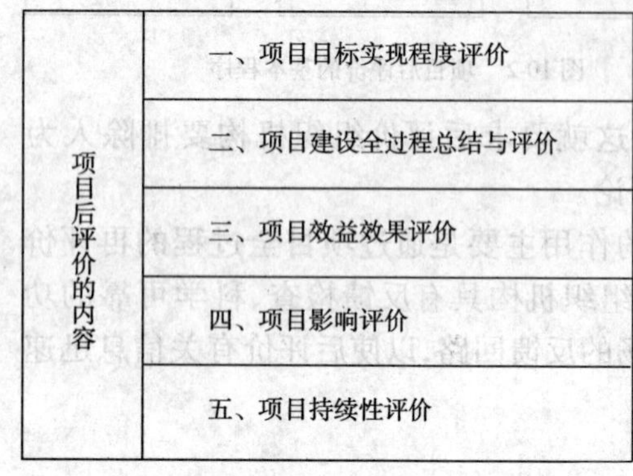

图 10-3　项目后评价的内容

### 一、项目目标实现程度评价

评定项目立项时原来预定的目的和目标的实现程度,是项目后评价所需要完成的主要任务之一。因此,项目后评价要对照原定目标完成的主要指标,检查项目实际实现的情况和变化,分析实际发生改变的原因,以判断目标的实现程度。判别项目目标的指标应在项目立项时就确定了,一般包括宏观目标,即对地区、行业或国家经济、社会发展的总体影响和作用。建设项目的直接目的可能是解决特定的供需平衡,为社会提供各种产品或服务,指标一般可以量化。目标评价的另一项任务是要对项目原定决策目标的正确性、合理性和实践性进行分析评价。有些项目原定的目标不明确,或不符合实际情况,项目实施过程中可能会发生重大变化,如政策性变化或市场变化等,项目后评价要给予重新分析和评价。

### 二、项目建设全过程总结与评价

项目的过程评价应对照立项评估或可行性研究报告时所预计的情况和实际执行的过程进行比较和分析,找出差别,分析原因。

1. 项目决策阶段后评价

项目决策阶段包括项目的提出(项目建议书)和可行性研究。决策阶段后评价的主要内容包括:

(1)考核项目筹备工作。

(2)考核项目实施过程的实际情况与预测情况的偏差。

(3)考核项目预测因素的实际变化与预测情况的偏离程度。

(4)考核可行性研究各种假设条件与实际情况的偏差。

(5)考核实际投资效益指标与预测投资效益指标的偏离程度。

(6)考核项目实际敏感性因素和敏感性水平。

(7)对可行性研究深度进行总体评价。方法是通过上述各项的考察,综合计算预测情况与实际情况的偏差幅度,然后根据设定的标准,评价可行性研究的深度。根据国外项目后评价情况,并结合我国的实际,可行性研究深度的评价标准应该是:

①当偏离程度小于 15% 时,可行性研究深度符合合格要求。

②当偏离程度在 15% ~25% 时,可行性研究深度相当于预可行性研究水平。

③当偏离程度在 25% ~35% 时,可行性研究深度相当于编制项目建议书阶段的预测水平。

④当偏离程度超过 35% 时,可行性研究的深度不合格。

(8)具体研究和分析项目实际可行性研究水平表现为(7)中①、②、③三种情况的原因,是预测依据不可靠,还是预测方法不科学;是预测人员素质差,还是人为干预所致;是预测水平所致,还是由客观世界环境突变造成的等等。

(9)可供今后提高项目可行性研究水平的经验教训。

2. 项目准备阶段后评价

项目准备阶段是指项目立项完成(可行性研究报告批准后)到项目正式开工。准备阶段后评价的主要内容包括:

(1)考核勘察设计及招投标工作。

(2)考核“三通一平”工作。

(3)考核资金筹措情况。

(4)考核物资落实情况。

3. 项目实施(施工)阶段后评价

项目实施阶段是指从项目开工起到竣工验收、交付使用为止的全过程。实施(施工)阶段后评价的主要内容包括:

(1)项目开工的评价

①项目开工条件是否具备,手续是否齐备,是否有经有关部门批准的开工报告。

②项目实际开工时间与计划的开工时间是否相符,提前或延迟的原因是什么,对整个项目建设乃至投资效益发挥的影响如何。

(2)项目变更情况的评价

①项目范围变更与否,变更的原因是什么。

②项目设计变更与否,变更的原因是什么;是由设计质量本身造成的,还是由其他原因造成的,怎样处理的。

③项目范围变更、设计变更对项目建设工期、建设成本、投资总额的实际影响如何。

(3)项目施工组织与管理的评价

①施工组织方式是否科学合理。

②是否推行了施工项目经理承包责任制,施工项目经理是如何选择的,其素质如何,项目经理的工作实绩。

③施工项目进度及其控制。施工进度控制方法是否科学,其成效如何,实际施工进度与施工进度计划的比较,分析施工进度提前或延误的原因,在实际施工进度延误的情况下采取了何种补救措施,其成效如何。

④施工项目成本及控制。项目目标成本怎样,成本控制方法是否科学合理,实际成本高出或低于目标(计划)成本的原因何在,有何经验教训。

⑤施工技术与方案的制订依据是什么,有何独到之处,对施工项目进度和成本有何影响,有何主要经验。

(4)项目建设资金供应与使用情况的评价

①建设资金供应是否适时适度,是否发生过施工单位停工待料或整个项目因资金不足停建缓建的情况,其原因何在。

②建设资金运用是否符合国家财政信贷制度规定,使用是否合理,是否充分挖掘建设单位内部潜力、精打细算地使用资金,以保证建设任务按期完成或提前完成。

③资金占用情况是否合理。结合工程进度,考核资金占用是否过多或过早,并着重分析项目竣工验收后剩余资金和未完工的在建工程的资金占用情况。

④考核和分析全部资金的实际使用效率。

学习记录

(5)项目建设工期的评价

①核实各单位工程实际开工、竣工日期,查明实际开、竣工日期提前或推迟的原因并计算实际建设工期。

②计算实际建设工期变化率,其中主要是竣工项目定额工期率指标,并具体分析实际建设工期与计划工期或其他同类项目实际工期产生偏差的原因。

(6)项目工程造价的评价

①主要实物工程量的实际数量是否超出预计数量,超出多少,其原因何在。

②设备、工、器具购置数量,其他基本建设费用中的土地征用数量以及项目临时设施工程的建设数量等是否与预计情况相符,购置设备的选型和质量与设计中所列的设备规格、型号、质量标准是否相符,如果不一致,其原因何在,它对建设成本的增减有何影响。

③主要材料实际消耗量是否与预计情况相符,材料实际购进价格是否超出了概(预)算中的概(预)算价格,是否出现过因采购、供应的材料、规格、质量达不到设计要求而造成浪费的情况,出现上述几种情况的原因是什么,对建设成本的增减有何影响。

④各项管理费用的取费标准是否符合国家有关规定,是否与工程概(预)算中的取费标准相一致,不一致的原因何在。

(7)项目工程质量和安全情况的评价

①计算实际工程质量合格品率、实际工程质量优良品率。

②将实际工程质量指标与合同文件规定的或设计规定的或其他同类项目工程质量状况进行比较,工程质量较好的经验是什么,质量较差的原因是什么。

③设备质量情况怎样设备及其安装工程质量能否保证投产后正常生产的需要。

④有无重大质量事故,产生事故的原因是什么。

⑤计算和分析工程质量事故的经济损失。包括计算返工损失率,因质量事故拖延建设工期所造成的实际损失,以及分析无法补救的工程质量事故对项目投产后投资效益的影响程度。

⑥工程安全情况,有无重大安全事故发生,其原因是什么,所带来的实际影响如何。

(8)项目竣工验收的评价

①项目竣工验收组织工作及其效率;竣工验收委员会的成员组成是否符合国家有关规定。

②项目竣工验收的程序是否符合国家有关规定,是否存在先使用、后验收的情况或竣工验收后长期不办理固定资产交付使用手续的情况等。

③项目竣工验收是否遵循有关部门规定的验收标准,未遵循标准的原因何在,对项目投资效益的发挥有何影响。

④项目竣工验收各项技术资料是否齐备,是否按有关规定对各项技术资料进行系统整理,由建设单位分类立档,并在竣工验收后交生产使用单位统一保存。

⑤项目投资包干、招标投标等有关合同执行情况如何,合同不能履行的原因何在,项目投资包干、招标投标的具体形式有何特色,对今后改进项目管理有何经验教训。

⑥收尾工程和遗留问题的处理情况,处理方案实际执行情况如何;是否对项目投资效益有重大影响。

(9)同步建设的评价

①相关项目在时间安排上是否同步,不同步的原因何在,对项目投资效益的发挥有何影响。

②项目所采用的技术与前序、后序项目的技术水平是否同步,不同步的原因何在,对项目投资效益的发挥有何影响。

③相关项目之间的实际生产能力是否协调、配套,不配套的原因何在,对项目投资效益的发挥有何影响。

④项目内部各单项工程之间建设速度是否满足要求,技术水平、生产能力是否相配套,其原因何在。

⑤项目同步建设方面有何经验教训,并提出改进意见。

4. 项目运营阶段后评价的内容

项目运营阶段是指项目交付使用(投产)到生命期末的整个过程。运营阶段后评价的主要内容包括:评价生产管理机构设置是否合理,管理人员的知识结构、业务水平是否与生产经营活动相适应,经营管理制度是否健全与落实;技术研究和发展机构是否存在或合理设置,技术人员的知识结构、专业水平是否与技术研究和发展活动相适应,技术管理制度是否健全与落实。

## 三、项目效益效果评价

项目的效益效果评价即财务评价和国民经济评价,其评价的主要内容与项目前评估无大的差别,主要分析指标还是内部收益率、净现值和贷款偿还期等项目盈利能力和清偿能力的指标。但项目后评价时有以下几点需加以说明。

(1)项目前评价采用的是预测值,项目后评价则对已发生的财务现金流量和国民经济流量采用实际值,并按统计学原理加以处理;对后评价时点以后的流量做出新的预测。

(2)当财务现金流量来自财务报表时,对应收而未实际收到的债权和非货币资金都不可计为现金流入,只有当实际收到时才作为现金流入;同理,应付而实际未付的债务资金不能计为现金流出,只有当实际支付时才作为现金流出。必要时,要对实际财务数据做出调整。

(3)实际发生的财务会计数据都含有物价通货膨胀的因素,而通常采用的盈利能力分析指标是不考虑通货膨胀因素的。因此,对项目后评价采用的财务数据要剔除物价上涨的因素,以实现前后的一致性和可比性。

## 四、项目影响评价

项目影响评价的内容主要包括环境影响评价和社会影响评价两个方面。

(1)环境影响评价。项目环境影响评价一般包括项目的污染控制、地区环境质量、自然资源利用和保护、区域生态平衡和环境管理等几个方面,并与环境影响前评价的内容进行对比。

(2)社会影响评价。项目社会影响评价重点评价项目对所在地区和社区的影响。

## 五、项目持续性评价

项目的持续性是指项目建设投入完成后,既定目标是否还能继续?是否可以持续地发展下去,接受投资的项目业主是否愿意并可能依靠自己的力量继续去实现既定目标?持续性的影响因素一般包括:政府的政策,管理、组织和地方参与,财务因素,技术因素,社会文化因素,环境和生态因素,外部因素等。

# 第三节　项目后评价的方法

借鉴国外一些国家和世界银行后评价的方法,我国也在不断改进和完善符合中国国情的后

评价方法,目前项目后评价的方法主要有:

## 一、"前后对比"法和"有无对比"法

一般情况下,"前后对比"(Before and After Comparison)是指将项目实施之前与完成之后的情况加以对比,以确定项目的作用与效益的一种对比方法。在项目后评价中,则是指将项目前期的可行性研究和评估的预测结论与项目的实际运行结果相比较,以发现变化和分析原因。这种对比用于揭示计划、决策和实施的质量,是项目过程评价应遵循的原则。

"有无对比"(With and Without Comparison)是指将项目实际发生的情况与若无项目可能发生的情况进行对比,以度量项目的真实效益、影响和作用。对比的重点是要分清项目作用的影响与项目以外作用的影响。这种对比用于项目的效益评价和影响评价,是项目后评价的一个重要方法论原则。这里说的"有"与"无"指的是评价的对象,即计划、规划或项目。评价是通过对比实施项目所付出的资源代价与项目实施后产生的效果得出项目的好坏,其关键是要求投入的代价与产出的效果口径一致。也就是说,所度量的效果要真正归因于项目。但是,很多项目,特别是大型市政工程项目,实施后的效果不仅仅是项目的效果和作用,还有项目以外多种因素的影响,因此,简单的前后对比不能得出项目真正的效果。

## 二、逻辑框架法

逻辑框架法(Logical Framework Approach,简称 LFA)是美国国际开发署(USAID)在 1970 年开发并使用的一种设计、计划和评价工具,目前已有三分之二的国际组织把 LFA 作为援助项目的计划管理和后评价的主要方法。

1. 逻辑框架法的含义

LFA 是一种概念化论述项目的方法,即用一张简单的框图来清晰地分析一个复杂项目的内涵和关系,使之更易理解。LFA 是将几个内容相关、必须同步考虑的动态因素组合起来,通过分析其相互之间的关系,从设计策划到目的目标等方面来评价一项活动或工作。LFA 为项目计划者和评价者提供了一种分析框架,用以确定工作的范围和任务,并通过对项目目标和达到目标所需要的手段进行逻辑关系的分析。

2. 逻辑框架法的模式

LFA 的模式是一个 4×4 的矩阵,竖行代表项目目标的层次(垂直逻辑),包括达到这些目标所需要的方法(垂直逻辑),横行代表如何验证这些目标是否达到(水平逻辑)。垂直逻辑用于分析项目计划做什么,弄清项目手段与结果之间的关系,确定项目本身和项目所在地的社会、物质、政治环境中的不确定因素。垂直逻辑中的基本要点有:项目目标的层次;层次间的因果链;重要的假定条件;前提的含义。水平逻辑的目的是要衡量项目的资源和结果,确立客观的验证指标及其指标的验证方法来进行分析。水平逻辑要求对垂直逻辑四个层次上的结果做出详细说明。其基本模式如表 10-1 所示。

**逻辑框架法的模式** 表 10-1

| 层次描述 | 客观验证指标 | 验 证 方 法 | 重要外部条件 |
|---|---|---|---|
| 目标 | 目标指标 | 监测和监督手段及方法 | 实现目标的主要条件 |
| 目的 | 目的指标 | 监测和监督手段及方法 | 实现目的的主要条件 |
| 产出 | 产出物定量指标 | 监测和监督手段及方法 | 实现产出的主要条件 |
| 投入 | 投入物定量指标 | 监测和监督手段及方法 | 实现投入的主要条件 |

3. 项目后评价的逻辑框架

项目后评价通过应用 LFA 来分析项目原定的预期目标、各种目标的层次、目标实现的程度和原因，用以评价其效果、作用和影响。表 10-2 是某一个市政工程项目后评价的逻辑框架。

**某项目后评价的逻辑框架** 表 10-2

| 评价项目指标 | 预计目标 | 实际结果 | 原因分析 | 可持续条件 |
| --- | --- | --- | --- | --- |
| 宏观目标 | | | | |
| 项目目的 | | | | |
| 项目产出 | | | | |
| 项目投入 | | | | |

## 三、成功度评价法

1. 成功度评价的含义

成功度评价是依靠评价专家或专家组的经验，综合各项指标的评价结果，对项目的成功程度做出定性的结论，也就是通常所称的打分的方法。成功度评价是以逻辑框架法分析的项目目标的实现程度和经济效益分析的评价结论为基础，以项目的目标和效益为核心，所进行的全面系统的评价。项目后评价，特别是项目事后评价是需要对项目的总体成功度进行评价，得出可信的结论。项目成功度评价需要对照项目立项阶段所确定的目标和计划，分析实际实现结果与其差别，以评价项目目标的实现程度。另一方面，在做项目成功度评价时，要十分注意项目原定目标合理性、实际性以及条件环境变化带来的影响，并进行分析，以便根据实际情况，评价项目的成功度。

2. 成功度评价的标准

项目评价的成功度可分为五个等级：

(1)完全成功(A′)：项目各项指标都已实现或超过，相对成本而言，项目取得巨大效益和影响。

(2)基本成功(A)：项目的大部分目标已经实现；相对成本而言，项目达到了预期的效益和影响。

(3)部分成功(B)：项目实现了原定的部分目标；相对成本而言，项目只取得了一定的效益和影响。

(4)不成功(C)：项目实现的目标非常有限；相对成本而言，项目几乎没有产生什么正效益和影响。

(5)失败(D)：项目的目标是不现实的，无法实现；相对成本而言，项目不得不终止。

3. 项目成功度的测定

项目成功度评价表设置了评价项目的主要目标。在评定具体项目的成功度时，并不一定要测定表中所有的指标。评价人员首先要根据具体项目的类型和特点，确定表中指标与项目相关的程度，把它们分为“重要”、“次重要”和“不重要”三类，在表中第二栏里(相关重要性)填注。对“不重要”的指标就不用测定，只需测定重要和次重要的项目内容，一般的项目实际需测定的指标在 10 项左右。

在测定各项指标时，采用打分制，即按上述评定标准的第 1 至第 5 的五个级别分别用 A′、A、B、C、D 表示。通过指标重要性分析和单项成功度结论的综合，可得到整个项目的成功度指标，也用 A′、A、B、C、D 表示，填在表的最底一行(总成功度)的成功度栏内。

在具体操作时，项目评价组成员每人各自填好表后，对各项指标的取舍和等级进行内部讨

学习记录 论,或经必要的数据处理形成评价组的成功度表,再把结论写入评价报告。

项目成功度评价表格是根据评价任务的目的和性质决定的,我国与国际上各个组织和机构的表格设计各不相同,表10-3为国内典型的项目成功度评价分析表。

国内项目成功度评价表　　表10-3

| 评价项目指标 | 相关重要性 | 评定等级 | 备　注 |
| --- | --- | --- | --- |
| 1.宏观目标和产业政策 | | | |
| 2.决策及其程序 | | | |
| 3.布局与规模 | | | |
| 4.项目目标及市场 | | | |
| 5.设计与技术装备水平 | | | |
| 6.资源和建设条件 | | | |
| 7.资金来源和融资 | | | |
| 8.项目进度及其控制 | | | |
| 9.项目质量及其控制 | | | |
| 10.项目投资及其控制 | | | |
| 11.项目安全及其控制 | | | |
| 12.机构和管理 | | | |
| 13.项目财务效益 | | | |
| 14.项目经济效益和效果 | | | |
| 15.社会和环境影响 | | | |
| 16.项目可持续性 | | | |
| 项目总评 | | | |

# 第四节　项目后评价报告的撰写

项目后评价报告编制应依据有关规程、标准和规定,遵循客观、公正、科学的原则,力求分析合理、评价公正。一般来讲,项目后评价报告的主要内容为(图10-4):

项目后评价报告的主要内容
- 项目概况
- 项目实施过程评价
- 项目效果和效益评价
- 项目环境和社会效益评价
- 项目目标和可持续性评价
- 项目主要经验教训、结论和相关建议

图10-4　项目后评价报告的主要内容

## 一、项目概况

1.项目情况简述

概述项目建设地点、项目业主、项目性质、特点,以及项目开工和竣工时间。

2.项目决策要点

项目建设的理由、依据和目的。

3.项目主要建设内容

项目建设的主要内容、初步设计批复、批准规模和实际建成规模。

4. 项目实施进度

项目周期各个阶段的起止时间，时间进度表，建设工期。

5. 项目总投资

项目工程可行性研究报告批复的投资估算、初步设计批复概算及项目调整概算、竣工决算和实际完成投资情况，以及投资变化情况和原因。

6. 项目资金来源及到位情况

资金来源计划和实际情况，变化及原因。

7. 项目运行及效益现状

项目运行现状，能力实现状况，项目财务经济效益情况等。

## 二、项目实施过程评价

1. 项目前期决策评价

对项目立项的依据，项目决策过程和目标进行评价；对项目评估和可行性研究报告批复的主要意见进行评价。

2. 项目实施准备评价

对项目勘察、设计、开工准备、招标采购、征地拆迁和资金筹措等情况进行评价。

3. 项目建设实施评价

对项目合同执行与管理情况，工程建设与进度情况，项目设计变更情况，项目投资控制情况，工程质量控制情况，工程监理和竣工验收情况进行评价。

4. 项目运营情况评价

对项目实施管理和运营管理，项目设计能力实现情况，项目技术改造情况，项目运营成本和财务状况进行评价。

## 三、项目效果和效益评价

1. 项目技术水平评价

对项目的技术水平、新技术应用等进行评价。

2. 项目经济效益评价

对项目资产及债务状况，财务效益情况，国民经济效益变化的情况进行评价。

3. 项目经营管理评价

对项目管理机构设置情况，项目领导班子情况，项目管理体制及规章制度情况，项目经营管理策略情况，项目技术人员培训情况和项目管理中的经验教训进行评价。

## 四、项目环境和社会效益评价

1. 项目环境效益评价

对项目环保达标情况，项目环保设施及制度的建设和执行情况，环境影响和生态保护情况进行评价。

2. 项目社会效益评价

对项目主要利益群体，项目的建设实施对当地(宏观经济、区域经济、行业经济)发展的影响，对当地就业和人民生活水平提高的影响，对当地政府财政收入的影响进行评价。

学习记录

## 五、项目目标和可持续性评价

1. 项目目标评价

对项目的工程目标,技术目标,效益目标,影响目标(社会环境和宏观目标)进行评价。

2. 项目可持续性评价

根据项目现状,结合国家的政策、资源条件和市场环境对项目的可持续性进行分析,预测项目的市场前景,评价整个项目的可持续发展能力。

3. 项目存在的主要问题

## 六、项目主要经验教训、结论和相关建议

从项目实施过程、效果和效益、环境影响评价、目标实现以及可持续性发展等方面进行综合分析,总结项目成功的主要经验与失败的主要教训,并对项目提出相关的对策和建议。

## 习题与答案

1. 项目后评价的特点是什么?与前评价的区别有哪些?

答:(1)项目后评价的特点:①现实性;②全面性;③探索性;④反馈性;⑤合作性。

(2)与前评价的区别:①在项目建设过程中所处阶段不同;②比较标准不同;③在投资决策中作用不同;④评价内容不同;⑤组织实施不同;⑥评价的性质不同。

2. 后评价有何作用?

答:后评价的作用:

(1)总结项目管理的经验教训,提高项目管理水平。

(2)提高项目决策科学化水平。

(3)为国家投资计划、政策的制定提供依据。

(4)为银行部门及时调整信贷政策提供依据。

(5)可以对企业经营管理进行"诊断",促使项目运营状态的正常化。

3. 项目实施后评价的主要内容是什么?

答:项目实施后评价的主要内容:

(1)项目开工评价。

(2)项目变更情况评价。

(3)项目施工组织与管理的评价。

(4)项目建设资金供应与使用情况的评价。

(5)项目建设工期评价。

(6)项目工程造价评价。

(7)项目工程质量和安全情况的评价。

(8)项目竣工验收的评价。

(9)同步建设的评价。

(10)项目生产能力和单位生产能力投资的评价。

4. 项目运营后评价的主要内容是什么?

答:项目运营后评价的主要内容:

(1)企业经营管理状况的评价。

(2)项目产品方案的评价。

(3)项目达产年限的评价。

(4)项目产品生产成本的评价。

(5)项目产品销售利润的评价。

(6)项目经济后评价。

(7)对项目可行性研究水平进行综合评价。

# 第十一章 DISHIYIZHANG

# 设备更新的经济分析

## 本章导读

设备的使用存在有形磨损、无形磨损和综合磨损,使用一定年限性能劣化后就需要进行维修或更新,那么设备何时更新比较合理和如何进行更新呢?这就需要进行经济分析,才能做到准确判断。本章将在介绍设备磨损与设备补偿的含义及其分类的基础上,分别介绍设备大修、设备更新、设备现代化技术改造、设备购买与租赁的经济分析方法,从而为设备的更新决策分析提供依据。

## 学习目的

1. 了解设备磨损与补偿的含义及其分类;
2. 熟悉设备进行维修的经济分析;
3. 掌握设备进行更新的经济分析。

## 学习重点

1. 设备磨损与补偿的分类;
2. 设备大修、更新、现代化技术改造的经济分析。

## 学习难点

1. 出现新设备条件下更新的经济分析;
2. 设备购买与租赁的经济分析。

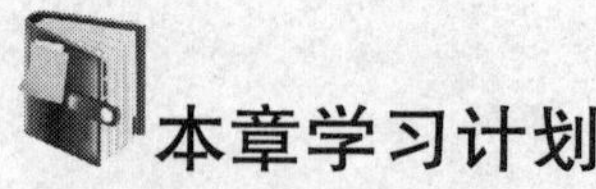

## 本章学习计划

| 内　　容 | 建议自学时间（学时） | 学 习 建 议 | 学 习 记 录 |
| --- | --- | --- | --- |
| 第一节　概述 | 1.0 | 了解设备更新与维护的概念 | |
| 第二节　设备大修理的经济分析 | 0.5 | 掌握设备大修理、更新与现代化技术改造的经济分析方法 | |
| 第三节　设备更新的经济分析 | 2.0 | | |
| 第四节　设备现代化技术改造的经济分析 | 0.5 | | |
| 第五节　设备购买与租赁的经济分析 | 1.0 | 熟悉设备购买与租赁的经济分析方法 | |

# 第一节　概　述

## 一、设备的寿命周期费用

随着科学技术的不断进步,机器设备本身变得更加复杂和精密。机器设备是现代工业生产的重要物质和技术基础。为了满足国民经济发展的要求,必须重视不断提高设备整体的规模与水平,这就需要对设备在其寿命周期内采取及时恰当的维修、保养甚至进行更新。

设备的寿命周期费用是指设备整个寿命周期过程中所发生费用的总和,它包括设备从计划、设计、制造、安装运行、维修到报废为止的一生中,各个阶段所发生的费用的总和。如前所述,设备寿命周期费用可以划分为设备费用(或称原始费用)和使用费用两部分。原始费用是用户为取得设备而集中支付的费用。使用费用又称为维持费用或经营费用,是用户在取得设备后,为保证设备的正常运行直到更新为止而需要经常支出的各种费用。对于用户,为了使总费用最低,需要认真考虑:在添置设备时是节约维持费用好,还是减少购置费用而把费用转移到维持费用上?在使用设备时是为了避免支出高额购置费用去购置新设备而支付越来越大的维持费用好,还是把维持费用转移去购置新设备好?即需要把具有相反特性的两种费用,相互替换,找出对总费用最佳的平衡点。

研究设备寿命周期费用的目的就是为了在添置设备时需要统筹兼顾,全面考虑,寻求总费用最低的购置方案。美国从 1966 年起军方正式开展设备寿命周期费用的研究工作,并制定了分析程序。因此厂商不可能仅通过宣传其设备价格如何低廉来得到买主,而迫使厂商朝着降低设备的运营费用这个目标努力,即在设计阶段就把寿命周期费用作为一个参数来提供应用。因此,设备更新的经济分析应具有降低设备全寿命周期费用的理念。

## 二、设备的磨损与寿命

1. 设备的磨损

设备在使用(或闲置)过程中,由于物理作用(如冲击、摩擦力、扭转、弯曲等)、化学作用(如锈蚀、老化)或技术进步的影响,使继续使用该设备将不能维持良好性能和取得预期效果,或根本不能再使用,或虽然能使用,但经济上已经不合理等,此时就说设备遭受了耗损或损坏,这些耗损或损坏就称为设备的磨损。磨损是设备陈旧落后的主要原因,也是影响企业生产能力和经济效益的重要因素之一。

设备的磨损可以分为:有形磨损、无形磨损和综合磨损。

(1)有形磨损及其度量

设备的有形磨损又称为“物质磨损”,表现为设备实体遭受的破坏与损失。主要表现为由于使用和自然力的影响而发生使用价值和价值的损耗。在生产过程中,由于外力的作用,设备的零部件会发生摩擦,冲击、振动和疲劳,致使机器设备实体发生磨损。这种磨损也称为第Ⅰ种有形磨损,它会使机器精度降低、发生故障、甚至难以正常工作,丧失使用价值;另一方面,在设备的闲置过程中,因自然力的作用使设备生锈、腐蚀,而自然丧失精度和工作能力。这种磨损称为第Ⅱ种有形磨损,它与生产过程中的使用无关。

设备的有形磨损程度可以从两方面进行衡量,一方面是从零件的磨损程度衡量,另一方面是

学习记录 从修理费用上衡量。

设备的磨损程度可以在综合单个零件的磨损程度的基础上确定。即：

$$\alpha_t = \frac{\sum_{i=1}^{n} \alpha_i k_i}{\sum_{i=1}^{n} k_i} \tag{11-1}$$

式中：$\alpha_t$——设备有形磨损程度；

$k_i$——零件 $i$ 的价值；

$n$——设备零件总数；

$\alpha_i$——零件 $i$ 的实体磨损程度。

也可以从修理费用角度上考虑，即：

$$\alpha_t = \frac{R}{K_1} \tag{11-2}$$

式中：$R$——修复全部磨损零件所用的修理费用；

$K_1$——在确定磨损时该种设备的再生产价值。

(2)无形磨损及其度量

无形磨损，又称“精神磨损”，是指由于技术进步引起的设备相对贬值。设备的无形磨损不是由于生产过程中的使用或自然力的作用造成的，所以，不表现为设备实体的变化和损坏。设备的无形磨损按其原因可分为两种。

①第Ⅰ类无形磨损。是由于技术进步，使制造工艺不断改进、劳动生产率不断提高、成本不断降低，生产同种设备所需要的社会必要劳动减少，导致购置费用不断降低，因而使原来购买的设备相应贬值了。这种无形磨损虽然产生了设备的贬值，但设备本身的技术特性和功能并未改变，不会影响其继续使用。

②第Ⅱ类无形磨损。是由于技术进步，社会上出现了结构更先进、技术更完善、生产效率更高、耗费材料和能源更少的新型设备，而使原有设备在技术上显得陈旧落后造成的。它的后果不仅是使原有设备价值降低，而且会使原有设备局部或全部丧失其使用价值。这是因为虽然原有设备的使用期还未达到其物理寿命，能够正常工作，但由于技术上更先进的新设备的发明和应用，使原有设备的生产效率大大低于社会平均生产效率。在这种情况下，由于使用新设备比使用旧设备在经济上更合理些，所以原有设备应该被淘汰。

设备的无形磨损程度可用下式表示，即：

$$\alpha_u = \frac{K_0 - K_1}{K_0} = 1 - \frac{K_1}{K_0} \tag{11-3}$$

式中：$\alpha_u$——设备无形磨损程度；

$K_0$——设备的原始价值；

$K_1$——等效设备的再生产价值。

(3)综合磨损及其度量

所谓综合磨损是指设备在使用过程中，既有有形磨损，又有无形磨损。也就是说设备遭受的磨损是双重的，两种磨损都引起设备原始价值的贬值，这一点两者是相同的。不同的是，遭受有形磨损的设备，特别是有形磨损严重的设备，在修理之前，常常不能工作，而遭受无形磨损的，即使无形磨损很严重，仍然可以使用，只不过继续使用它在经济上是否合算，需要分析研究。

设备综合磨损的度量可按如下方法进行。

设$(1-\alpha_t)$为设备只有有形磨损后的剩余程度；$(1-\alpha_u)$为设备只有无形磨损后的剩余程度。由于有形磨损和无形磨损同时发生，又互不相干（互相独立），则只有有形磨损和只有无形磨损后的剩余程度也就互相独立，则设备同时遭受有形磨损和无形磨损后（即综合磨损后）剩余的程度为：$(1-\alpha_t)(1-\alpha_u)$。则设备综合磨损程度为：

$$\alpha = 1-(1-\alpha_t)(1-\alpha_u) \tag{11-4}$$

将$\alpha_t=\dfrac{R}{K_1}$和$\alpha_u=1-\dfrac{K_1}{K_0}$代入式(11-4)，得：

$$\alpha = 1-\frac{K_1-R}{K_0} \tag{11-5}$$

2. 设备的寿命

设备寿命可以从不同角度划分为不同类型，具体来说有自然寿命、折旧寿命、技术寿命和经济寿命四种。

(1)自然寿命

自然寿命，又称物理寿命，是指设备从全新状态开始使用，直到不能再用而应报废为止所经历的全部时间。自然寿命主要取决于设备有形磨损的程度，与设备的维护和保养状况有关，并可通过维护和保养来延长设备的自然寿命。

(2)折旧寿命

折旧寿命是按照财政部门的规定提取折旧费，从设备开始使用到设备的账面价值接近于残值时所延续的时间。在我国，设备折旧年限与折旧政策有关。折旧寿命的终止并不意味着自然寿命的结束，折旧寿命一般会介于自然寿命与技术寿命或经济寿命之间。

(3)技术寿命

技术寿命是指设备从开始使用到因技术落后而淘汰所延续的时间。技术寿命主要取决于无形磨损，因此，它与技术进步的速度有关。科学技术进步越快，设备的技术寿命越短。

(4)经济寿命

经济寿命是指从经济角度看，设备最合理的使用年限。过了这个使用年限而继续使用，在经济上是不合算的。经济寿命是由有形磨损和无形磨损共同决定的。具体来说是指能使投入使用的设备等额年总成本最低或等额年净收益最高的期限。

## 三、设备磨损的补偿

无论设备遭受的是哪一种磨损，都会引起设备相对贬值。但就其对使用价值的影响来说，却有很大不同。有的遭受磨损使用价值却不减，有的使用价值稍减，有的使用价值锐减，针对设备

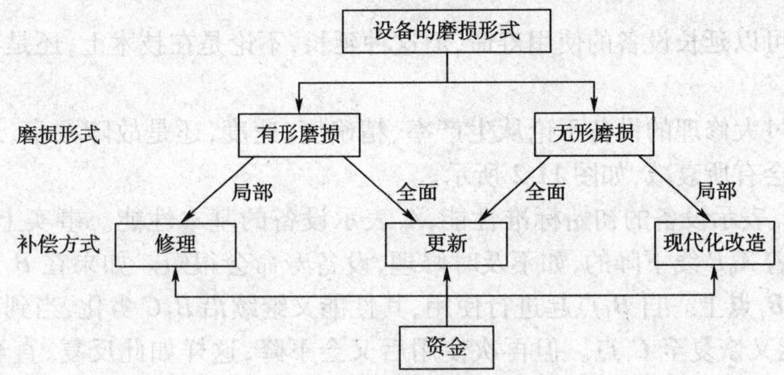


图11-1　设备磨损的补偿形式

学习记录 磨损对使用价值的不同影响，为维持设备的正常工作需要的特性和功能，必须对已遭受磨损的设备进行及时、合理的补偿，其补偿形式随磨损情况的不同而不同。

设备的磨损形式与补偿方式间的关系，如图 11-1 所示。

由图 11-1 可以看出，设备有形磨损的局部补偿是修理，设备无形磨损的局部补偿是现代化技术改造，有形与无形磨损的完全补偿是更新，即淘汰旧设备更换新设备。

## 第二节　设备大修理的经济分析

### 一、设备大修理的含义

设备投入使用后，由于有形磨损和无形磨损的作用，会存在一个使用寿命期限。但设备是由不同材质的众多零部件组成的，这些零部件在设备中工作条件不同，遭受的有形磨损与无形磨损也是不同的，即各零部件有着不同的寿命期限。通常，在一个设备中总有一部分是相对耐久的，而其他部分则易于损坏。如，某个机械设备不同组成部分的物理耐用年限如表 11-1 所示。

**某机械设备不同部分物理耐用年限表**　　表 11-1

| 设备组成要素 | 第一部分 | 第二部分 | 第三部分 | 第四部分 |
|---|---|---|---|---|
| 物理耐用年限 | 20 年 | 5 年 | 2 年 | 1 年 |

由表 11-1 可知，对于这台机械设备最耐久使用的是第一部分，可以持续使用 20 年左右，其余部分在正常工作的条件下，约在一年至五年中丧失其使用价值。假定设备的寿命期为 20 年，那么第二部分就需要每五年更换一次；第三部分需要每两年更换一次；而第四部分则需要每一年就更换一次。这样才可以保证该机械设备在整个寿命期间持续完好地使用。

在实践中，设备的大修理是通过调整、修复或更换磨损的零部件，恢复设备的精度和生产效率，使整个设备全部或接近全部恢复功能，基本上达到设备原有的使用功能，从而延长其使用寿命。

设备大修理能够利用原有设备中保留下来的零部件，从而在一定程度上节约资源。但大修理也是有一定限度的，无止境地大修理会使设备可利用的零部件越来越少，修理费用越来越高。因此大修理作为设备再生产的方式之一，需要有一定的限度，必须为大修理确定一个合理的经济界限。

### 二、设备大修理的经济界限

设备大修理可以延长设备的使用寿命，但这种延长，不论是在技术上，还是在经济上，都是有一定限度的。

在实践中经过大修理的设备不论从生产率、精确度、速度，还是故障频率、运行时间等方面，与新设备相比都会有所衰减，如图 11-2 所示。

图 11-2 中，$A_0$表示设备的初始标准性能，$A_1$表示设备的基本性能。事实上在设备的使用过程中其性能是沿着 $A_0B$ 线下降的，如不及时修理，设备寿命会很短。如果在 $B$ 点进行了大修，其性能可能恢复到 $B_1$点上。自 $B_1$点起进行使用，其性能又继续沿 $B_1C$ 劣化，当到 $C$ 点时，进行第二次大修理，其性能又恢复至 $C_1$点。但再次使用后又会下降，这样如此反复，直至 $F$ 点，设备就不能再修理了。可见，设备的大修理也并非是无止境的。

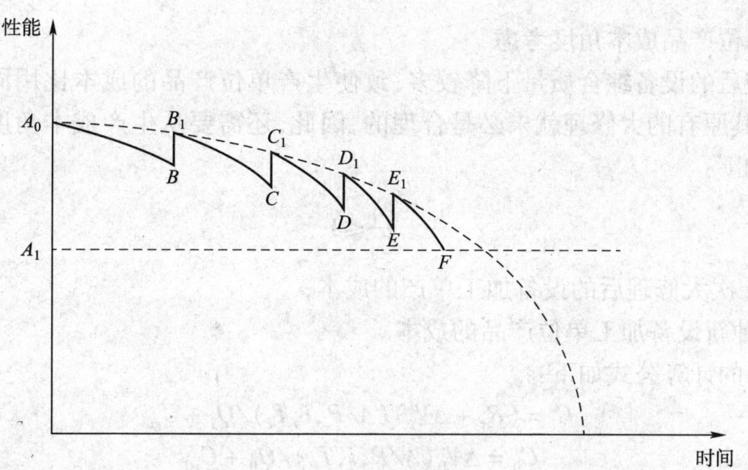

图 11-2　设备综合质量劣化图

另外，在经济上，随着设备使用年限的增加，运行费用增加，生产成本提高，如图 11-3 所示。

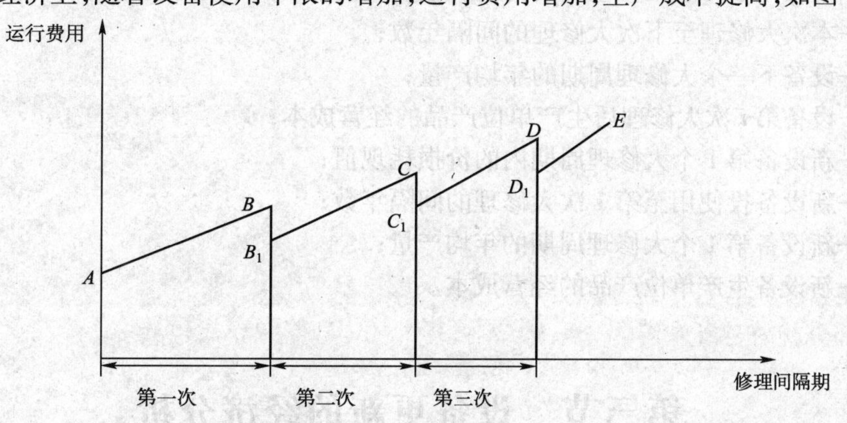

图 11-3　设备运行费用与修理间隔期关系

图 11-3 中，$A$ 为运行费用的初始值。设备投入使用后，由于有形磨损，运行费用逐渐升高。当增加到 $B$ 时，进行大修理，修理后，运行费用降至 $B_1$。继续使用设备，随着使用时间的增加，运行费用又会逐渐增加，增加到 $C$ 时，又一次进行大修理，运行费用修理后降至 $C_1$，如此反复。尽管每次大修理都会使运行费用下降，但随着修理次数增多，设备运行费用越来越高，增加得越来越快，大修理的经济性越来越差。

因此，从经济角度出发，为了提高设备使用的经济效益，降低设备使用费用，必须确定设备大修理的经济界限。是否对设备进行大修理可以从两方面考虑。

1. 从修理费用角度考虑

如果某次大修理费用小于等于重新购置同种新设备所需费用，则可以进行大修理，否则，该次修理不具有经济性，应考虑其他补偿设备磨损的措施。具体表示如下：

$$R_i \leqslant K_i - V_i \tag{11-6}$$

式中：$R_i$——某次大修理费用；

$K_i$——设备在第 $i$ 次大修理时同种新设备的市场价格；

$V_i$——设备在第 $i$ 次大修理时的残值。

但值得一提的是，即使满足上述条件大修理也并不一定是合理的，因为设备大修理后的实际效果还需要通过设备加工的产品质量和加工成本反映出来。

学习记录

2. 从生产单位产品成本角度考虑

如果大修理后的设备综合质量下降较多,致使生产单位产品的成本比用同种用途的新设备生产为高,这时其原有的大修理就未必是合理的,因此,还需要从生产成本角度补充另外一个条件。具体表示如下:

$$\frac{C_i}{C_0} \leqslant 1 \tag{11-7}$$

式中:$C_i$——第 $i$ 次大修理后的设备加工单产的成本;

$C_0$——同种新设备加工单位产品的成本。

有关 $C_i$、$C_0$ 的计算公式如下:

$$C_i = (R_i + \Delta V_i)(A/P, i, T_i)/Q_i + C_{gi} \tag{11-8}$$

$$C_0 = \Delta V_0(A/P, i, T_0)/Q_0 + C_{g0} \tag{11-9}$$

式中:$R_i$——设备第 $i$ 次大修理费;

$\Delta V_i$——设备在下一个大修理周期内的价值损耗现值;

$T_i$——本次大修理至下次大修理的间隔年数;

$Q_i$——设备下一个大修理周期的年均产量;

$C_{gi}$——设备第 $i$ 次大修理后生产单位产品的经营成本;

$\Delta V_0$——新设备第 1 个大修理周期内的价损耗现值;

$T_0$——新设备投使用至第 1 次大修理的间隔年数;

$Q_0$——新设备第 1 个大修理周期的年均产量;

$C_{g0}$——新设备生产单位产品的经营成本。

## 第三节 设备更新的经济分析

### 一、设备更新特点与原则

如果旧设备已达到使用寿命年限,或是由于新技术、新工艺、新设备的出现,使现有设备在寿命期满前就因过时而被淘汰,这时就需要对设备进行更新的经济分析。设备更新有两种形式:一种是用相同的设备去更换有形磨损严重,不能继续使用的旧设备,这种更新只能解决设备的损坏问题,不具有对原设备进行技术更新的性质,这种更新方法称为设备原型更新。另一种是用技术更先进、性能更完善、生产效率更高的新设备来更换那些技术上不能继续使用或经济上不宜继续使用的旧设备,这种更新不仅能解决原有设备的损坏问题,而且能解决设备技术落后的问题,这种方法称为新设备更新。在这种情况下,原来使用的设备未必达到经济寿命年限,但由于技术进步使得用新设备替代旧设备,能产生更好的经济效益。

设备更新的经济分析应遵循以下原则:

1. 从客观实际出发

在设备管理中,应该从客观实际出发,在系统、全面地了解企业现有设备的性能、使用年限、磨损程度、技术进步的情况下,根据需要,有计划、有步骤、有重点地进行。根据企业不同的经营规模进行设备更新选型与配套,实现规模、技术、劳动力三个效益的最佳结合。

2. 需要从咨询师的角度进行分析

设备更新分析需要从咨询师角度进行分析,而不是从设备所有者的角度进行分析。咨询师并不拥有设备,因此若要保留设备,首先要支付相当于设备当前市场价值的支出,才能获取设备。这是更新设备分析的重要特点之一。

3. 只考虑未来发生的现金流量

设备经过一段的使用,物质资产的价值或多或少会有所降低。其账面价值不一定等于当前的市场价值。但在设备更新分析中只考虑今后所发生的现金流量,对以前发生的现金流量不再考虑,因为这些都属于不可恢复的费用,与更新决策无关,所以不予考虑。

4. 以费用年值法为主的原则

通常在比较设备更新方案时,假定设备产生的收益是相同的,因此只对它们的费用进行比较。又由于不同设备方案的服务寿命不同,因此通常都采用年值法进行比较。新设备往往具有较高的购置费用和较低的运营成本,而需要更新的旧设备往往具有较低的重置费用和较高的运营成本。

## 二、设备原型更新的经济分析

设备在使用过程中,由于有形磨损的存在使维修费用,特别是大修理费用不断增加。如果这时还没有更先进的设备出现,从经济角度可以考虑进行原型设备替换。在这种情况下,可以通过分析设备的经济寿命进行更新决策。

设备的平均年费用是由资金恢复费用和年度使用费所组成。设备的资金恢复费就是分摊到各使用年份的年度设备成本费;年度使用费是由运行费用和维修费用及因停机而造成的损失而组成。

一般来说,设备的资金恢复费用是随着所使用年份的增大而减少的,设备的年度使用费用是随着使用年份的增长而不断增加的,这种逐年递增称为设备的劣化。为简单起见,假定每年的劣化增量是均等的,即年度使用费增加额为λ。在设备的不同使用年限中,可以找到一个设备的平均年费用最小的使用年限,这个年份就是设备的经济寿命,如图 11-4 所示。

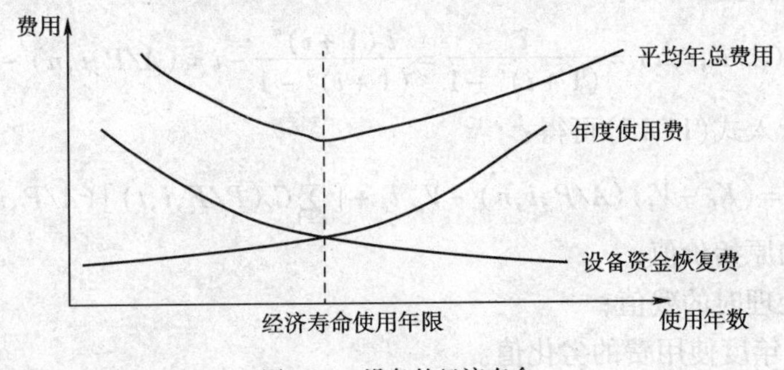


图 11-4　设备的经济寿命

现分两种情况来讨论其经济寿命的计算问题。

1. 不考虑资金时间价值

若设备使用 $T$ 年,则第 $T$ 年时的年度使用费为:

$$C_T = C_1 + (T-1)\lambda \tag{11-10}$$

式中:$C_1$——第 1 年的年度使用费。

$T$ 年内年度使用费的平均值为:

$$C_{T1} = C_1 + \frac{(T-1)}{2}\lambda \tag{11-11}$$

除年度使用费外,在使用设备的年总费用中还有每年分摊的设备购置费用,即资金恢复费用,其金额为:

学习记录

$$C_{T2} = \frac{K_0 - V_t}{T} \tag{11-12}$$

式中：$K_0$——设备的原始价值；

$V_t$——设备处理时的残值。

随设备使用时间的延长，每年分摊的设备费用是逐年下降的，而年均使用费却是逐年线性上升的。综合考虑这两个因素，一般来说，随着使用时的延长，设备使的平均年总费用的变化规律是先降后升，呈U形曲线。平均年总费用的计算公式为：

$$C = C_{T1} + C_{T2} = C_1 + \frac{(T-1)}{2}\lambda + \frac{K_0 - V_t}{T} \tag{11-13}$$

要使设备在最适当的时期更新，就要求出费用$C$最小时的年限$T$，即为经济寿命。通过对上式求极值的方法可以求出，即令$P_t$为一常数，令$\frac{\mathrm{d}(C)}{\mathrm{d}T}=0$，则经济寿命为：

$$T_{\mathrm{opt}} = \sqrt{\frac{2(K_0 - V_t)}{\lambda}} \tag{11-14}$$

若该设备的残值不是常数，也就是说$P_t$随使用年限不同而无规律变动；年度使用费不呈线性增长趋势，即不存在恒定的$\lambda$值，可据历史记录或预测用列表法来判断设备经济寿命。

2. 考虑资金时间价值

如果考虑资金时间价值，设备的年平均总费用应将设备的投资、残值、年度使用费乘以相应的折现系数，然后进行计算。具体公式如下：

$$AC = K_0(A/P,i,n) - V_t(A/F,i,n) + \left[\sum_{t=1}^{n} C_t(P/F,i,t)\right](A/P,i,n) \tag{11-15}$$

式中：$K_0(A/P,i,n) - V_t(A/F,i,n)$——资金恢复费用。

由资金等值计算公式可知：

$$(A/F,i,n) = \frac{i}{(1+i)^n - 1} = \frac{i(1+i)^n}{(1+i)^n - 1} - i = (A/P,i,n) - i \tag{11-16}$$

将式(11-16)带入式(11-15)可得：

$$AC = (K_0 - V_t)(A/P,i,n) - V_t \cdot i_c + \left[\sum_{t=1}^{n} C_t(P/F,i,t)\right](A/P,i,n) \tag{11-17}$$

式中：$K_0$——设备的原始价值；

$V_t$——设备处理时的残值；

$C_t$——第$t$年年度使用费的劣化值。

**【例11-1】** 某机械设备原始价值为10万元，自然寿命为8年，设备的年运行费用及各使用年限的年末残值如表11-2所示，如果考虑资金时间价值，设$i_c=10\%$，试计算其经济寿命。

**【解】** 列表计算，如表11-2所示。

**某设备经济寿命计算表($i_c=10\%$)(单位：元)** 表11-2

| 使用年限 | 年度使用费 | 残值 | 折现系数 | 年度使用费在第$i$年初的现值 | 残值在第$i$年初的现值 | 费用现值和 | 年值系数 | 年平均总费用 |
|---|---|---|---|---|---|---|---|---|
| 1 | 10000.00 | 60000.00 | 0.9091 | 9091.00 | 54546.00 | 54545.00 | 1.1000 | 59999.50 |
| 2 | 12000.00 | 50000.00 | 0.8264 | 19007.80 | 41320.00 | 77687.80 | 0.5762 | 44763.71 |
| 3 | 14000.00 | 45000.00 | 0.7513 | 29526.00 | 33808.50 | 95717.50 | 0.4021 | 38488.01 |

续上表

| 使用年限 | 年度使用费 | 残值 | 折现系数 | 年度使用费在第 $i$ 年初的现值 | 残值在第 $i$ 年初的现值 | 费用现值和 | 年值系数 | 年平均总费用 |
|---|---|---|---|---|---|---|---|---|
| 4 | 15000.00 | 40000.00 | 0.6830 | 39771.00 | 27320.00 | 112451.00 | 0.3155 | 35478.29 |
| 5 | 17000.00 | 30000.00 | 0.6209 | 50326.30 | 18627.00 | 131699.30 | 0.2638 | 34742.28 |
| 6 | 19000.00 | 25000.00 | 0.5645 | 61051.80 | 14112.50 | 146939.30 | 0.2296 | 33737.26 |
| 7 | 20000.00 | 20000.00 | 0.5132 | 71315.80 | 10264.00 | 161051.80 | 0.2054 | 33080.04 |
| 8 | 21000.00 | 10000.00 | 0.4665 | 81112.30 | 4665.00 | 176447.30 | 0.1874 | 33066.22 |

从表11-2中可以看出年平均成本最低的设备使用年限是8年，即经济寿命是8年。也就是说，该设备应该使用至报废时才进行更新。

### 三、出现新设备条件下的更新分析

随着技术的不断进步，很可能设备还未达到经济寿命之前就出现了性能更好、效率更高的新设备。这时就要考虑是继续使用旧设备，还是购置新设备。是否用新设备替代旧设备主要根据设备的技术寿命，即从技术角度确定设备的合理使用时间。技术寿命的长短取决于技术进步的速度，与无形磨损相关。

具体的决策方法是对旧设备再使用一年的总费用与新设备在其预计的经济寿命期内的年平均总费用进行比较，选择总费用最小的方案。

旧设备再使用一年的总费用计算公式如下：

$$AC_0 = V_0 - V_1 + \frac{V_0 + V_1}{2} i_c + \Delta C \tag{11-18}$$

式中：$AC_0$——原设备下一年运行的总费用；

$V_0$——原设备在决策时可出售的价值；

$V_1$——原设备一年后可出售的价值；

$i_c$——基准收益率；

$\frac{V_0 + V_1}{2} i_c$——因继续使用原设备而占用资金的时间价值损失，资金占用额用 原设备现在可售价值和一年后可售价值的平均值；

$\Delta C$——原设备继续使用一年在运行费用方面的损失（包括使用新设备后运行成本的节约额和销售收入的增加额）。

除此公式外，原设备再使用一年的总费用也可以根据企业的统计数据列表得出。

新设备在经济寿命期内的年总费用 $AC_n$ 的计算方法如前述所示。

如果 $AC_0 \geqslant AC_n$，根据费用最小原则，设备应该进行更新；否则，不应该进行更新。

## 第四节　设备现代化技术改造的经济分析

### 一、现代化技术改造的含义

由于技术的飞速发展，一些旧设备可能难以满足当前的需求而影响未来的发展，这就需要对

学习记录 旧设备进行现代化改装。所谓现代化改装,是指应用现代的技术成就和先进经验,适应生产的具体需要,改变现有设备的结构(给旧设备换新部件、新装置、新附件),改善现有设备的技术性能,使之全部达到或局部达到新设备的水平。在多数情况下,现代化改装所需投资一般比更换新设备要少,因此,在许多情况下,设备现代化改装在经济上有很大的优越性。同时,设备现代化改装是克服现有设备的技术陈旧状态,促进技术进步的方法之一,也是扩大设备的生产能力,提高设备质量的重要途径。

## 二、现代化技术改造经济分析的方法

设备现代化改装的方案通常还可与其他方案进行比较后决策。常用的方案有:不加改变继续使用原设备;对原设备进行大修理;原型设备的替换;新设备的替换;设备的现代化改装。常用的比较方法有最低费用法和增量投资回收期法。

### 1. 最低费用法

最低费用法是指分别计算不同方案在各自服务年限内的费用,并加以比较。根据工作需要的服务年限,按照总费用最低的原则,进行方案选择的一种方法。

各方案总费用的计算公式如下:

(1)继续使用原设备的总费用

$$TC_1 = \frac{1}{\beta_1}\left[\sum_{j=1}^{n} C_{1j}(P/F, i_0, j) - V_{1n}(P/F, i_0, n)\right] \tag{11-19}$$

(2)对原设备大修理的总费用

$$TC_2 = \frac{1}{\beta_2}\left[K_2 + \sum_{j=1}^{n} C_{2j}(P/F, i_0, j) - V_{2n}(P/F, i_0, n)\right] \tag{11-20}$$

(3)原型设备替换的总费用

$$TC_3 = \frac{1}{\beta_3}\left[K_3 + \sum_{j=1}^{n} C_{3j}(P/F, i_0, j) - V_0 - V_{3n}(P/F, i_0, n)\right] \tag{11-21}$$

(4)新设备替换的总费用

$$TC_4 = \frac{1}{\beta_4}\left[K_4 + \sum_{j=1}^{n} C_{4j}(P/F, i_0, j) - V_0 - V_{4n}(P/F, i_0, n)\right] \tag{11-22}$$

(5)设备现代化改装的总费用

$$TC_5 = \frac{1}{\beta_5}\left[K_5 + \sum_{j=1}^{n} C_{5j}(P/F, i_0, j) - V_{5n}(P/F, i_0, n)\right] \tag{11-23}$$

式中:$TC_1, TC_2, TC_3, TC_4, TC_5$——各方案 $n$ 年内的总费用;

$\beta_1, \beta_2, \beta_3, \beta_4, \beta_5$——各方案生产效率系数;

$K_2, K_3, K_4, K_5$——各方案的所需投资;

$C_{1j}, C_{2j}, C_{3j}, C_{4j}, C_{5j}$——各方案在第 $j$ 年的年度使用费;

$V_0$——原设备在决策年份的可售价值;

$V_{1n}, V_{2n}, V_{3n}, V_{4n}, V_{5n}$——各方案的设备到第 $n$ 年的残值;

$i_0$——折现率。

### 2. 增量投资回收期法

最低费用法是按照各方案中最低费用进行比较和决策的,但这种方法很难看出新增投资产生的结果。为解决这个问题,可采用增量投资回收期法,这是一种根据生产单位产品需要的投资进行比较决策的方法。

设备大修理的投资、单位产品生产成本和生产产量分别用 $K_r$、$C_r$、$Q_r$ 表示，设备更新的投资、单位产品生产成本和生产产量分别用 $K_n$、$C_n$、$Q_n$ 表示，设备现代化改装的投资、单位产品生产成本和生产产量分别用 $K_m$、$C_m$、$Q_m$ 表示。

由于设备更新采用的是新设备替换，而设备大修理和设备现代化改装都是对原设备的局部改进，所以一般来说，设备更新的投资最高、单位产品生产成本最低、生产产量最高。各方案的投资、生产成本和生产产量之间的关系如下：

$$K_r < K_m < K_n$$
$$C_n < C_m < C_r$$
$$Q_r < Q_m < Q_n$$

考虑设备更新方案时，可根据下列标准进行决策：

(1) $K_r/Q_r > K_m/Q_m$，$C_r > C_m$ 时，即设备大修理的单位产量的投资和成本都大于现代化改装。这时应该选择现代化改装方案，因为该方案的经济效果比较好，不仅经营费用有节约，基本投资也有节约。

(2) $K_r/Q_r < K_m/Q_m$，$C_r > C_m$ 时，即设备大修理的单位产量的投资小于现代化改装，但运行成本大于现代化改装，这时一般采用增量投资回收期进行决策。投资回收期公式如下：

$$T = \frac{K_m/Q_m - K_r/Q_r}{C_r - C_m} \tag{11-24}$$

如果该投资回收期小于企业或行业的基准投资回收期，则选择设备的现代化改装方案，反之，则不选。

(3) $K_m/Q_m > K_n/Q_n$，$C_m > C_n$ 时，即设备现代化改装的单位产量的投资和成本都大于设备更新。这时应选择设备更新，因为其经济效果优于现代化改装。

(4) $K_m/Q_m < K_n/Q_n$，$C_m > C_n$ 时，即设备大修理的单位产量的投资小于设备更新，但运行成本大于设备更新。这时应采用增量回收期指标进行判断。如果增量投资回收期小于或等于企业或行业的标准回收期时，应选择设备更新；反之，则选择现代化改装。

## 第五节　设备购买与租赁的经济分析

### 一、设备租赁的含义

一般来说，企业所需要的设备都是通过自有资金或借入资金购置或是研制的，但如果企业资金紧张、筹措困难，或是有些设备价格昂贵、专业化程度较高、结构复杂，难于研制，可考虑通过租赁方式获得设备。

设备租赁，从字面上讲，就是租用他人的设备进行使用。具体来说，就是指设备使用者（承租人）按照合同约定在一定期间内向设备所有者（出租人）支付一定费用而取得设备使用权的一种方式。在租赁过程中，双方按合同约定来履行各自的责任与义务，并享有相应权利。一般常见的租赁设备有大型的施工设备、特殊运输工具、高尖端科研医疗仪器、计算机通信设备和办公设备等。

一般租赁费用由租赁保证金、租金和担保费构成。

1. 租赁保证金

学习记录

租赁保证金是指承租人为确认租赁合同并保证其顺利执行而先行缴纳的一部分费用。当合同到期时,出租人会将这部分费用退还给承租人或在最后若干期的租金中抵减。租赁保证金一般是设备价值或合同金额的某个比率。

2. 租金

租金是租赁合同的核心内容,关系到租赁双方的经济利益。出租人要从租金收入中得到出租设备的补偿和一定的利润;而承租人租赁设备除支付租金外,还需要从中取得一定的利润。影响租金的因素很多,如设备的价格、融资的利息及费用、各种税金、运费、各种费用的支付时间等。

3. 担保费

出租人通常要求承租人请担保人对租赁行为进行担保,一旦承租人因故不能支付租金时,可由担保人支付租金。

## 二、设备租赁的方式与特点

1. 设备租赁的方式

常见的设备租赁主要有以下两种:

(1)经营租赁

经营租赁是指承租人支付租金在一定时期内拥有该设备的使用权的行为。经营租赁时,出租人负责设备的维修、保养与保险,承租人不需要获得该设备的所有权,只是负担相应租金来取得设备的使用权,这样,可以无须承担设备无形磨损的风险,对承租人来说,可以根据市场的变化决定设备的租赁期限,是一种非常灵活的租赁方式。

(2)融资租赁

融资租赁是指承租人以融通资金为目的,最终获得租赁资产所有权的一种租赁形式。在租赁期间,承租人按合同约定支付租金,并对设备自行维修保养,租赁期满,设备所有权由出租人转移至承租人。融资租赁实质上是一种分期付款购置设备的形式,分期支付的租金相当于贷款的还本付息。

经营租赁与融资租赁各有特点,分别适应于不同目的的投资者。一般来说,如果短期临时性地使用设备,使用期限远小于设备的使用寿命,则应采用经营租赁方式。如果计划长期使用设备,使用期限基本接近设备的使用寿命,则应采用融资租赁方式。

现代国际融资租赁中还出现了以下的新形式:

(1)售后回租

售后回租是指根据协议一个企业将其设备出售给出租人然后再将其租回使用的租赁形式。设备的售价约等于其市价,也可能略低于市价。在这种租赁形式下,出售设备的企业可得到相当于设备售出的资金,同时还可以通过租赁获得设备的使用权,一般租期为20~50年。当然,这时期,出售又租回设备的公司要支付租金并将失去财产所有权。

(2)杠杆租赁

杠杆租赁又称为衡平租赁,是指出租人只投资租赁设备购置款项的20%~40%,并以此来带动其他金融机构为其余款项提供无追索权贷款的一种租赁行为。20个世纪70年代末,杠杆租赁首先在美国发展起来,是融资租赁的高级形式,适用于价值在几百万美元以上的大型租赁设备的长期租赁业务,可满足承租人对租赁设备有效寿命在10年以上,高度资本集约型设备的融资需要,如飞机、海上石油平台、通信卫星设备等。

(3)综合租赁

综合租赁是指将融资租赁的基本形式与某些贸易方式相结合的租赁形式,包括租赁与补偿贸易相结合,租赁与来料加工、来件装配相结合和租赁与包销相结合等形式。

2. 设备租赁的特点

(1)设备租赁的优点如下:

①节省设备投资,用较少的资金获得急需的生产设备,使企业在资金短缺的情况下仍然可以使用设备。

②加快设备更新速度。在科技迅猛发展的今天,设备更新速度大大提高,租赁可以减少企业因设备陈旧,技术落后而带来的风险。

③提高设备的利用率。特别是对一些季节性或临时性需要使用的设备,企业通过租赁进行使用可以避免购置设备带来的闲置。

④合理避税。设备租赁费用作为企业的费用可以在所得税前扣除,能减少企业所得税的支出,给企业带来一定的利益。

⑤手续简便,设备进货速度快。

(2)设备租赁的不足之处在于以下几点:

①承租人对设备只有使用权,没有所有权,因此不能随意对设备进行技术改造,不能处置设备,也不能用于担保或是抵押贷款。

②资金成本高。一般来说承租人在租赁期间所交的租金总额要高于直接购置设备的费用。

③长年支付租金,形成承租人的长期负债。

④租赁合同规定严格,违约损失很重。

由于设备租赁有利有弊,因此在租赁前要进行慎重的分析与决策。

## 三、设备购买与租赁的决策分析

1. 影响设备购买或租赁的主要因素

企业在进行设备投资前,必然要仔细分析各年的现金流量和经营不确定因素,最终确定能够获得最佳经济效益的投资方式。为此需要考虑以下因素:

(1)支付方式

设备租赁需要支付租金,租金的支付日期、支付币种、支付方式都会对租金额产生一定的影响;借款需要按期付息、到期还本;分期购买需要按期支付利息和部分本金。此外,还要进一步考虑分几次交款、每期间隔时间、订金额度、每次付款额度、利率大小等等。决策者需要选取一种成本较低的方式。

(2)筹资方式

企业是向金融机构借款,还是融资租赁获得资金,或是通过发行企业股票或债券来融资,哪一种方式最简便省时?有的方式耗时长,有的方式资金数额小。企业决策者根据自身所需要确定是愿意耗费时间得到低息贷款,还是尽早获得设备,取得经济效益。

(3)使用方式

企业是需要长期占有设备,还是只是需要短期使用设备。如果企业只是希望短期使用某种设备,那么经营租赁方式比较适合,既满足了企业尽快使用设备的要求,又可以避免设备陈旧所带来的损失。

2. 设备购买与租赁的分析方法

企业在计划增加设备前,是购买设备还是租赁设备,需要对不同方案进行经济上的比较选

学习记录 优。如果设备给企业带来的收入相同,则只需比较租赁费用和购买费用。当设备寿命相同时,一般可以采用净现值法;设备寿命不同时,可以采用年值法。

(1)不考虑税收影响的情况

在不考虑税收影响的情况下,可以直接用净现值法或年值法来进行比较。

(2)考虑税收影响的情况

一般来说,企业都要将销售利润上缴所得税,因此进行设备购买与租赁分析时也应该考虑税收的影响。按财务制度规定租赁设备的租金允许计入成本;购买设备每年计提的折旧费用也允许计入成本;若采用借款购买设备,每年支付的利息也可以计入成本。在其他费用不变的情况下,计入成本越多则税收的抵减额也会越大。因此,应该在充分考虑各种方式税收优惠的前提下,对方案进行比选。

## 习题与答案

1. 某企业有一台设备,购置成本为10000元,第1年的使用费用为1000元,以后逐年递增300元。第1年末设备的净残值为4200元,以后逐年递减400元。该设备的最长使用年限为10年。设贴现率为10%,请问该设备的经济寿命是多少?

解:(1)不考虑资金时间价值,计算见表11-3。

**某设备经济寿命计算表**(单位:元) 表11-3

| 使用年限 | 年度使用费 | 年末残值 | 年平均使用费 | 年平均资金恢复费用 | 年平均总费用 |
|---|---|---|---|---|---|
| $a$ | $b$ | $c$ | $d=\sum b/a$ | $e=(10000-c)/a$ | $f=d+e$ |
| 1 | 1000 | 4200 | 1000 | 5800 | 6800 |
| 2 | 1300 | 3800 | 1150 | 3100 | 4250 |
| 3 | 1600 | 3400 | 1300 | 2200 | 3500 |
| 4 | 1900 | 3000 | 1450 | 1750 | 3200 |
| 5 | 2200 | 2600 | 1600 | 1480 | 3080 |
| 6 | 2500 | 2200 | 1750 | 1300 | 3050 |
| 7 | 2800 | 1800 | 1900 | 1171.43 | 3071.43 |
| 8 | 3100 | 1400 | 2050 | 1075 | 3125 |

从表11-3中可以看出,设备年平均总费用第6年最低,为3050元,即经济寿命为6年。

(2)考虑资金时间价值,计算见表11-4。

**某设备经济寿命计算表**($i=10\%$)(单位:元) 表11-4

| 使用年限 | 年度使用费用 | 残值 | 折现系数 | 年度使用费在第$i$年初的折现值 | 残值在第$i$年初的现值 | 费用现值和 | 年值系数 | 年平均总费用 |
|---|---|---|---|---|---|---|---|---|
| $a$ | $b$ | $c$ | $d$ | $e=b\times d$ | $f=c\times d$ | $g=10000-f+e$ | $h$ | $m=g\times h$ |
| 1 | 1000 | 4200 | 0.9091 | 909.1 | 3818.22 | 7090.88 | 1.1 | 7799.97 |
| 2 | 1300 | 3800 | 0.8265 | 1983.55 | 3140.7 | 8842.85 | 0.5762 | 5095.25 |
| 3 | 1600 | 3400 | 0.7513 | 3185.63 | 2554.42 | 10631.21 | 0.4021 | 4274.81 |
| 4 | 1900 | 3000 | 0.688 | 4492.83 | 2064 | 12428.83 | 0.3155 | 3921.30 |

续上表

| 使用年限 | 年度使用费用 | 残值 | 折现系数 | 年度使用费在第 $i$ 年初的折现值 | 残值在第 $i$ 年初的现值 | 费用现值和 | 年值系数 | 年平均总费用 |
|---|---|---|---|---|---|---|---|---|
| 5 | 2200 | 2600 | 0.6299 | 5878.61 | 1637.74 | 14240.87 | 0.2638 | 3756.74 |
| 6 | 2500 | 2200 | 0.5645 | 7289.86 | 1241.9 | 16047.96 | 0.2296 | 3684.61 |
| 7 | 2800 | 1800 | 0.5132 | 8726.82 | 923.76 | 17803.06 | 0.2054 | 3656.75 |
| 8 | 3100 | 1400 | 0.4665 | 10172.97 | 653.1 | 19519.87 | 0.1875 | 3659.98 |
| 9 | 3400 | 1000 | 0.4241 | 11614.91 | 424.1 | 21190.81 | 0.1737 | 3680.84 |
| 10 | 3700 | 600 | 0.3856 | 13041.63 | 231.36 | 22810.27 | 0.1628 | 3713.51 |

从表 11-4 中可以看出，设备在第 7 年时年平均总费用最低，所以经济寿命为 7 年。

2. 某企业因生产需要四年前购买一台生产设备，价值 18000 元，年使用费为 2000 元，估计还可以使用 5 年，不计残值。现在，该企业又可以花 27000 元购买一台新设备，预计新设备寿命 5 年，不计残值，年使用费为 400 元。如果购买新设备，则旧设备可以 2000 元出售，贴现率为 7%。企业应如何决策？

解：本题考虑费用年值计算，比较费用年值大小。

继续使用旧设备：

$$AC = 2000(A/P,8\%,5) + 2000 = 2501(\text{元})$$

购买新设备：

$$AC = 400 + 27000(A/P,8\%,5) = 7163.5(\text{元})$$

继续使用旧设备费用年值小，所以企业应继续使用旧设备。

3. 某设备的原始价值为 40000 元，现遭受综合磨损，倘若通过大修理可以消除有形磨损，但需花费 14000 元，而该设备此时的再生产价值为 28000 元。试求该设备有形磨损程度、无形磨损程度及综合磨损程度。

解：设备有形磨损程度为：

$$\alpha_t = \frac{R}{K_1} = \frac{14000}{28000} = 0.5$$

设备无形磨损程度为：

$$\alpha_u = 1 - \frac{K_1}{K_0} = 1 - \frac{28000}{40000} = 0.3$$

设备综合磨损程度为：

$$\alpha = 1 - \frac{K_1 - R}{K_0} = 1 - \frac{28000 - 14000}{40000} = 0.65$$

4. 某设备的原始价值为 15000 元，若劣化值每年 500 元，残值不随使年限变化均为 2750 元，求该设备的经济寿命。

解：将已知代入公式有：

$$T_{\text{opt}} = \sqrt{\frac{2(K_0 - V_t)}{\lambda}} = \sqrt{\frac{2(15000 - 2750)}{500}} = 7(\text{年})$$

即该设备的经济寿命为 7 年。

5. 某机械设备原始价值为 10 万元，自然寿命为 8 年，设备的年运行费用及各使用年限的年

学习记录 末残值如表11-5所示，求该设备何时更新为宜。

解：列表计算，如表11-5所示。

某设备经济寿命的计算表（单位：元）　　表11-5

| 使用年限 | 年度使用费 | 年末残值 | 年平均使用费 | 年平均资金恢复费用 | 年平均总费用 |
|---|---|---|---|---|---|
| ① | ② | ③ | ④ = Σ②/① | ⑤ = (100000 − ③)/① | ⑥ = ④ + ⑤ |
| 1 | 10000 | 60000 | 10000 | 40000 | 50000 |
| 2 | 12000 | 50000 | 11000 | 25000 | 36000 |
| 3 | 14000 | 45000 | 12000 | 18300 | 30300 |
| 4 | 15000 | 40000 | 12800 | 15000 | 27800 |
| 5 | 17000 | 30000 | 13600 | 14000 | 27600 |
| 6 | 19000 | 25000 | 14500 | 12500 | 27000 |
| 7 | 20000 | 20000 | 15300 | 11400 | 26700 |
| 8 | 21000 | 10000 | 16000 | 11300 | 27300 |

依表11-5可知，设备年平均总费用在第7年时最低，其值为26700元，即该设备应在使用7年后更新。

6. 某企业需要在继续使用原设备或是购买新设备之间进行选择。该企业的原设备年费用计算如表11-6所示，表中上栏记录了再使用一年原设备的运行损失，下栏记录了使用原设备的设备费用。新设备价格为42000元，估计其经济寿命12年，处理时残值为3500元，每年劣化增加500元，基准收益率为10%。试讨论该企业的设备更新决策。

解：由表11-6知，该企业再继续使用原设备一年的年总费用是原设备运行损失费与原设备的设备费之和，即$AC_0 = 11825$（元）。

新设备的年均总费用为：

$$
\begin{aligned}
AC_n &= K_0(A/P,10\%,12) - V_t(A/F,10\%,12) + G(A/G,10\%,12)\\
&= 42000 \times 0.1468 - 3500 \times 0.0468 + 500 \times 4.3884\\
&= 8196（元）
\end{aligned}
$$

比较原设备再使用一年的年总费用与新设备在其预计的经济寿命期内的年均总费用可知，$AC_0 \geqslant AC_n$，所以该企业应该进行设备更新。

原设备的年费用计算表（单位：元）　　表11-6

| 项　目 | 利弊比较 | |
|---|---|---|
| | 新设备 | 原设备 |
| （收入）产量增加加入 | 1100 | |
| 质量提高收入 | 550 | |
| （费用）直接工资的节约 | 1210 | |
| 因简化工序等导致的其他作业上的节约 | 4400 | |
| 维修费节约 | 3300 | |
| 动力费节约 | | 1100 |
| 设备占地面积节约 | 550 | |
| 合计 | (1)11110 | (2)1100 |

续上表　学习记录

| 项　目 | 利弊比较 | |
|---|---|---|
| | 新设备 | 原设备 |
| 原设备运行损失 | | (1) − (2) = (3)10010 |
| 原设备现在出售价值 | 7700 | |
| 原设备一年后出售价值 | 6600 | |
| 原设备下一年出售价值减少额 | | (4)1100 |
| 资金时间价值损失(10%) | | (5)715 |
| 原设备的设备费 | | (4) + (5) = (6)1815 |
| 原设备的年总费用 | | (3) + (6) = (7)11825 |

7. 设备种更新方案各年分项费用的原始资料如表 11-7 所示。设折现率为 10%，$V_0=4000$ 元，试对各种方案进行综合分析。

各种更新方案原始数据表　表 11-7

| 方　案 | 投资 | 生产效率系数 | | a 表示各年运行费用，b 表示各年末残值(元) | | | | | | | | |
|---|---|---|---|---|---|---|---|---|---|---|---|---|
| 旧设备继续使用 | 0 | 0.70 | a | 1400 | 1800 | 2200 | | | | | | |
| | | | b | 1200 | 600 | 300 | | | | | | |
| 旧设备大修理 | 7500 | 0.98 | a | 700 | 950 | 1200 | 1450 | 1700 | 1950 | 2200 | 2450 | 2700 |
| | | | b | 6400 | 5800 | 5200 | 4700 | 3800 | 3000 | 2200 | 1400 | 700 |
| 原型设备替换 | 16000 | 1.00 | a | 450 | 550 | 650 | 750 | 850 | 950 | 1050 | 1150 | 1250 |
| | | | b | 9360 | 8320 | 7280 | 6240 | 5200 | 4160 | 3120 | 2080 | 1300 |
| 新设备替换 | 20000 | 1.40 | a | 350 | 420 | 490 | 560 | 630 | 700 | 770 | 840 | 910 |
| | | | b | 11520 | 10240 | 8600 | 7250 | 5700 | 4700 | 4000 | 3000 | 2000 |
| 旧设备现代化改装 | 11000 | 1.20 | a | 550 | 680 | 810 | 940 | 1070 | 1200 | 1330 | 1460 | 1590 |
| | | | b | 9000 | 8000 | 6700 | 5700 | 4700 | 3700 | 2700 | 1700 | 1000 |

解：根据公式，计算出各方案的总费用如表 11-8 所示。

各方案的总费用(单位：元)　表 11-8

| 方　案 | 1 | 2 | 3 | 4 | 5 | 6 | 7 | 8 | 9 |
|---|---|---|---|---|---|---|---|---|---|
| 旧设备继续使用 | 259.74 | 3234.94 | 5982.61 | | | | | | |
| 旧设备大修理 | 2365.49 | 4212.35 | 6036.97 | 7758.44 | 9703.57 | 11506.43 | 13234.41 | 14886.23 | 16418.17 |
| 原型设备替换 | 3900.00 | 5300.00 | 7882.42 | 9602.25 | 11163.24 | 12580.07 | 13866.05 | 15033.25 | 15982.38 |
| 新设备替换 | 4175.32 | 5858.91 | 7551.51 | 8902.91 | 10191.32 | 11106.58 | 11817.67 | 12564.08 | 13233.55 |
| 旧设备现代化改装 | 2765.15 | 4542.01 | 6363.95 | 7849.50 | 9215.53 | 10471.49 | 11626.09 | 12687.40 | 13556.80 |

从计算结果可以看出，如果设备只考虑使用 3 年，则继续使用旧设备为好；使用 4 年的话，则需要进行大修理；如果考虑设备使用 5 ~7 年，则进行现代化改装为最优方案；如果设备使用 8 ~9 年，新设备替换是最佳方案。不论设备使用期长短，原型设备替换方案都不可取。

8. 某企业需用一台设备。如果直接购买价格为 40000 元，使用寿命 10 年，预计该设备的净残值为 1000 元。如果通过租赁形式获得该设备的使用权，则每年需要支付租金 3500 元。该设备每年的运行费用为 4000 元，各种可能的其他费用每年约 2500 元。基准折现率为 10%，请问企

学习记录 业会选择购买设备还是租赁设备?

解:企业选择购买,其费用现值为:

$$PC_1 = 40000 + 4000(P/A,10\%,10) + 2500(P/A,10\%,10) - 1000(P/F,10\%,10)$$
$$= 40000 + 4000 \times 6.1446 + 2500 \times 6.1446 - 1000 \times 0.3855$$
$$= 79554.5(\text{元})$$

企业选择租赁,其费用现值为:

$$PC_2 = 3500(P/A,10\%,10) + 4000(P/A,10\%,10) + 2500(P/A,10\%,10)$$
$$= 3500 \times 6.1446 + 4\ 000 \times 6.1446 + 2\ 500 \times 6.1446$$
$$= 61446(\text{元})$$

根据计算结果,有 $PC_1 > PC_2$,则租赁设备对企业来说更为有利。

9. 某企业需要某种设备,其购置费用为 100000 元,使用寿命 4 年,残值为 5000 元。这台设备扣除燃料、保险费、维修费以后可获得销售收入 100000 元,企业缴纳 40% 所得税。企业如果租赁设备的话,每年需要支付租金 30000 元,基准收益率 10%。如果企业可以一次性付款购买设备,也可以租赁,将如何比选方案?

解:企业一次性付款购买的情况,如表 11-9 所示。

**一次性付款购买设备的现金流量表**(单位:元) 表 11-9

| 年份 | 0 | 1 | 2 | 3 | 4 |
|---|---|---|---|---|---|
| 购置费用 | 100000 | | | | |
| 收入(不含运营费用) | | 100000 | 100000 | 100000 | 100000 |
| 折旧费 | | 23750 | 23750 | 23750 | 23750 |
| 所得税 | | 30500 | 30500 | 30500 | 30500 |
| 残值 | | | | | 5000 |
| 净现金流量 | -100000 | 69500 | 69500 | 69500 | 74500 |

计算净现值:

$$NPV_1 = -100000 + 69500(P/A,10\%,4) + 5000(P/F,10\%,4)$$
$$= -100000 + 69500 \times 3.1699 + 5000 \times 0.6830$$
$$= 123723.05(\text{元})$$

企业租赁设备情况,如表 11-10 所示。

**租赁设备的现金流量表**(单位:元) 表 11-10

| 年份 | 0 | 1 | 2 | 3 | 4 |
|---|---|---|---|---|---|
| 收入(不含运营费用) | | 100000 | 100000 | 100000 | 100000 |
| 租赁费 | 30000 | 30000 | 30000 | 30000 | |
| 所得税 | | 28000 | 28000 | 28000 | 28000 |
| 净现金流量 | -30000 | 42000 | 42000 | 42000 | 72000 |

计算净现值:

$$NPV_2 = -30000 + 42000(P/A,10\%,3) + 72000(P/F,10\%,4)$$
$$= -30000 + 42000 \times 2.4869 + 72000 \times 0.6830$$
$$= 123625.8(\text{元})$$

根据计算结果,$NPV_1 > NPV_2$,因此,对企业来说,选择购买设备是合理的。

第十二章 DISHIERZHANG

# 价值工程

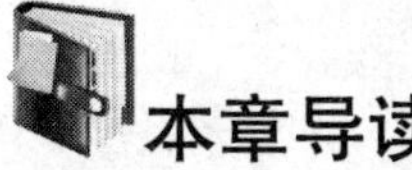

## 本章导读

价值工程是一门技术与经济相结合的技术经济分析方法，旨在提高所研究对象的价值，它既是一种管理技术，也是一种思想方法。本章将以价值工程的概念、特点为基础；重点介绍价值工程的工作程序，分析与评价方法等内容。

## 学习目的

1. 了解价值工程、价值、功能、寿命周期成本的概念；
2. 熟悉价值工程的特点、提高产品价值的途径；
3. 掌握价值工程分析、评价的方法。

## 学习重点

1. 价值工程特点与提高产品价值的途径；
2. 价值工程的工作程序；
3. 功能分析与评价的方法。

## 学习难点

1. 功能分析的方法；
2. 功能评价的方法。

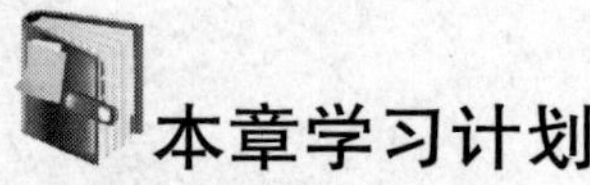

## 本章学习计划

| 内　　容 | 建议自学时间（学时） | 学习建议 | 学习记录 |
| --- | --- | --- | --- |
| 第一节　价值工程基本原理 | 1.0 | 了解价值工程的基本原理 | |
| 第二节　价值工程的工作程序与方法 | 3.0 | 掌握价值分析的基本方法 | |

# 第一节 价值工程基本原理

## 一、价值工程的产生与发展

价值工程(Value Engineering,简称 VE),又称价值分析(Value Analysis,简称 VA),产生于 20 世纪 40 年代后期的美国。创始人是美国通用电气公司负责物资采购工作的电气工程师麦尔斯(L. D. Miles)。

第二次世界大战期间,美国成为世界上最大的军火生产国,军事工业迅速发展,但是由于战争的原因,各种资源都非常紧张。为保证军工产品的生产,急需解决短缺物资的供应问题。在物资采购工作中,麦尔斯不像其他采购人员那样为采购短缺物资四处奔波,而是对短缺物资的功能进行认真的分析研究,努力寻找与短缺物资具有相同或相近功能,且货源充足、价格较低的材料作为代用品,以取代短缺物资。这样在保证产品质量的前提下,既满足了生产需要,又使生产成本降低,使企业获得了较好的经济效益。

一个著名的事例就是“石棉板事件”。当时美国通用电气公司需要大量的石棉板,而石棉板却供应紧张,价格昂贵。对此,麦尔斯提出了两个问题:一是为什么需要石棉板? 二是它的功能是什么? 经过调查得知:根据美国《消防法》的规定,该类公司在给产品喷刷涂料的时候,把它铺在地板上,避免沾污地板,引起火灾。麦尔斯针对“防污”和“防火”功能进行思考:“还有没有与石棉板具有同样功能的其他材料呢?”经过调查,终于找到了具有同样“防污”和“防火”功能的一种不易燃烧的纸,不仅货源充足,而且价格只有石棉板价格的四分之一,经过消防部门的认可,成功地用这种不易燃烧的纸替代了石棉板,顺利地解决了石棉板供不应求的问题。麦尔斯用替代品的方法获得了极大的成功,在公司很快推广起来。

美国通用电气公司对麦尔斯的工作给予了充分肯定和积极的支持,并拨专款进行进一步的研究工作。在实践的基础上,麦尔斯经过综合、整理和归纳,使其方法更加系统化、科学化,并于 1947 年以“价值分析”为题在《美国机械师》杂志上公开发表,这就标志着价值工程已经产生了。

此后,经过麦尔斯等人的潜心研究,价值工程的方法体系不断得到完善,在世界各国也受到了一定的关注和普遍的应用。

在美国,1959 年,成立了全国性学术组织“美国价值工程协会”(SAVE)。1952 年—1956 年,美国海军、空军、陆军相继引进价值工程,并应用到新产品的开发和设计中去,1959 年美国国防部修订的军需采购条例专门做出了应用价值工程的规定,即武器承包商应用价值工程所节约的费用,可以按一定比例提成。1964 年,美国国防部制定了美国军用标准《价值工程规划要求》(MIL-V-38352),并命令美国陆军、海军、空军和后勤部门使用。1981 年又重新制定了美国军用标准《价值工程规划要求》(MIL-STD-1771)并要求国防部所有各部和局使用。从 1971 年开始,美国应用价值工程的基本原理,开始推行以成本为设计参数的定费用设计(Design to Cost,简称 DTC 法),并把成本从生产成本发展为寿命周期成本(Life Cycle Cost,简称 LCC)。在美国国防部大力推行价值工程的同时,民用工业、卫生、教育、福利、退伍军人管理等部门也相继引进、应用了价值工程,并取得了良好的经济效益。1996 年 2 月 10 日,美国总统克林顿签署了美国国会通过的 104 ~ 106 号公共法令。该法令强调,不仅是国防机构,而且在联邦政府的其他部门都要应用价值工程,这是美国以法律形式确立了价值工程及其在经济发展中的作用和地位。据美国全国

学习记录 纳税人联盟测算:从 1995 年开始,由于价值工程的系统应用,每年节约额为 20.19 亿美元。据美国核算总局分析,价值工程一般可以节约计划费用开支的 3% ~5%。

日本是应用价值工程较早且富有成效的国家之一。1955 年开始引进价值工程,到了 20 世纪 70 年代,价值工程在日本的应用已经相当普及,并取得了巨大的经济效益,据 1983 年和 1984 年两次价值工程全国大会的调查,日本企业界应用价值工程在多数情况下都有降低成本的目标。1983 年调查的结果为 56%,1984 年为 60%,每个价值工程者一年中降低成本的目标:1983 年最低为 11 万日元,最高为 5 亿日元;1984 年最低为 15 万日元,最高为 10 亿日元。平均每人取得的实际成绩是:1983 年为 0.38 亿日元,1984 年为 1 亿日元。1965 年日本价值工程协会在东京成立,在日本价值工程协会的大力促进下,价值工程的应用渗透到电子、机械、化工、建筑、钢铁、食品、金融、服务等各行业、部门,应用的范围也从产品扩展到工程、组织、预算等领域。

欧洲各国推行价值工程的特点是把价值工程的原理和方法制订成整套的标准,或采取行政干预的办法,发指令、提号召、做决定等,应用相当普遍,且都取得了较好的经济效益。

价值工程是 1978 年引入我国的。1985 年创刊了我国唯一的价值工程专业刊物《价值工程》;同年,全国政协通过了第 1378 号提案"迅速推广价值工程方法,提高产品质量和降低消耗",并建议国务院交国家经委研究办理。1987 年 10 月,国家标准局发布了我国第一个价值工程方面的国家标准《价值工程基本术语和一般工作程序》(GB 8223—1987),进一步促进了价值工程的应用和研究,标志着我国价值工程的普及、推广和应用已初步成熟和规范。1988 年 5 月,中国企业管理协会价值工程研究会正式成立,1998 年 12 月在北京召开了全国首届价值工程代表大会,这一切都极大地促进了价值工程在我国的推广和应用。如上海市是我国率先应用价值工程的地区之一,从 1979 年到 1989 年推广应用价值工程 10 年来,据上海市 373 个企业的 580 个较大项目的统计,取得直接经济效益达 2.5 亿元。

## 二、价值工程的概念

根据国家标准局 1987 年发布的国家标准《价值工程基本术语和一般工作程序》(GB 8223—1987)中的定义:价值工程是指通过各相关领域的协作,对所研究对象的功能与费用进行系统分析,不断创新,旨在提高所研究对象价值的思想方法和管理技术。

价值工程的目的是为了以对象的最低寿命周期成本,可靠地实现使用者所需功能,来获取研究对象最佳的综合经济效益。

价值工程的对象泛指一切为获取功能而发生费用的事物,如产品、工艺、工程、服务或它们的组成部分等。

价值工程的定义中,涉及价值工程的三个基本概念,即价值、功能和寿命周期成本。

1. 价值(Value)

价值工程中"价值"的概念不同于政治经济学中"价值"的概念。在政治经济学中,价值是指凝结在商品中的一般的无差别的人类劳动,它是商品的一般属性。价值大小是由凝结在商品中的社会必要劳动量决定的。

价值工程中的价值是指研究对象所具有的功能与取得该项功能的寿命周期成本之比,即功能与费用之间的比值,可用公式表示为:

$$V = \frac{F}{C} \tag{12-1}$$

式中:$V$——研究对象的价值;

$F$——研究对象的功能；

$C$——研究对象的成本。

上式表明，价值的大小取决于功能和费用，在成本不变的情况下，价值与功能成正比，即功能越大，价值就越大；反之亦然。在功能不变的情况下，价值与成本成反比，即成本越低，价值就越大；成本越高，价值就越低。

2. 功能（Function）

价值工程中的功能是指研究对象能够满足某种需求的一种属性，亦即某种特定效能、功能或效用。如建筑产品中住宅的功能是提供居住空间，基础的功能是承受荷载等。

价值工程的研究对象往往会有几种不同的功能，为了便于功能分析，需要对功能进行分类，一般可有以下四种不同的分类方法。

（1）必要功能（Necessary Function）和不必要功能（Unnecessary Function）

必要功能是为满足使用者的要求而必须具备的功能；不必要功能是对象所具有的、与满足使用者的需求无关的功能。

（2）不足功能（Insufficient Function）和过剩功能（Plethoric Function）

不足功能是指对象尚未满足使用者需求的必要功能；过剩功能是对象所具有的、超过使用者需求的功能。不足功能和过剩功能具有相对性，同样一件产品对甲消费者而言，可能功能不足，而对乙消费者而言，功能却已过剩了。

（3）基本功能（Basic Function）和辅助功能（Supporting Function）

基本功能是指与对象的主要目的直接有关的功能，是对象存在的主要理由；辅助功能是指为了更好实现基本功能而附加的功能。一般来说，基本功能是必要的功能，辅助功能有些是必要功能，有些可能是多余的功能。例如，手机的基本功能是满足使用者的通信要求，辅助功能有游戏等功能。通信是手机的必要功能，游戏功能对于没有游戏机的用户来说是必要功能，但对有专门游戏机的用户来说就是不必要功能。

（4）使用功能（Use Function）和品位功能（Esteem Function）

使用功能是指对象所具有的、与技术经济用途直接有关的功能；品位功能是指与使用者的精神感觉、主观意识有关的功能，如贵重功能、美学功能、外观功能、欣赏功能等。产品的使用功能和品位功能往往是兼而有之，但根据用途和消费者的要求不同而有所侧重。例如：地下电缆、地下管道、设备基础等主要是使用功能；工艺美术品、装饰品等主要是品位功能。

价值工程通过对功能进行分门别类地分析，可以区分研究对象的必要功能和不必要功能、不足功能和过剩功能、基本功能和辅助功能、使用功能和品位功能，从而保证必要功能和基本功能，消除不必要功能和过剩功能，补充不足功能和辅助功能；并且改进研究对象的使用功能，严格按照用户的需求来设计产品。

3. 寿命周期成本（Life Cycle Cost）

价值工程的研究对象从被研究开发、设计建造、投入使用到报废的整个过程中所发生的全部费用称为寿命周期成本，亦即产品或作业在寿命周期内所需的全部费用。一般，寿命周期可分为自然寿命和经济寿命，价值工程是以经济寿命来计算和确定研究对象的寿命周期。

一般来讲，寿命周期成本包括生产成本和使用成本两部分。生产成本是指发生在生产企业内部的成本，包括研究、开发、设计，以及制造过程中的费用；使用成本是指用户在使用过程中支付的各种费用的总和，包括使用耗能、日常管理、维护维修等方面的费用。寿命周期与寿命周期成本之间的关系如图 12-1 所示。

学习记录

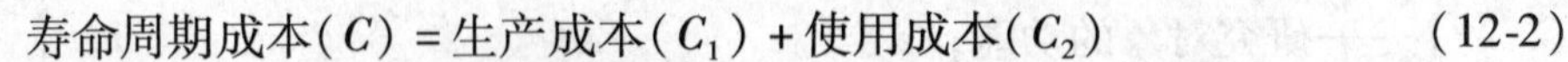

$$寿命周期成本(C)=生产成本(C_1)+使用成本(C_2) \quad (12\text{-}2)$$

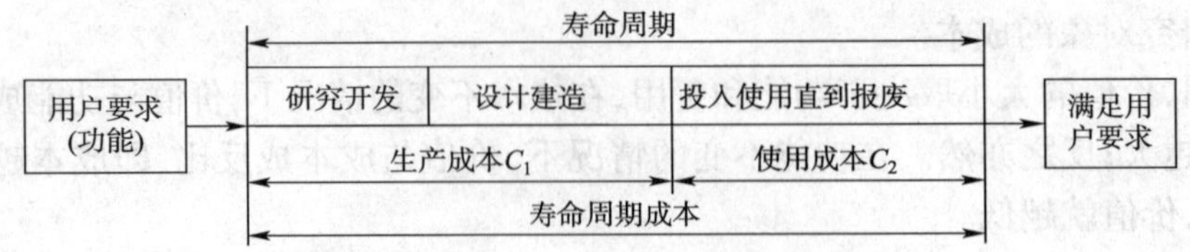


图 12-1 寿命周期与寿命周期成本关系图

寿命周期成本、生产成本、使用成本与产品的功能有关,具体关系如图 12-2 所示。

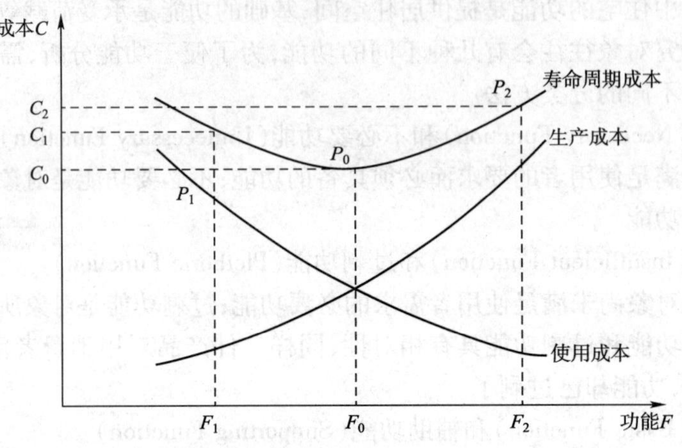


图 12-2 产品功能与成本的关系图

从图 12-2 可以看出,随着产品功能的增加,生产成本越来越高,使用成本越来越低,它们的变化规律决定了寿命周期成本随着产品功能的增加,先下降,然后上升。当产品的功能成本处于$P_1$点时,产品功能较少,此时虽然生产成本较低,但由于不能满足用户的基本需要,使用成本较高,因而寿命周期成本较高;当产品的功能成本处于$P_2$点时,虽然使用成本较低,但由于存在过剩功能,导致生产成本较高,同样寿命周期成本也较高;只有当产品的功能成本处于$P_0$点时,产品功能既能满足用户的需求,又使得寿命周期成本比较低,体现了比较理想的功能与成本之间的关系,亦即产品的价值比较大。

值得注意的是,在寿命周期成本构成中,一般由于生产成本在短期内集中支出并且体现在价格中,容易被人们所认识,进而采取措施加以控制。而使用中的人工、能源、维修等耗费常常是生产成本的许多倍,但由于分散支出,容易被人们忽视。比如说一项建筑产品,如果单纯追求生产成本,即预算的降低,粗心设计,偷工减料,那么其建造质量就会非常低劣,使用过程中的维修费用就会很高,甚至有可能发生重大事故,给社会财产和人身安全带来严重的损害。因此,价值工程中对降低成本的考虑,是要综合考虑生产成本和使用成本的下降,兼顾生产者和用户的利益,以最低的寿命周期成本,可靠地实现所研究对象的功能,来获取最佳的综合经济效益。

## 三、提高价值的途径

运用价值工程的最终目的是为了提高研究对象的价值,那么如何来提高对象的价值呢?从价值工程中价值本身的含义来看,其价值的提高主要取决于功能与成本两个因素,因此,提高对象的价值不外乎有以下五种途径。

(1)运用高新技术、进行产品创新,在提高对象功能的同时,降低成本。这可使对象价值大幅度提高,是提高价值的最理想途径。即:$F\uparrow/C\downarrow=V\uparrow\uparrow$。

(2)提高功能,同时保持成本不变,以提高对象价值。即: $F\uparrow/C\rightarrow=V\uparrow$。

(3)在功能不变的情况下,降低成本,以提高对象价值。即: $F\rightarrow/C\downarrow=V\uparrow$。

(4)成本稍有增加,但功能大幅度提高,使对象价值提高。即: $F\uparrow\uparrow/C\uparrow=V\uparrow$。

(5)功能稍有下降,但成本大幅度降低,使对象价值提高。即: $F\downarrow/C\downarrow\downarrow=V\uparrow$。

需要指出的是:尽管在对象形成的各个阶段都可以应用价值工程提高对象的价值,但在不同的阶段进行价值工程活动,其经济效果的提高幅度却是大不相同的。如对于大型复杂的产品,应用价值工程的重点是在产品的研究设计阶段,一旦图纸已经设计完成并投产,产品的价值就基本决定了,这时再进行价值工程分析就变得更加复杂,不仅原来的许多工作成果要付之东流,而且改变生产工艺、设备工具等可能会造成很大的浪费,使价值工程活动的技术经济效果大大降低。因此,必须在产品的设计和研制阶段就开始价值工程活动,以取得最佳的综合经济效果。

## 四、价值工程的特点

价值工程作为一种现代化管理技术和思想方法,有它自己独到的特点,认识这些特点,对于更好地应用价值工程,具有重要的促进作用。

其应用的主要特点有:

1. 以使用者的功能需求为出发点

功能是物品最本质的东西,用户购置和使用物品实质上是购置和使用物品所具有的功能。因此,以用户的功能需求为出发点来确定物品的功能及水平是完全符合价值工程的基本原理的,如果物品的设计和生产者盲目地按照自己的主观愿望来生产物品,结果其功能水平达不到用户的要求,这就是不符合价值工程的基本原理。

2. 以研究对象的功能分析为核心

对研究对象进行功能分析,一方面可以看是否满足了用户所需求的功能,另一方面看其是否存在不必要功能和过剩功能,进而采取有效措施来消除这些功能以及由此而多花费的成本。

在进行功能分析时,还需要系统研究功能与成本之间的关系,其目的就是为了提高对象的价值。即从能够可靠实现用户所需功能的各种技术方案中,选择寿命周期成本最低的方案。功能分析、功能和成本关系的系统分析和研究贯穿于价值工程活动的始终,是价值工程的核心。

3. 是一项致力于提高对象价值的创造性活动

提高研究对象的价值就是合理而有效地利用社会资源,就是提高经济效果,这一切都需要依靠创造性活动来实现。因此,创造性活动是开展价值工程最重要、最关键的一步;离开有效的创造性活动,价值工程将失去它应有的生命力。

4. 是一项有组织、有计划的活动

价值工程研究的问题涉及对象的整个寿命周期,涉及面广,研究过程复杂,比如一项产品从设计、开发到制作完成,要通过企业内部的许多部门;一个降低成本的改进方案,从提出、试验,到最后付诸实施,需要许多部门的配合,才能得到良好的效果。因此,企业在开展价值工程活动时,一般需要由技术人员、经济管理人员、有经验的工作人员,甚至用户,以适当的组织形式组织起来,共同研究,发挥集体智慧,灵活运用各方面的知识和经验,才能达到既定的目标。所以,必须要有组织、有计划地按一定程序进行。

学习记录

# 第二节　价值工程的工作程序与方法

## 一、价值工程的工作程序

价值工程的工作程序是根据价值工程的理论体系和方法特点，围绕以下七个问题的明确和解决而逐步展开的，这七个问题是：

(1)价值工程的研究对象是什么？

(2)它的用途是什么？

(3)它的成本是多少？

(4)它的价值是多少？

(5)有无其他方法可以实现同样的功能？

(6)新方案的成本是多少？

(7)新方案能满足要求吗？

围绕这七个问题，价值工程的一般工作程序如表 12-1 所示。

价值工程的一般工作程序　　表 12-1

| 阶段 | 步　骤 | 说　明 |
|---|---|---|
| 准备阶段 | 1. 对象选择 | 应明确目标、限制条件和分析范围 |
| | 2. 组成价值工程领导小组 | 一般由项目负责人、专业技术人员、熟悉价值工程的人员组成 |
| | 3. 制订工作计划 | 包括具体执行人、执行日期、工作目标等 |
| 分析阶段 | 4. 收集整理信息资料 | 此项工作应贯穿于价值工程的全过程 |
| | 5. 功能分析 | 明确功能特性要求，并绘制功能系统图 |
| | 6. 功能评价 | 确定功能目标成本，确定功能改进区域 |
| 创新阶段 | 7. 方案创新 | 提出各种不同的实现功能的方案 |
| | 8. 方案评价 | 从技术、经济和社会等方面综合评价各种方案达到预定目标的可行性 |
| | 9. 提案编写 | 将选出的方案及有关资料编写成册 |
| 实施阶段 | 10. 审批 | 由主管部门组织进行 |
| | 11. 实施与检查 | 制订实施计划、组织实施，并跟踪检查 |
| | 12. 成果鉴定 | 对实施后取得的技术经济效果进行成果鉴定 |

由于价值工程的应用范围广泛，其活动形式也不尽相同。因此，在实际应用中，可参照这个工作程序，根据研究对象的具体情况，应用价值工程的基本原理和方法，考虑具体的实施步骤和方法；但对象选择、功能分析、功能评价和方案创新与评价是该工作程序中的关键内容，是绝对不能缺少的。

## 二、对象选择和信息收集

1. 对象选择

价值工程是就某个具体对象开展的有针对性的分析评价和改进，有了对象才有分析的具体内容和目标。对企业来讲，凡是为获取功能而发生费用的事物，都可以作为价值工程的研究对象，如产品、工艺、工程、服务或它们的组成部分等，但企业总不能对所有的产品、零件或工序、作业等都进行分析、研究，必须分清主次轻重，有重点、有顺序地选择每次价值工程活动的对象。

(1)选择对象的原则

价值工程的对象选择是逐步缩小研究范围、寻找目标、确定主攻方向的过程。对象选择的一般原则是：在设计方面，应选择结构复杂，体积、重量大，性能差，技术落后，能源消耗高，原材料消耗大或是稀有、贵重的奇缺产品；生产制造方面，应选择产量大、工序繁琐、工艺复杂、工装落后、返修率高、废品率高、质量难以保证的产品；销售方面，应选择用户意见大、退货索赔多、竞争力差、销售量下降或市场占有率低的产品；成本方面，应选择成本高、利润低的产品或在成本构成中比重大的产品。总之，应以产量大、质量差、成本高、消耗大、结构复杂、项目重要的工程或部件作为价值工程活动的对象。在实际工作中，一般可根据企业的具体情况，有侧重地从设计、生产、工艺、销售、成本等诸方面的因素中，初步选择价值工程活动的对象。

(2)选择对象的方法

①经验分析法。经验分析法亦称因素分析法。它是一种定性分析方法，即凭借开展价值工程活动人员的经验和智慧，根据对象选择应考虑的因素，通过主观判断确定价值工程对象的一种方法。运用该方法进行对象选择时，要对各种影响因素进行综合分析，区分开主次轻重，既要考虑需要，也要考虑可能，以保证对象选择的合理性。

该方法的优点是简便易行，考虑问题综合全面；缺点是缺乏定量分析，在工作人员经验不足的时候会影响结果的准确性。因此，它的使用必须要以工作人员具有丰富经验为前提。在目标单一、产品不多或问题简单的情况下，使用该方法进行对象选择在准确性和节约时间等方面具有较显著的优越性。同时，此法也可与定量分析法结合应用，相互补充、验证，这样才能取得较好的效果。

②百分比法。百分比法是通过分析各拟选对象对两个或两个以上的技术经济指标影响程度的大小(百分比)来确定价值工程对象的方法。下面通过举例予以说明。

**【例 12-1】** 某企业有四种建筑产品，其成本和利润情况如表 12-2 所示，试用百分比法确定其价值工程的研究对象。

产品成本和利润情况　　表 12-2

| 产品名称 | A | B | C | D | 合计 |
|---|---|---|---|---|---|
| 成本(万元) | 100 | 200 | 120 | 150 | 570 |
| 成本占总成本的百分比(%) | 17.54 | 35.09 | 21.05 | 26.32 | 100 |
| 利润(万元) | 10 | 22 | 10 | 17 | 59 |
| 利润占总利润的百分比(%) | 16.95 | 37.29 | 16.95 | 28.81 | 100 |
| 利润百分比/成本百分比 | 0.97 | 1.06 | 0.81 | 1.09 | |
| 排序 | 3 | 2 | 4 | 1 | |

**【解】** 由表 12-2 可见，产品 C 的成本占总成本的 21.05%，而其利润却只占总利润的 16.95%，显然产品 C 应作为价值工程的重点分析对象。

该方法的优点是当企业在一定时期要提高某些经济指标且拟选对象数目不多时，具有较强的针对性和有效性；缺点是不够系统和全面。

③价值指数法。根据价值的表达式 $V=F/C$，在产品成本已知的基础上，将产品功能定量化，就可以计算出产品价值，然后根据价值指数的大小来确定价值工程的研究对象。在应用该法选择价值工程的对象时，应当综合考虑价值指数偏离 1 的程度和改善幅度，优先选择 $V<1$ 且改进

学习记录 幅度大的产品或零部件。

【例12-2】 某机械制造厂生产四种型号的挖土机,各种型号挖土机的主要技术参数及相应的成本费用如表12-3所示,试运用价值指数法选择价值工程研究对象。

挖土机主要技术参数及相应成本 表12-3

| 产品型号 | A | B | C | D |
|---|---|---|---|---|
| 技术参数(百立方米/台班) | 1.51 | 1.55 | 1.60 | 1.30 |
| 成本费用(百元/台班) | 1.36 | 1.12 | 1.30 | 1.40 |
| 价值指数 | 1.11 | 1.38 | 1.23 | 0.93 |

【解】 价值指数计算结果如表12-3所示;由表12-3可见,挖土机D应作为价值工程对象。

价值指数法一般适用于产品功能单一、可计量,产品性能和生产特点可比的系列产品或零部件的价值工程对象选择。

④ABC分析法。ABC分析法是一种寻找主要因素的方法。它起源于意大利经济学家巴雷特对资本主义社会财富分布情况的分析,巴雷特发现资本主义社会的大部分财富集中在少数人的手中,以后这种方法扩展到其他领域。价值工程运用这种方法进行对象选择时,是将产品成本构成进行逐项统计,将每一种零部件占产品总成本的比重从高到低排列出来,分成A、B、C三类,找出少数成本比重大的零部件,作为价值工程的重点分析对象。

一般来说,零部件数占总数的10%左右,成本占总成本的70%左右者为A类,零部件数占总数的20%左右,成本占总成本的20%左右者为B类,零部件数占总数的70%左右,成本占总成本的10%左右者为C类。在进行价值分析时,A类零部件是重点分析对象,B类只作一般分析,C类可以不加分析。

ABC分析法的具体做法如下:

a. 将被分析的零(部)件种类按成本大小依次排列填入表中,并按排列先后编出序号。

b. 根据零(部)件种类计算出累计数,并求出占全部零(部)件总种类数的百分比。

c. 根据零(部)件成本求出其占总成本的百分比,并求出累计成本的百分比。

d. 根据零(部)件种类划分为A、B、C三类。

【例12-3】 在某设备工程中,业主委托设备监理工程师对其中一个关键工艺设备的报价做评审,设备监理工程师发现该设备的各组成部件的功能与成本分布不合理,导致该设备造价偏高。设备监理工程师提出应用价值工程的方法可降低该设备的制造成本。表12-4是设备部件构成和现有的成本基本情况表。试应用ABC分析法确定可以作为价值工程分析对象的组成部件。

设备部件构成和现有的成本基本情况 表12-4

| 序 号 | 部件名称 | 件 数 | 部件单件成本(万元) |
|---|---|---|---|
| 1 | A | 3 | 6.00 |
| 2 | B | 1 | 60.00 |
| 3 | C | 2 | 59.00 |
| 4 | D | 1 | 20.00 |
| 5 | E | 1 | 100.00 |
| 6 | F | 3 | 4.00 |
| 7 | G | 2 | 4.50 |

续上表

| 序　号 | 部件名称 | 件　数 | 部件单件成本(万元) |
|---|---|---|---|
| 8 | H | 8 | 0.75 |
| 9 | I | 2 | 1.00 |
| 10 | J | 10 | 0.20 |

**【解】**　该设备各组成部件的ABC分类如表12-5所示。结果说明：A类零部件的件数之和占总件数的12%，而成本之和却占总成本的80%，是影响该设备的关键部件，降低成本的潜力较大，故应将A类部件作为价值工程的研究对象。

**部件成本分析表**　　表12-5

| 序号 | 部件名称 | 件数 | 累计 | | 各类部件总成本（万元） | 累计 | | 分类 |
|---|---|---|---|---|---|---|---|---|
| | | | 件数 | 百分比（%） | | 金额 | 百分比（%） | |
| 1 | C | 2 | 2 | 6.06 | 118 | 118 | 34.01 | A类 |
| 2 | E | 1 | 3 | 9.09 | 100 | 218 | 62.82 | |
| 3 | B | 1 | 4 | 12.12 | 60 | 278 | 80.12 | |
| 4 | D | 1 | 5 | 15.15 | 20 | 298 | 85.88 | B类 |
| 5 | A | 3 | 8 | 24.24 | 18 | 316 | 91.07 | |
| 6 | F | 3 | 11 | 33.33 | 12 | 328 | 94.52 | C类 |
| 7 | G | 2 | 13 | 39.39 | 9 | 337 | 97.12 | |
| 8 | H | 8 | 21 | 63.64 | 6 | 343 | 98.85 | |
| 9 | I | 2 | 23 | 69.70 | 2 | 345 | 99.42 | |
| 10 | J | 10 | 33 | 100 | 2 | 347 | 100 | |
| 合计 | | 33 | | | 347 | | | |

ABC分析法的优点是能抓住重点，突出主要矛盾，在对复杂产品的零部件作对象选择时常用它进行主次分类。据此，价值工程分析小组可结合一定的人力、财力、时间要求和分析条件，略去“次要的多数”，抓住“关键的少数”，卓有成效地开展工作。

2. 信息资料收集

信息是一种重要的资源。信息资料的收集是价值工程实施过程中不可缺少的重要环节。一般在选择价值工程对象的同时，就应该收集有关的技术资料及经济信息，并为进行功能分析、创新方案和评价方案等步骤准备必要的资料。在一定意义上说，价值工程成果的大小很大程度上取决于能否按时、按质、按量收集到必要的信息情报。

(1)信息资料收集的内容

价值工程所研究的对象不同，收集信息的内容也不完全一致。例如对于一般工业企业的产品分析来说，应收集的资料包括：

①使用中故障情况及使用是否合理等。

②技术方面资料：企业内外、国内外同类产品的技术资料，如设计特点、加工工艺、设备、材料、技术以及优缺点和存在的问题等。

③经济方面资料：同类产品的价格、成本、成本构成情况、价格指数和有关定额等。

④本企业的基本资料：企业的经营方针、经营目标、生产能力及限制条件、销售情况等。

收集到的信息资料一般需加以分析、归纳和整理，剔除无效资料，使用有效资料，以利于价值工程活动的分析研究。

信息资料整理工作的基本步骤如图 12-3 所示。

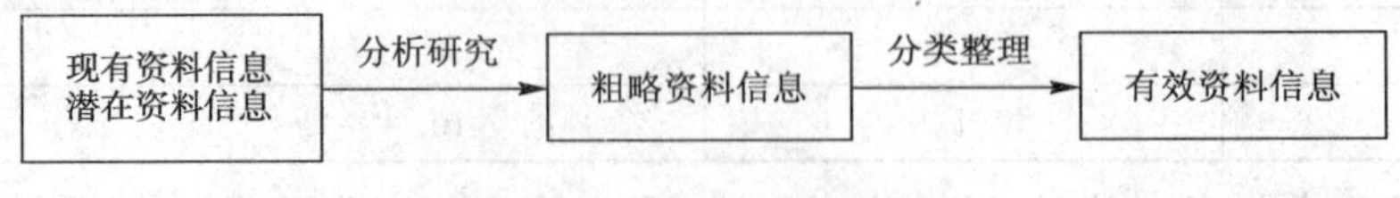


图 12-3 信息整理工作流程图

(2)信息资料收集的要求

收集信息资料是一项周密而系统的调查研究活动，有计划、有组织、有要求地收集整理，是这一活动成功的保证。价值工程活动中信息资料的收集应该做到快、准、精、广、适。

## 三、功能分析与评价

1. 功能分析

功能分析是对价值工程对象的总体及其组成部分的功能进行研究和分析，确认必要功能，补足不足功能，剔除不必要功能，建立并绘制功能系统图的过程。其目的在于准确掌握用户要求的功能及其水平。

功能分析包括功能定义与功能整理两个具体步骤，即通过“功能定义”与“功能整理”两个步骤，从定性的角度，分别回答“它的功能是什么”和“它的地位如何”，从而准确掌握用户的功能要求。

(1)功能定义

功能定义是透过产品实物形象，将隐藏在产品结构背后的本质——功能揭示出来，从而从定性的角度解决“对象有哪些功能”这个问题。

价值工程的对象，一般可划分为许多构成要素，各构成要素相互作用完成一定的功能。为此，在给功能下定义时，首先要明确对象整体的功能定义；然后，再自上而下逐级地一一明确各构成要素的功能定义。

功能定义要求简明扼要，通常采用两词法进行功能定义，即用两个词组成的词组来定义功能。常采用动词加名词的方法进行，例如，基础的功能是“承受荷载”等。

(2)功能整理

功能整理是功能分析的第二个重要步骤，它是用系统的观点将已经定义了的功能加以系统化，找出各局部功能相互之间的逻辑关系，并用图表形式表达，以明确产品的功能系统，从而为功能评价和方案构思提供依据。因此，功能整理的过程就是建立功能系统图的过程。

①功能系统图。功能系统图是按照一定的原则方式，将定义的功能连接起来，从单个到局部、从局部到整体形成的一个完整的功能逻辑关系图。其一般形式如图 12-4 所示。

在图 12-4 中，从整体功能开始，由左向右逐级展开，在相邻的两个功能之间，左边的功能(上级)称为右边功能(下级)的目标功能，而右边的功能(下级)称为左边功能(上级)的手段功能。图 12-4 中的分功能就整体功能来说，它们都是整体功能的手段功能，但就子功能来说，分功能又是它们的目标功能。目标功能相对手段功能而言，又称为上位功能，手段功能则称为下位功能。并列的分功能或子功能被称为并列功能或同位功能。

②功能整理的方法。功能整理的主要任务就是建立功能系统图。因此，功能整理的方法也就是绘制功能系统图的方法，其一般步骤如下：

学习记录

a. 编制功能卡片。

b. 选出基本功能或必要功能。

c. 明确各功能之间的关系。

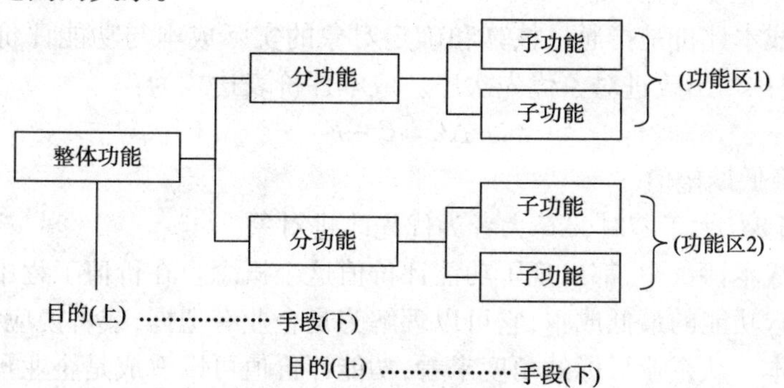


图 12-4　功能系统图的一般形式

以建筑物的平屋顶为例，在对其功能进行定义的基础上，通过功能整理，得到的功能系统图如图 12-5 所示。

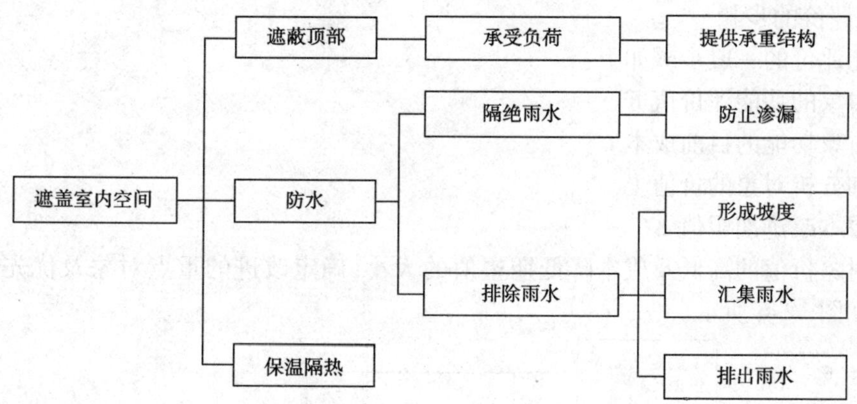


图 12-5　平屋顶功能系统图

综上可知，所谓功能分析，实质上就是通过对价值工程研究对象的逐级分析而达到认识其功能的过程，这一过程是以功能定义为起点，以功能整理和功能系统图的绘制为终点。

2. 功能评价

(1) 功能评价的含义

经过功能系统分析明确了对象所具有的功能后，紧接着要做的工作就是要定量地确定功能的目前成本是多少，功能的目标成本是多少，功能的价值是多少，改进目标是多少，改进的幅度有多大等。这些问题都要通过功能评价来解决。

功能评价是指在功能分析的基础上，根据功能系统图，在同一级的各功能之间，运用一定的科学方法，计算并比较各功能价值的大小，从而寻找功能与成本在量上不匹配的具体改进目标以及大致经济效果的过程。

功能评价包括相互关联的价值评价和成本评价两个方面。

①价值评价。价值评价是通过计算和分析对象的价值，分析功能与成本的合理匹配程度。价值评价的表达式为：

$$V=\frac{F}{C} \tag{12-3}$$

学习记录 式中：$F$——对象的功能评价值或目标成本；

$C$——对象的目前成本或实际成本；

$V$——对象的价值。

②成本评价。成本评价是指通过核算和确定对象的实际成本与功能评价值，分析和测算成本降低期望值，从而排列出改进对象优先次序。成本评价表达式为：

$$\Delta C = C - F \tag{12-4}$$

式中：$\Delta C$——成本降低期望值。

一般情况下，当 $\Delta C$ 大于零时，$\Delta C$ 大者为优先改进对象。

在价值评价和成本评价中，都出现了功能评价值这个概念。在价值工程中，功能评价值是指可靠地实现用户要求功能的最低成本，它可以理解为是企业有把握，或者说应该达到的实现用户要求功能的最低成本。从企业目标的角度来看，功能评价值可以看成是企业预期的、理想的成本目标值，因此功能评价值一般又称为目标成本。据此式(12-4)又可以写为：

$$\Delta C = C - C_{目标} \tag{12-5}$$

式中：$C_{目标}$——对象的目标成本。

(2)功能评价的步骤

进行功能评价的一般步骤如下：

①确定对象的功能评价值 $F$。

②计算对象功能的目前成本 $C$。

③计算和分析对象的价值 $V$。

④计算成本改进期望值 $\Delta C$。

⑤根据对象价值的高低及成本降低期望值的大小，确定改进的重点对象及优先次序。功能评价的程序如图 12-6 所示。

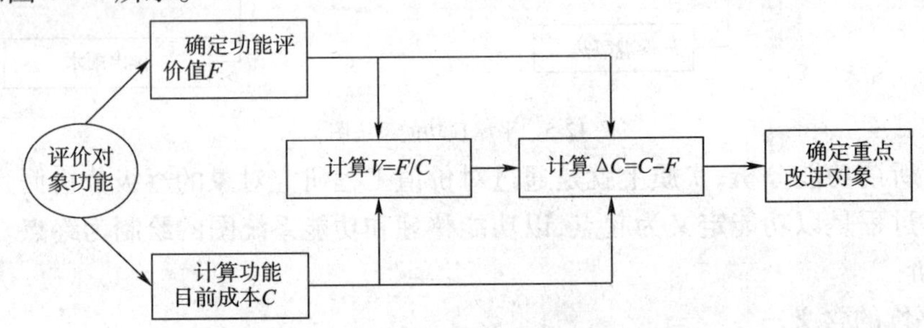


图 12-6 功能评价步骤

(3)功能评价方法

功能评价的方法可分为两大类：功能成本法与功能系数法。

①功能成本法。功能成本法又称为绝对值法，是通过一定的测算方法，测定实现必要功能所必须消耗的最低成本，同时计算为实现必要功能所耗费的目前成本，经过分析、对比，求得对象的功能价值系数和成本降低期望值，从而确定价值工程的改进对象。其表达式如下：

$$V = \frac{F}{C} \tag{12-6}$$

式中：$V$——功能价值系数；

$F$——功能评价值；

$C$——功能目前成本。

功能成本法主要包括两个工作内容，即功能目前成本的计算和功能评价值的推算，其中关键的是功能评价值的推算。

a. 计算功能目前成本($C$)。功能目前成本的计算与一般的传统的成本核算既有相同点，也有不同之处。两者的相同点是指它们在成本费用的构成项目上是完全相同的，如建筑产品的成本费用都是人工费、材料费、施工机械使用费、措施费、间接费等构成；而两者的不同之处在于功能目前成本的计算是以对象的功能为单位，而传统的成本核算是以产品或零部件为单位。因此，在计算功能目前成本时，需根据传统的成本核算资料，将产品或零部件目前成本换算成功能的目前成本。

具体地讲，当一个零部件只具有一个功能时，该零部件的成本就是它本身的功能成本。

当一项功能要由多个零部件共同实现时，该功能的成本就等于这些零部件的功能成本之和。

当一个零部件具有多项功能或同时与多项功能有关时，就需要将零部件成本分摊给各项有关功能，至于分摊的方法和分摊的比例，可根据具体情况决定。

**【例 12-4】** 某产品具有 $F_1 \sim F_4$ 共四项功能，且由四种零部件来实现，每一零部件的成本资料见表 12-6，且其对实现功能所起作用的比重经专家确定见表 12-6，试计算各功能的目前成本。

**某产品功能与成本资料表** 表 12-6

| 零部件 | | | 功能 | | | |
|---|---|---|---|---|---|---|
| 序号 | 名称 | 成本(元) | $F_1$<br>(成本比重) | $F_2$<br>(成本比重) | $F_3$<br>(成本比重) | $F_4$<br>(成本比重) |
| 1 | A | 400 | 100% | | | |
| 2 | B | 160 | | 40% | | 60% |
| 3 | C | 280 | 20% | 40% | 40% | |
| 4 | D | 450 | 10% | 30% | 40% | 20% |

**【解】** 根据以上计算功能目前成本的基本原理，计算结果见表 12-7。

**功能目前成本计算表** 表 12-7

| 零部件 | | | 功能 | | | |
|---|---|---|---|---|---|---|
| 序号 | 名称 | 成本(元) | $F_1$<br>(目前成本) | $F_2$<br>(目前成本) | $F_3$<br>(目前成本) | $F_4$<br>(目前成本) |
| 1 | A | 400 | 400 | | | |
| 2 | B | 160 | | 64 | | 96 |
| 3 | C | 280 | 56 | 112 | 112 | |
| 4 | D | 450 | 45 | 135 | 180 | 90 |
| 合计 | | 1 290 | 501 | 311 | 292 | 186 |

b. 计算功能评价值($F$)。确定功能评价值常用的方法有：

(a)经验估算法。它是由一些有经验的专家，根据预先收集到的技术、经济情报，先初步构思出几个能实现预定功能的设想方案，并大致估算实现这些方案所需要的成本，经过分析、对比，以其中最低的成本作为功能评价值。

如图 12-7 所示的功能系统图，对实现 $F_2$ 功能，设想有三个方案，其成本分别如图 12-7 所示。显然，功能 $F_2$ 的功能评价值为 600 元，同理可计算出 $F_1$ 与 $F_3$ 的功能评价值。

(b)实际调查法。这种方法是通过广泛的调查，收集具有同样功能产品的成本，从中选择功

学习记录 能水平相同而成本最低的产品，以这个产品的成本作为功能评价值。

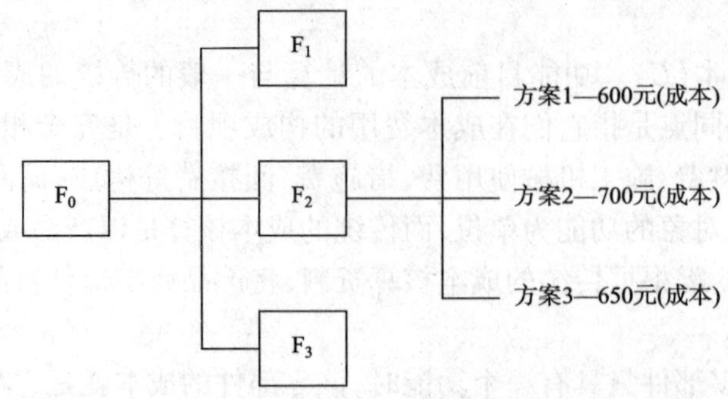


图 12-7 功能系统图

(c)反推法。这种方法是根据对市场和用户的调查确定产品的价格。这种价格必须是用户承认并能够接受的并且具有较强的竞争能力，再考虑企业的目标利润和纳税额，制订功能评价值。其计算公式如下：

$$产品功能评价值 = 产品价格 - 单位产品利税额 \tag{12-7}$$

例如，某产品根据市场情况确定售价为 8000 元，若税率为售价的 3%，目标利润为售价的 12%，则其功能评价值应为：8000 × (1 − 3% − 12%) = 6800(元)。

(d)理论计算法。这种方法是利用工程上的一些计算公式和某些费用标准(如材料价格等)，找出功能与成本之间的关系，从而确定功能评价值。具体计算步骤如下：

第一步，首先分析该功能是否可以利用公式进行定量计算。

第二步，选择有关公式进行计算。

利用理论计算法确定功能评价值，在功能评价时比较准确可靠，但并不是各种功能都可以利用此法，只有当功能可以利用工程上的公式定量计算时才可采用，对一些无法定量计算的功能则不便使用。

c. 计算功能价值系数($V$)。根据式(12-6)即可计算出功能价值系数。

d. 确定功能改进目标。功能价值系数计算出来以后，就需要进行分析与评价，进而确定功能改进目标。一般来说，采用功能成本法所计算出来的功能价值系数不外乎有以下三种结果。

(a) $V=1$。此时功能评价值等于功能目前成本。这表明评价对象的功能目前成本与实现功能所必需的最低成本大致相当，说明评价对象的功能价值为最佳，一般无需改进。

(b) $V<1$。此时功能目前成本大于功能评价值。表明评价对象的目前成本偏高，这时，一种可能是由于存在着过剩功能，另一种可能是功能虽无过剩，但实现功能的条件或方法不佳，以致实现该功能的成本大于功能的实际需要。这两种情况都应列入功能改进的范围，并且以剔除过剩功能及降低目前成本为改进方向。

(c) $V>1$。此时功能目前成本低于功能评价值。表明评价对象的功能目前成本低于实现该功能所应投入的最低成本，从而评价对象功能不足，没有达到用户的功能要求，应适当增加成本，提高功能水平。

②功能系数法。功能系数法又称相对值法，是通过评定各对象功能的重要程度，用功能系数来表示其功能程度的大小，然后将评价对象的功能系数与相对应的成本系数进行比较，得出该评价对象的价值系数，从而确定改进对象，并求出该对象的成本改进期望值。其表达式如下：

$$V=\frac{FI}{CI} \tag{12-8}$$

式中：$V$——价值系数；

$FI$——功能系数；

$CI$——成本系数。

其中，功能系数是指评价对象（如零部件等）功能在整体功能中所占的比率，又称功能评价系数、功能重要度系数等；成本系数是指评价对象的目前成本在全部成本中所占的比率。

功能系数法的特点是用分值来表达功能程度的大小，以便使系统内部功能与成本具有可比性。由于评价对象的功能水平和成本水平都用它们在总体中所占的比率来表示，这样就可以采用上面的公式方便地、定量地表达评价对象功能价值的大小。因此，在功能系数法中，采用价值系数作为评定对象功能价值的指标。

功能系数法也包括两大工作内容，即成本系数的计算和功能系数的计算。

a. 成本系数的计算。成本系数可按下式计算：

$$成本系数(CI_i)=\frac{第\ i\ 个评价对象的目前成本}{全部成本} \tag{12-9}$$

b. 功能系数的计算。功能系数的计算是一个定性与定量相结合的过程，其主要步骤是评定功能分值。功能分值的评定是在科学的评分原则的指导下，按用户要求应该达到的功能程度，采用适当的评分方法，评定各功能应有的分值。

功能系数的计算方法很多，常用的有以下几种：

(a) 强制确定法。又称 FD 法，包括“01”法和“04”法两种方法。它是采用一定的评分规则，采用强制对比打分来评定评价对象功能系数的方法。

“01”法是将各功能一一对比，重要者得 1 分，不重要的得 0 分，然后为防止功能系数中出现零的情况，用各加 1 分的方法进行修正，最后用修正得分除以总得分即为功能系数。其计算过程参见表 12-8。

**“01”法功能系数计算表** 表 12-8

| 功能 | $F_1$ | $F_2$ | $F_3$ | $F_4$ | $F_5$ | 得分 | 修正得分 | $FI_i$ |
|---|---|---|---|---|---|---|---|---|
| $F_1$ | × | 0 | 0 | 1 | 1 | 2 | 3 | 0.20 |
| $F_2$ | 1 | × | 1 | 1 | 1 | 4 | 5 | 0.33 |
| $F_3$ | 1 | 0 | × | 1 | 1 | 3 | 4 | 0.27 |
| $F_4$ | 0 | 0 | 0 | × | 0 | 0 | 1 | 0.07 |
| $F_5$ | 0 | 0 | 0 | 1 | × | 1 | 2 | 0.13 |
| | 合计 | | | | | 10 | 15 | |

“04”法是将各功能一一对比，规定：很重要的功能因素得 4 分，另一很不重要的功能因素得 0 分；较重要的功能因素得 3 分，另一较不重要的功能因素得 1 分；同样重要或基本同样重要时，则两个功能因素各得 2 分；自身对比不得分。最后用各功能得分除以功能总得分即为功能系数。

**【例 12-5】** 某技术方案经分析具有 5 项基本功能，现用 $F_1$、$F_2$、$F_3$、$F_4$、$F_5$ 分别来表示，经有关专家讨论对其功能的重要性达成以下共识：$F_2$ 和 $F_3$ 同样重要，$F_4$ 和 $F_5$ 同样重要，$F_1$ 相对于 $F_2$ 较重要，$F_1$ 相对于 $F_4$ 很重要，$F_2$ 相对于 $F_4$ 较重要，试用“04”法来确定各功能的功能系数。

**【解】** 依据题意及根据“04”法的基本原理，计算结果见表 12-9。

强制确定法适用于被评价对象在功能重要程度上的差异不太大，并且评价对象子功能数目不太多的情况。

(b) 多比例评分法。这种方法可以说是强制确定法的延伸，它是在对比评分时，按 (0,10)，

学习记录 (1,9),(2,8),(3,7),(4,6),(5,5)这6种比例来评定功能系数,其计算过程参见表12-10。

**"04"法功能系数计算表** 表12-9

| 功 能 | $F_1$ | $F_2$ | $F_3$ | $F_4$ | $F_5$ | 得 分 | $FI_i$ |
|---|---|---|---|---|---|---|---|
| $F_1$ | × | 3 | 3 | 4 | 4 | 14 | 0.350 |
| $F_2$ | 1 | × | 2 | 3 | 3 | 9 | 0.225 |
| $F_3$ | 1 | 2 | × | 3 | 3 | 9 | 0.225 |
| $F_4$ | 0 | 1 | 1 | × | 2 | 4 | 0.100 |
| $F_5$ | 0 | 1 | 1 | 2 | × | 4 | 0.100 |
| | 合 计 | | | | | 40 | 1.000 |

**多比例评分法功能系数计算表** 表12-10

| 功 能 | $F_1$ | $F_2$ | $F_3$ | $F_4$ | $F_5$ | 得 分 | $FI_i$ |
|---|---|---|---|---|---|---|---|
| $F_1$ | × | 4 | 2 | 6 | 7 | 19 | 0.19 |
| $F_2$ | 6 | × | 4 | 8 | 7 | 25 | 0.25 |
| $F_3$ | 8 | 6 | × | 9 | 9 | 32 | 0.32 |
| $F_4$ | 4 | 2 | 1 | × | 4 | 11 | 0.11 |
| $F_5$ | 3 | 3 | 1 | 6 | × | 13 | 0.13 |
| | 合 计 | | | | | 100 | 1.00 |

(c)环比评分法。这种方法是先从上至下依次比较相邻两个功能的重要程度,给出功能重要度比值,然后令最后一个被比较的功能的重要度值为1(作为基数),根据功能重要度比值依次计算各功能的重要度值,其计算的方法是用排列在下面的功能的重要度值乘以与其相邻的上一个功能的功能重要度比值,就得出上一个功能的重要度值,求出每个功能的重要度值后,分别用其去除以所有功能的重要度值之和,得出各个功能的功能系数,其具体计算过程参见表12-11。

**环比评分法功能系数计算表** 表12-11

| 功 能 | 重要度比值 | 重要度值 | $FI_i$ |
|---|---|---|---|
| $F_1$ | 1.50 | 2.25 | 0.29 |
| $F_2$ | 0.50 | 1.50 | 0.19 |
| $F_3$ | 3.00 | 3.00 | 0.39 |
| $F_4$ | | 1.00 | 0.13 |
| 合 计 | | 7.75 | 1.00 |

环比评分法适用于各个评价对象之间有明显的可比关系,能直接对比,并能准确地评定功能重要度比值的情况。

(d)逻辑流程评分法。是按照逻辑思维,判断各评价对象在功能重要度方面的关系,评定分数,从而推算出评价对象的功能系数。其基本做法是:先将各评价对象按功能重要度上大下小的顺序排列在表中;然后选定基准评价对象,适当规定其评分值;最后根据逻辑判断,自下而上地找出各评价对象功能重要度之间的数量关系,根据这种数量关系,推算出评价对象的功能系数。其具体计算过程参见表12-12。

逻辑评分法是一种相对评分法,适用于功能逻辑关系明显可比的情况。

c. 价值系数($V$)的计算。根据式(12-8)即可计算出每一功能的价值系数 $V_i$。

d. 确定功能改进目标。功能的价值系数计算出来以后,就需要进行分析,进而确定功能改进目标。一般来说,采用功能系数法所计算出的功能价值系数不外乎有以下三种结果。

逻辑流程评分法功能系数计算表 表 12-12

| 功 能 | 逻辑关系(功能关系) | 评分值 | $FI_i$ |
|---|---|---|---|
| $F_1$ | $F_1 > 3F_2$ | 500 | 0.64 |
| $F_2$ | $F_2 > F_3 + F_4 + F_5 + F_6 + F_7$ | 150 | 0.19 |
| $F_3$ | $F_3 > F_5 + F_6 + F_7$ | 50 | 0.06 |
| $F_4$ | $F_4 > F_5 + F_6$ | 40 | 0.05 |
| $F_5$ | $F_5 > F_6$ | 20 | 0.03 |
| $F_6$ | $F_6 > F_7$ | 15 | 0.02 |
| $F_7$ | $F_7$ | 10 | 0.01 |
| | 合 计 | 785 | 1.00 |

(a)$V=1$。此时评价对象的功能比重与成本比重大致平衡,匹配合理,可以认为功能的目前成本是比较合理的,不需改进。

(b)$V<1$。此时评价对象的成本比重大于其功能比重,表明相对于系统内的其他对象而言,目前所占的成本偏高。应将其列为改进对象,改善方向主要是降低成本。

(c)$V>1$。此时评价对象的成本比重小于其功能比重。出现这种结果的原因可能有三个:第一个原因是目前成本偏低,不能满足评价对象实现其应具有的功能的要求,致使对象功能偏低,这种情况应列为改进对象,改善方向是增加成本;第二个原因是对象目前具有的功能已经超过了其应该具有的水平,也即存在过剩功能,这种情况也应列为改进对象,改善方向是降低功能水平;最后一个原因是对象在技术、经济等方面具有某些特殊性,在客观上存在着功能很重要而需要耗费的成本却很少的情况,这种情况一般就不必列为改进对象了。

## 四、方案创新与评价

通过功能分析和功能评价,对价值工程对象整体及其各功能的功能价值进行了分析计算和评价,选出了价值低且成本改善期望大的作为重点改进对象。它的实现就要通过方案创新与评价来进行。

1. 方案创新

方案创新是从提高对象的功能价值出发,针对应改进的具体目标,依据已建立的功能系统图和功能目标成本,通过创造性的思维活动,提出各种不同的实现功能方案的过程。

方案创新是价值工程活动成败的关键,主要依赖于创造能力和创造思维。在价值工程中常用的方案创新的方法有:

(1)头脑风暴法

头脑风暴法又称 BS 法,是世界上最早的创造方法之一,由美国人奥斯本(Osburn)博士在 1939 年首先提出。具体做法是:采用会议的形式,组织对改进对象有较深了解的人员进行讨论、座谈(人数一般为 5 ~ 10 人),最后提出新的方案。讨论时应遵守以下几条规则:

①不允许批评别人的设想。

②欢迎自由提出尽量多的方案。

③欢迎在别人意见的基础上补充和完善。

④会议的主持者应思想活跃,知识面广,善于引导,使会议气氛融洽,能使与会者广开思路,

学习记录 畅所欲言。

⑤会议应有记录,以便于整理研究。

头脑风暴法的核心是:打破常规、积极思考、互相启发、集思广益。这种方法可以获得新颖、全面且富于创造性的方案,并可以防止片面和遗漏。

(2)哥顿法

哥顿法又称模糊目标法,是由美国人哥顿(Gorden)在1964年提出。这种方法的指导思想是把要研究的问题适当抽象,以利于开拓思路,在研究到新方案时,会议主持人开始并不全部摊开要解决的问题,而是只对大家作一番抽象笼统的介绍,要求大家提出各种设想,以激发出有价值的改进方案,待讨论到一定程度后才把中心议题提出来,以作进一步研究。这种方法要求会议主持人机智灵活、提问得当,提问太具体,容易限制思路;提问太抽象,则方案可能离题太远。

(3)德尔菲法

德尔菲法又称专家调查法,是将要研究的方案分解为若干内容,分送各有关专家,使他们在互不商量的情况下提出各种建议和设想,经过整理分析后,归纳出若干较合理的方案,再分送给各位专家进行分析研究,如此经过几次反复后专家意见趋向一致,从而最后确定改进方案。这种方法的优点是专家互不见面,研究问题时时间充裕,没有顾虑,可以不受约束地从各种角度提出意见;缺点是花费时间较长,缺乏面对面的交谈和商议。

方案创新的方法很多,总的原则是要充分发挥有关人员的聪明才智,集思广益,多提方案,从而为方案评价创造条件。

2. 方案评价

方案评价是指对已创造出的方案从技术、经济、社会等方面进行分析、比较、论证和评价等工作的总称,其目的在于找出相对令人满意的实施方案。方案评价的过程如图12-8所示,分为概略评价与详细评价两个阶段。

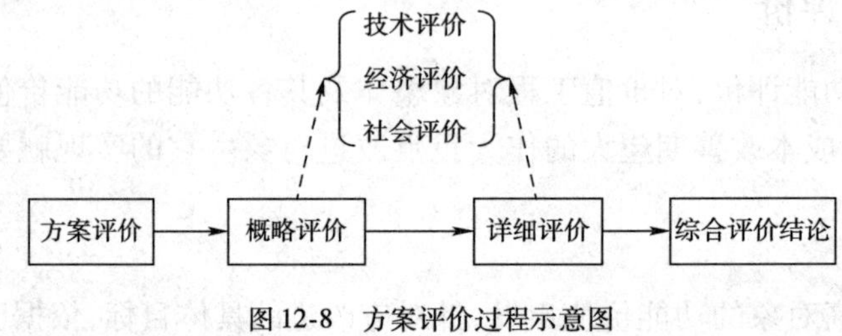


图12-8 方案评价过程示意图

(1)概略评价

概略评价是对方案创新阶段提出的各个设想方案进行粗略评价,目的是淘汰那些明显不可行的方案,筛选出少数几个价值较高的方案,以供详细评价,做进一步的分析。

(2)详细评价

详细评价是在掌握了大量数据资料的基础上,对概略评价获得的少数方案,从技术、经济、社会三个方面进行的分析评价,为提案的编写和审批提供科学的依据。

在对方案进行评价时,无论是概略评价还是详细评价,都应包括技术评价、经济评价和社会评价三个方面的内容。一般可先做技术评价,再分别做经济评价和社会评价,最后做综合评价。技术评价是对方案功能的必要性及必要程度(如性能、质量、寿命等)以及实施的可能性进行分析评价;经济评价是对方案实施的经济效果(如成本、利润、节约额等)的大小进行分析评价;社会评价是对方案给国家和社会带来的影响(如环境污染、生态平衡、国民经济效益等)所进行的分析和评价。

3. 方案实施与检查

通过对方案的详细评价，即可选出最优改进方案，经批准后，即可组织实施。一般来讲，组织方案实施时，首先应由单位领导指定一名实施价值工程项目的负责人，然后由他与价值工程小组其他成员一道，制订出一个具体的实施计划并付诸实施。

在方案实施过程中，价值工程小组成员要深入实际，进行跟踪检查，及时发现问题，查明原因，并采取有效措施加以解决。

4. 成果评价（鉴定）与报告

价值工程成果评价，就是将改进方案的各项技术经济指标与原设计进行比较，以考察方案所取得的综合效益。

价值工程活动全部结束之后，要及时进行总结，并写出成果报告，成果报告主要应包括以下几项内容：

（1）成果名称。

（2）完成单位及主要参加人员。

（3）成果简介。

（4）技术效果。

（5）经济效果或社会效果。

（6）附件。

## 习题与答案

1. 价值工程的概念及准确理解的要点是什么？

答：价值工程是指通过各相关领域的协作，对所研究对象的功能与费用进行系统分析，不断创新，旨在提高所研究对象价值的思想方法和管理技术；准确理解的要点：价值、功能和寿命周期成本。

2. 提高价值的途径有哪些？

答：（1）运用高新技术、进行产品创新，在提高对象功能的同时，降低成本。这可使对象价值大幅度提高，是提高价值的最理想途径。即：$F\uparrow/C\downarrow=V\uparrow\uparrow$。

（2）提高功能，同时保持成本不变，以提高对象价值。即：$F\uparrow/C\rightarrow=V\uparrow$。

（3）在功能不变的情况下，降低成本，以提高对象价值。即：$F\rightarrow/C\downarrow=V\uparrow$。

（4）成本稍有增加，但功能大幅度提高，使对象价值提高。即：$F\uparrow\uparrow/C\uparrow=V\uparrow$。

（5）功能稍有下降，但成本大幅度降低，使对象价值提高。即：$F\downarrow/\downarrow\downarrow C=V\uparrow$。

3. 价值工程的工作步骤有哪些？

答：价值工程的一般工作程序见表 12-13。

**价值工程的一般工作程序** 表 12-13

| 阶 段 | 步 骤 | 说 明 |
|---|---|---|
| 准备阶段 | 1. 对象选择 | 应明确目标、限制条件和分析范围 |
| | 2. 组成价值工程领导小组 | 一般由项目负责人、专业技术人员、熟悉价值工程的人员组成 |
| | 3. 制订工作计划 | 包括具体执行人、执行日期、工作目标等 |
| 分析阶段 | 4. 收集整理信息资料 | 此项工作应贯穿于价值工程的全过程 |
| | 5. 功能分析 | 明确功能特性要求，并绘制功能系统图 |
| | 6. 功能评价 | 确定功能目标成本，确定功能改进区域 |

学习记录

续上表

| 阶段 | 步骤 | 说明 |
|---|---|---|
| 创新阶段 | 7. 方案创新 | 提出各种不同的实现功能的方案 |
| | 8. 方案评价 | 从技术、经济和社会等方面综合评价各种方案达到预定目标的可行性 |
| | 9. 提案编写 | 将选出的方案及有关资料编写成册 |
| 实施阶段 | 10. 审批 | 由主管部门组织进行 |
| | 11. 实施与检查 | 制订实施计划、组织实施，并跟踪检查 |
| | 12. 成果鉴定 | 对实施后取得的技术经济效果进行成果鉴定 |

4. 选择价值工程研究对象的方法有哪些？

答：价值工程研究对象的方法：

(1)经验分析法。经验分析法也称因素分析法。它是一种定性分析方法，即凭借开展价值工程活动人员的经验和智慧，根据对象选择应考虑的因素，通过主观判断确定价值工程对象的一种方法。

(2)百分比法。百分比法是通过分析各拟选对象对两个或两个以上的技术经济指标影响程度的大小(百分比)来确定价值工程对象的方法。

(3)价值指数法。根据价值的表达式 $V = F/C$，在产品成本已知的基础上，将产品功能定量化，就可以计算出产品价值，然后根据价值指数的大小来确定价值工程的研究对象。

# 附录一 模拟试题与答案

课程名称：工程经济学 分数：

一、单项选择题（2×15＝30分）

1. 下列各项中不构成现金流量的是（ ）。

A. 折旧 B. 总投资 C. 营业收入 D. 税金

2. 资金的时间价值是指（ ）。

A. 现在所拥有的资金在将来投资时所能获得的收益

B. 资金随时间的推移本身能够增值

C. 资金在生产和流通过程中随时间推移而产生的增值

D. 可用于储蓄或贷款的资金在储蓄或贷款时所产生的利息

3. 现在把500元存入银行，银行年利率为4%，则三年后该笔资金的实际价值为（ ）。

A. 562.43元 B. 560元 C. 600元 D. 580元

4. 某项目计息周期为半年，名义年利率为8%，则项目的实际年利率为（ ）。

A. 4% B. 8% C. 8.16% D. 16.64%

5. 总成本费用中不包括（ ）。

A. 折旧费 B. 利息支出 C. 所得税 D. 经营成本

6. 下列指标中属于动态指标的是（ ）。

A. 利息备付率 B. 净现值 C. 总投资收益率 D. 借款偿还期

7. 某项固定资产原值为30000元，使用期限为10年，预计10年后其残值为3000元，若用直线法计算折旧，则第五年的折旧额为（ ）元。

A. 2700 B. 3631 C. 3927 D. 3840

8. 多方案决策中，如果各个投资方案之间相互排斥，则方案之间的关系为（ ）。

A. 从属 B. 相关 C. 互斥 D. 独立

9. 现有独立方案A、B、C、D，它们所需投资分别为1000、6000、4000、3000，现若资金总额限量为10000，则可能选择的方案共有（ ）个。

A. 4 B. 7 C. 10 D. 12

10. 某建设项目，当 $i_1=20\%$ 时，净现值为78.70万元；当 $i_2=23\%$ 时，净现值为－60.54万元，则该项目的内部收益率为（ ）。

A. 14.35% B. 21.70% C. 32.42% D. 35.65%

11. 下列属于项目可行条件的有（ ）。

A. $NPV \leqslant 0$ B. $NAV \leqslant 0$ C. $P_t \leqslant n$ D. $IRR \geqslant i_c$

12. *NPV*与折现率的关系表现为（ ）。

A. 折现率增大，*NPV*相应增大 B. 折现率减小，*NPV*相应增大

C. 折现率减小，*NPV*相应减小 D. 折现率与*NPV*无关

13. 一般来说，在不确定性分析法中，只适用于项目的财务评价的是（ ）。

A. 盈亏平衡分析 B. 敏感性分析 C. 概率分析 D. 功能评价

学习记录

14. 价值工程的核心是(　　)。

A. 功能分析　　B. 价值分析　　C. 成本分析　　D. 经济分析

15. 设备更新的中心内容是确定设备的(　　)。

A. 物理寿命　　B. 技术寿命　　C. 折旧寿命　　D. 经济寿命

二、简答题(共 40 分)

1. 什么是价值工程,有何特点?(8 分)

2. 对工程项目进行经济评价的动态评价指标、静态评价指标分别有哪些?(8 分)

3. 什么是资金等值的概念?资金等值计算公式是什么?(8 分)

4. 线性盈亏平衡分析的基本假设或前提条件是什么?(8 分)

5. 财务评价有哪些基本报表?项目投资现金流量表与项目资本金现金流量表各自的作用是什么?(8 分)

三、计算题(共 30 分)

1. 年利率为 10%,每半年计息一次,从现在起连续 3 年每年年末支出 500 万元,与其等值的现值是多少?要求画出现金流量图。(8 分)

2. 有 A、B 两个互斥方案,A 方案的寿命为 6 年,B 方案的寿命为 9 年,其各年现金流量如下表所示,基准收益率 $i_c=10\%$,用净年值法比较两方案的优劣。(10 分)

注:$(A/P,10\%,6)=0.2296$　　$(A/P,10\%,9)=0.1736$

$(A/F,10\%,6)=0.1296$　　$(A/F,10\%,9)=0.0736$

**A、B 方案现金流量**(单位:万元)

| 方案 | 初始投资 | 年净现金流量 | 残值 | 经济寿命(年) |
|---|---|---|---|---|
| A | -10 | 3 | 1.5 | 6 |
| B | -15 | 4 | 2 | 9 |

3. 某项目投资数据如下表,基准收益率为 $i_c=10\%$,标准投资回收期为 5 年。(12 分)

问题:(1)将下表中数据补充完整(表格数据取整数)。

(2)计算静态投资回收期、动态投资回收期及净现值。

(3)根据计算结果评价项目可行性。

| 序号 | 项　目 | 建设期 | | 运营期 | | | | |
|---|---|---|---|---|---|---|---|---|
| | | 0 | 1 | 2 | 3 | 4 | 5 | 6 |
| 1 | 总投资 | 600 | 400 | — | — | — | — | — |
| 2 | 收入 | — | — | 500 | 600 | 800 | 800 | 750 |
| 3 | 支出 | — | — | 200 | 250 | 300 | 350 | 350 |
| 4 | 净现金流量 | -600 | -400 | 300 | 350 | 500 | 450 | 400 |
| 5 | 累计净现金流量 | -600 | -1000 | -700 | -350 | 150 | 600 | 1000 |
| 6 | 折现系数 | 1 | 0.9091 | 0.8264 | 0.7513 | 0.6830 | 0.6209 | 0.5645 |
| 7 | 净现金流量折现值 | | | | | | | |
| 8 | 累计净现金流量折现值 | | | | | | | |

## 参考答案

### 一、单项选择题

| 题号 | 1 | 2 | 3 | 4 | 5 |
|---|---|---|---|---|---|
| 答案 | A | C | A | C | C |
| 题号 | 6 | 7 | 8 | 9 | 10 |
| 答案 | B | A | C | D | B |
| 题号 | 11 | 12 | 13 | 14 | 15 |
| 答案 | D | B | A | A | D |

### 二、简答题

1. 答:价值工程是指通过各相关领域的协作,对所研究对象的功能与费用进行系统分析,不断创新,旨在提高所研究对象价值的思想方法和管理技术。是以最低的寿命周期费用,可靠地实现使用者所需功能,着重于功能分析的有组织的活动。(4 分)

特点:以使用者的功能需求为出发点。

以研究对象的功能分析为核心。

是一项致力于提高对象价值的创造性劳动。

是一项有组织、有计划的活动。(4 分,答对一项得 1 分)

2. 答:静态评价指标:总投资收益率、资本金净利润率、静态投资回收期、借款偿还期、利息备付率、偿债备付率。(4 分)

动态评价指标:净现值、净年值、净现值率、动态投资回收期、内部收益率费用现值与费用年值。(4 分)

3. 答:资金等值是指在资金时间价值作用下,两笔数额不等的资金在一定利率条件下具有相等的价值。(1 分)

资金等值计算公式中各符号的含义为: $P$-现值;$F$-终值;$A$-等额年金或年值;$i$-折现率;$n$-计息期数。(1 分)

一次支付终值公式:$F=P(1+i)^{n}=P(F/P,i,n)$

一次支付现值公式:$P=F(1+i)^{-n}=F(P/F,i,n)$

等额分付终值公式:$F=A\cdot\left[\frac{(1+i)^{n}-1}{i}\right]=A(F/A,i,n)$

等额分付偿债基金公式:$A=F\cdot\left[\frac{i}{(1+i)^{n}-1}\right]=F(A/F,i,n)$

等额分付现值公式:$P=A\cdot\left[\frac{(1+i)^{n}-1}{i(1+i)^{n}}\right]=A(P/A,i,n)$

等额分付资本回收公式:$A=P\cdot\left[\frac{i(1+i)^{n}}{(1+i)^{n}-1}\right]=P(A/P,i,n)$

(每个公式各 1 分,共 6 分)

4. 答:(1)产量等于销售量,即当年生产的产品全部销售出去。(2 分)

(2)产量变化时,总成本费用是产量的线性函数。(2 分)

学习记录

(3)产量变化时,产品售价不变,从而销售收入是销售量的线性函数。(2分)

(4)当生产多种产品时,可以换算成单一产品,按单一产品进行计算。(2分)

5.答:财务评价的基本报表有:项目投资现金流量表、项目资本金现金流量、投资各方的现金流量、利润与利润分配估算表、财务计划现金流量表、资产负债表、借款还本付息计划表。(4分)

项目投资现金流量表以全部投资作为计算基础,用以计算项目投资所得税前及所得税后财务内部收益率、财务净现值及投资回收期等评价指标,考察项目全部投资的盈利能力。它是在设定项目全部投资均为自有资金条件下的项目现金流量系统的表格式反映。(2分)

项目资本金现金流量表从投资者的角度出发,以投资者自有资金作为计算基础,把国内外借款本金偿还和利息支付作为现金流出,用以计算自有资金投资财务内部收益率、财务净现值和投资回收期等评价指标,考察项目自有资金的盈利能力。(2分)

## 三、计算题

1.解一:

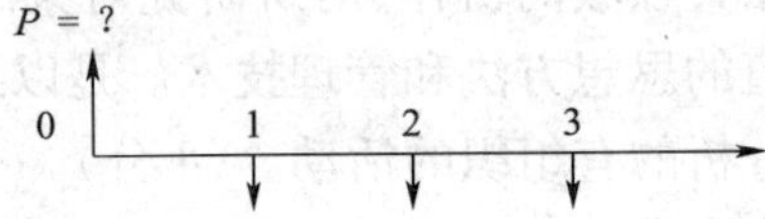


年有效利率 $i=(1+10\%/2)^2-1=10.25\%$ (2分)

现值 $P=500\times(P/A,10.25\%,3)=1237.97$(万元)(4分)

解二:

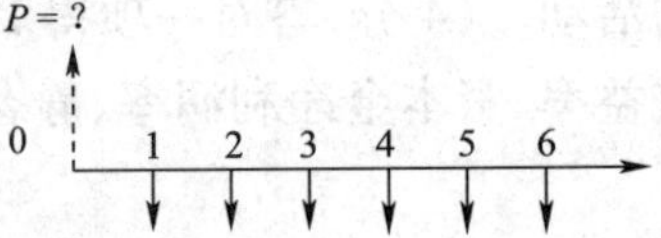


半年实际利率 $i=10\%/2=5\%$ (2分)

现值 $P=500\times(P/F,5\%,2)+500\times(P/F,5\%,4)+500\times(P/F,5\%,6)$
$=1237.97$(万元)(4分)

2.解:$NAV_A=3+1.5\times(A/F,10\%,6)-10\times(A/P,10\%,6)=0.90$(万元)(4分)

$NAV_B=4+2\times(A/F,10\%,9)-15\times(A/P,10\%,9)=1.54$(万元)(4分)

由于 $NAV_B>NAV_A>0$,所以B方案为最优方案。(2分)

3.解:(1)补充数据如下表中黑体字体部分所示。(4分)

**现金流量表**

| 序号 | 项目 | 建设期 | | 运营期 | | | | |
|---|---|---|---|---|---|---|---|---|
| | | 0 | 1 | 2 | 3 | 4 | 5 | 6 |
| 1 | 总投资 | 600 | 400 | — | — | — | — | — |
| 2 | 收入 | — | — | 500 | 600 | 800 | 800 | 750 |
| 3 | 支出 | — | — | 200 | 250 | 300 | 350 | 350 |
| 4 | 净现金流量 | -600 | -400 | 300 | 350 | 500 | 450 | 400 |
| 5 | 累计净现金流量 | -600 | -1000 | -700 | -350 | 150 | 600 | 1000 |
| 6 | 折现系数 | 1 | 0.9091 | 0.8264 | 0.7513 | 0.6830 | 0.6209 | 0.5645 |
| 7 | 净现金流量折现值 | -600 | -364 | 248 | 263 | 342 | 279 | 226 |
| 8 | 累计净现金流量折现值 | -600 | -964 | -716 | -453 | -111 | 168 | 394 |

(2) $P_t = 4 - 1 + \frac{|-350|}{500} = 3.7$(年)(2 分)

$P_t' = 5 - 1 + \frac{|-111|}{279} = 4.4$(年)(2 分)

$NPV = 168$(万元)(2 分)

(3)因为 $P_t < 5$，$P_t' < 5$，且 $NPV > 0$，所以项目可行。(2 分)

# 附录二　复利系数表

**3%的复利系数表**　　附表1

| 年份 | 一次支付 | | 等额系列 | | | |
|---|---|---|---|---|---|---|
| *n* | *F/P,i,n* | *P/F,i,n* | *F/A,i,n* | *P/A,i,n* | *A/P,i,n* | *A/F,i,n* |
| 1 | 1.030 | 0.9709 | 1.000 | 0.9709 | 1.0300 | 1.0000 |
| 2 | 1.061 | 0.9426 | 2.030 | 1.9135 | 0.5226 | 0.4926 |
| 3 | 1.093 | 0.9152 | 3.091 | 2.8286 | 0.3535 | 0.3235 |
| 4 | 1.126 | 0.8885 | 4.184 | 3.7171 | 0.2690 | 0.2390 |
| 5 | 1.159 | 0.8626 | 5.309 | 4.5797 | 0.2184 | 0.1884 |
| 6 | 1.194 | 0.8375 | 6.468 | 5.4172 | 0.1846 | 0.1546 |
| 7 | 1.230 | 0.8131 | 7.662 | 6.2303 | 0.1605 | 0.1305 |
| 8 | 1.267 | 0.7894 | 8.892 | 7.0197 | 0.1425 | 0.1125 |
| 9 | 1.305 | 0.7664 | 10.159 | 7.7861 | 0.1284 | 0.0984 |
| 10 | 1.344 | 0.7441 | 11.464 | 8.5302 | 0.1172 | 0.0872 |
| 11 | 1.384 | 0.7224 | 12.808 | 9.2526 | 0.1081 | 0.0781 |
| 12 | 1.426 | 0.7014 | 14.192 | 9.9540 | 0.1005 | 0.0705 |
| 13 | 1.469 | 0.6810 | 15.618 | 10.6450 | 0.0940 | 0.0640 |
| 14 | 1.513 | 0.6611 | 17.086 | 11.2961 | 0.0885 | 0.0585 |
| 15 | 1.558 | 0.6419 | 18.599 | 11.9379 | 0.0838 | 0.0538 |
| 16 | 1.605 | 0.6232 | 20.157 | 12.5611 | 0.0796 | 0.0496 |
| 17 | 1.653 | 0.6050 | 21.762 | 13.1661 | 0.0760 | 0.0460 |
| 18 | 1.702 | 0.5874 | 23.414 | 13.7535 | 0.0727 | 0.0427 |
| 19 | 1.754 | 0.5703 | 25.117 | 14.3238 | 0.0698 | 0.0398 |
| 20 | 1.806 | 0.5537 | 26.870 | 14.8775 | 0.0672 | 0.0372 |
| 21 | 1.860 | 0.5376 | 28.676 | 15.4150 | 0.0649 | 0.0349 |
| 22 | 1.916 | 0.5219 | 30.537 | 15.9369 | 0.0628 | 0.0328 |
| 23 | 1.974 | 0.5067 | 32.453 | 16.4436 | 0.0608 | 0.0308 |
| 24 | 2.033 | 0.4919 | 34.426 | 16.9356 | 0.0591 | 0.0291 |
| 25 | 2.094 | 0.4776 | 36.495 | 17.4132 | 0.0574 | 0.0274 |
| 26 | 2.157 | 0.4637 | 38.553 | 17.8769 | 0.0559 | 0.0259 |
| 27 | 2.221 | 0.4502 | 40.710 | 18.3270 | 0.0546 | 0.0246 |
| 28 | 2.288 | 0.4371 | 42.931 | 18.7641 | 0.0533 | 0.0233 |
| 29 | 2.357 | 0.4244 | 45.219 | 19.1885 | 0.0521 | 0.0221 |
| 30 | 2.427 | 0.4120 | 47.575 | 19.6005 | 0.0510 | 0.0210 |
| 31 | 2.500 | 0.4000 | 50.003 | 20.0004 | 0.0500 | 0.0200 |
| 32 | 2.575 | 0.3883 | 52.503 | 20.3888 | 0.0491 | 0.0191 |
| 33 | 2.652 | 0.3770 | 55.078 | 20.7658 | 0.0482 | 0.0182 |
| 34 | 2.732 | 0.3661 | 57.730 | 21.1318 | 0.0473 | 0.0173 |
| 35 | 2.814 | 0.3554 | 60.462 | 21.4872 | 0.0465 | 0.0165 |

**5%的复利系数表**　　附表2

学习记录

| 年份 | 一次支付 | | 等额系列 | | | |
|---|---|---|---|---|---|---|
| *n* | *F/P,i,n* | *P/F,i,n* | *F/A,i,n* | *P/A,i,n* | *A/P,i,n* | *A/F,i,n* |
| 1 | 1.050 | 0.9524 | 1.000 | 0.9524 | 1.0500 | 1.000 |
| 2 | 1.103 | 0.9070 | 2.050 | 1.8594 | 0.5378 | 0.4878 |
| 3 | 1.158 | 0.8638 | 3.153 | 2.7233 | 0.3672 | 0.3172 |
| 4 | 1.216 | 0.8227 | 4.310 | 3.5460 | 0.2820 | 0.2320 |
| 5 | 1.276 | 0.7835 | 5.526 | 4.3295 | 0.2310 | 0.1810 |
| 6 | 1.340 | 0.7462 | 6.802 | 5.0757 | 0.1970 | 0.1470 |
| 7 | 1.407 | 0.7107 | 8.142 | 5.7864 | 0.1728 | 0.1228 |
| 8 | 1.477 | 0.6768 | 9.549 | 6.4632 | 0.1547 | 0.1047 |
| 9 | 1.551 | 0.6446 | 11.027 | 7.1078 | 0.1407 | 0.0907 |
| 10 | 1.629 | 0.6139 | 12.587 | 7.7217 | 0.1295 | 0.0795 |
| 11 | 1.710 | 0.5847 | 14.207 | 8.3064 | 0.1204 | 0.0704 |
| 12 | 1.796 | 0.5568 | 15.917 | 8.8633 | 0.1128 | 0.0628 |
| 13 | 1.886 | 0.5303 | 17.713 | 9.3936 | 0.1065 | 0.0565 |
| 14 | 1.980 | 0.5051 | 19.599 | 9.8987 | 0.1010 | 0.0510 |
| 15 | 2.079 | 0.4810 | 21.597 | 10.3797 | 0.0964 | 0.0464 |
| 16 | 2.183 | 0.4581 | 23.658 | 10.8373 | 0.0932 | 0.0432 |
| 17 | 2.292 | 0.4363 | 25.840 | 11.2741 | 0.0887 | 0.0387 |
| 18 | 2.407 | 0.4155 | 28.132 | 11.6896 | 0.0856 | 0.0356 |
| 19 | 2.527 | 0.3957 | 30.539 | 12.0853 | 0.0828 | 0.0328 |
| 20 | 2.653 | 0.3769 | 33.066 | 12.4622 | 0.0803 | 0.0303 |
| 21 | 2.786 | 0.3590 | 35.719 | 12.8212 | 0.0780 | 0.0280 |
| 22 | 2.925 | 0.3419 | 38.505 | 13.1630 | 0.0760 | 0.0260 |
| 23 | 3.072 | 0.3256 | 41.430 | 13.4886 | 0.0741 | 0.0241 |
| 24 | 3.225 | 0.3101 | 44.502 | 13.7987 | 0.0725 | 0.0225 |
| 25 | 3.386 | 0.2953 | 47.727 | 14.0940 | 0.0710 | 0.0210 |
| 26 | 3.556 | 0.2813 | 51.113 | 14.3753 | 0.0696 | 0.0196 |
| 27 | 3.733 | 0.2679 | 54.669 | 14.6340 | 0.0683 | 0.0183 |
| 28 | 3.920 | 0.2551 | 58.403 | 14.8981 | 0.0671 | 0.0171 |
| 29 | 4.116 | 0.2430 | 62.323 | 15.1411 | 0.0661 | 0.0161 |
| 30 | 4.322 | 0.2314 | 66.439 | 15.3725 | 0.0651 | 0.0151 |
| 31 | 4.538 | 0.2204 | 70.761 | 15.5928 | 0.0641 | 0.0141 |
| 32 | 4.765 | 0.2099 | 75.299 | 15.8027 | 0.0633 | 0.0133 |
| 33 | 5.003 | 0.1999 | 80.064 | 16.0026 | 0.0625 | 0.0125 |
| 34 | 5.253 | 0.1904 | 85.067 | 16.1929 | 0.0618 | 0.0118 |
| 35 | 5.516 | 0.1813 | 90.320 | 16.3742 | 0.0611 | 0.0111 |

学习记录

**6%的复利系数表**

附表3

| 年份 | 一次支付 | | 等额系列 | | | |
|---|---|---|---|---|---|---|
| $n$ | $F/P,i,n$ | $P/F,i,n$ | $F/A,i,n$ | $P/A,i,n$ | $A/P,i,n$ | $A/F,i,n$ |
| 1 | 1.060 | 0.9434 | 1.000 | 0.9434 | 1.0600 | 1.000 |
| 2 | 1.124 | 0.8900 | 2.060 | 1.8334 | 0.5454 | 0.4854 |
| 3 | 1.191 | 0.8396 | 3.184 | 2.6704 | 0.3741 | 0.3141 |
| 4 | 1.262 | 0.7921 | 4.375 | 3.4651 | 0.2886 | 0.2286 |
| 5 | 1.338 | 0.7473 | 5.637 | 4.2124 | 0.2374 | 0.1774 |
| 6 | 1.419 | 0.7050 | 6.975 | 4.9173 | 0.2034 | 0.1434 |
| 7 | 1.504 | 0.6651 | 8.394 | 5.5824 | 0.1791 | 0.1191 |
| 8 | 1.594 | 0.6274 | 9.897 | 6.2098 | 0.1610 | 0.1010 |
| 9 | 1.689 | 0.5919 | 11.491 | 6.8071 | 0.1470 | 0.0870 |
| 10 | 1.791 | 0.5584 | 13.181 | 7.3601 | 0.1359 | 0.0759 |
| 11 | 1.898 | 0.5268 | 14.972 | 7.8869 | 0.1268 | 0.0668 |
| 12 | 2.012 | 0.4970 | 16.870 | 8.3839 | 0.1193 | 0.0593 |
| 13 | 2.133 | 0.4688 | 18.882 | 8.8527 | 0.1130 | 0.0530 |
| 14 | 2.261 | 0.4423 | 21.015 | 9.2956 | 0.1076 | 0.0476 |
| 15 | 2.397 | 0.4173 | 23.276 | 9.7123 | 0.1030 | 0.0430 |
| 16 | 2.540 | 0.3937 | 25.673 | 10.1059 | 0.0990 | 0.0390 |
| 17 | 2.693 | 0.3714 | 28.213 | 10.4773 | 0.0955 | 0.0355 |
| 18 | 2.854 | 0.3504 | 30.906 | 10.8276 | 0.0924 | 0.0324 |
| 19 | 3.026 | 0.3305 | 33.760 | 11.1581 | 0.0896 | 0.0296 |
| 20 | 3.207 | 0.3118 | 36.786 | 11.4699 | 0.0872 | 0.0272 |
| 21 | 3.400 | 0.2942 | 39.993 | 11.7641 | 0.0850 | 0.0250 |
| 22 | 3.604 | 0.2775 | 43.329 | 12.0461 | 0.0831 | 0.0231 |
| 23 | 3.820 | 0.2618 | 46.996 | 12.3034 | 0.0813 | 0.0213 |
| 24 | 4.049 | 0.2470 | 50.816 | 12.5504 | 0.0797 | 0.0197 |
| 25 | 4.292 | 0.2330 | 54.865 | 12.7834 | 0.0782 | 0.0182 |
| 26 | 4.549 | 0.2198 | 59.156 | 13.0032 | 0.0769 | 0.0169 |
| 27 | 4.822 | 0.2074 | 63.706 | 13.2105 | 0.0757 | 0.0157 |
| 28 | 5.112 | 0.1956 | 68.528 | 13.4062 | 0.0746 | 0.0146 |
| 29 | 5.418 | 0.1846 | 73.640 | 13.5907 | 0.0736 | 0.0136 |
| 30 | 5.744 | 0.1741 | 79.058 | 13.7648 | 0.0727 | 0.0127 |
| 31 | 6.088 | 0.1643 | 84.802 | 13.9291 | 0.0718 | 0.0118 |
| 32 | 6.453 | 0.1550 | 90.890 | 14.0841 | 0.0710 | 0.0110 |
| 33 | 6.841 | 0.1462 | 97.343 | 14.2302 | 0.0703 | 0.0103 |
| 34 | 7.251 | 0.1379 | 104.184 | 14.3682 | 0.0696 | 0.0096 |
| 35 | 7.686 | 0.1301 | 111.435 | 14.4983 | 0.0690 | 0.0090 |

学习记录

**8%的复利系数表** 附表4

| 年份 | 一次支付 | | 等额系列 | | | |
|---|---|---|---|---|---|---|
| n | F/P,i,n | P/F,i,n | F/A,i,n | P/A,i,n | A/P,i,n | A/F,i,n |
| 1 | 1.080 | 0.9259 | 1.000 | 0.9259 | 1.0800 | 1.0000 |
| 2 | 1.166 | 0.8573 | 2.080 | 1.7833 | 0.5608 | 0.4080 |
| 3 | 1.260 | 0.7938 | 3.246 | 2.5771 | 0.3880 | 0.3080 |
| 4 | 1.360 | 0.7350 | 4.506 | 3.3121 | 0.3019 | 0.2219 |
| 5 | 1.496 | 0.6806 | 5.867 | 3.9927 | 0.2505 | 0.1705 |
| 6 | 1.587 | 0.6302 | 7.336 | 4.6229 | 0.2163 | 0.1363 |
| 7 | 1.714 | 0.5835 | 8.923 | 5.2064 | 0.1921 | 0.1121 |
| 8 | 1.851 | 0.5403 | 10.637 | 5.7466 | 0.1740 | 0.0940 |
| 9 | 1.999 | 0.5003 | 12.488 | 6.2469 | 0.1601 | 0.0801 |
| 10 | 2.159 | 0.4632 | 14.487 | 6.7101 | 0.1490 | 0.0690 |
| 11 | 2.332 | 0.4289 | 16.645 | 7.1390 | 0.1401 | 0.0601 |
| 12 | 2.518 | 0.3971 | 18.977 | 7.5361 | 0.1327 | 0.0527 |
| 13 | 2.720 | 0.3677 | 21.459 | 7.8038 | 0.1265 | 0.0465 |
| 14 | 2.937 | 0.3405 | 24.215 | 8.2442 | 0.1213 | 0.0413 |
| 15 | 3.172 | 0.3153 | 27.152 | 8.5595 | 0.1168 | 0.0368 |
| 16 | 3.426 | 0.2919 | 30.324 | 8.8514 | 0.1130 | 0.0330 |
| 17 | 3.700 | 0.2703 | 33.750 | 9.1216 | 0.1096 | 0.0296 |
| 18 | 3.996 | 0.2503 | 37.450 | 9.3719 | 0.1067 | 0.0267 |
| 19 | 4.316 | 0.2317 | 41.446 | 9.6036 | 0.1041 | 0.0214 |
| 20 | 4.661 | 0.2146 | 45.762 | 9.8182 | 0.1019 | 0.0219 |
| 21 | 5.034 | 0.1987 | 50.423 | 10.0168 | 0.0998 | 0.0198 |
| 22 | 5.437 | 0.1840 | 55.457 | 10.2008 | 0.0980 | 0.0180 |
| 23 | 5.871 | 0.1703 | 60.893 | 10.3711 | 0.0964 | 0.0164 |
| 24 | 6.341 | 0.1577 | 66.765 | 10.5288 | 0.0950 | 0.0150 |
| 25 | 6.848 | 0.1460 | 73.106 | 10.6748 | 0.937 | 0.0137 |
| 26 | 7.396 | 0.1352 | 79.954 | 10.8100 | 0.0925 | 0.0125 |
| 27 | 7.988 | 0.1252 | 87.351 | 10.9352 | 0.0915 | 0.0115 |
| 28 | 8.627 | 0.1159 | 95.339 | 11.0511 | 0.0905 | 0.0105 |
| 29 | 9.317 | 0.1073 | 103.966 | 11.1584 | 0.0896 | 0.0096 |
| 30 | 10.063 | 0.0994 | 113.283 | 11.2578 | 0.0888 | 0.0088 |
| 31 | 10.868 | 0.0920 | 123.346 | 11.3498 | 0.0881 | 0.0081 |
| 32 | 11.737 | 0.0852 | 134.214 | 11.4350 | 0.0875 | 0.0075 |
| 33 | 12.676 | 0.0789 | 145.951 | 11.5139 | 0.0869 | 0.0069 |
| 34 | 13.690 | 0.0731 | 158.627 | 11.5869 | 0.0863 | 0.0063 |
| 35 | 14.785 | 0.0676 | 172.317 | 11.6546 | 0.0858 | 0.0058 |

学习记录

**10%的复利系数表** 附表5

| 年份 | 一次支付 | | 等额系列 | | | |
|---|---|---|---|---|---|---|
| $n$ | $F/P,i,n$ | $P/F,i,n$ | $F/A,i,n$ | $P/A,i,n$ | $A/P,i,n$ | $A/F,i,n$ |
| 1 | 1.100 | 0.9091 | 1.000 | 0.9091 | 1.1000 | 1.0000 |
| 2 | 1.210 | 0.8265 | 2.100 | 1.7355 | 0.5762 | 0.4762 |
| 3 | 1.331 | 0.7513 | 3.310 | 2.4869 | 0.4021 | 0.3021 |
| 4 | 1.464 | 0.6880 | 4.641 | 3.1699 | 0.3155 | 0.2155 |
| 5 | 1.611 | 0.6299 | 6.105 | 3.7908 | 0.2638 | 0.1638 |
| 6 | 1.772 | 0.5645 | 7.716 | 4.3553 | 0.2296 | 0.1296 |
| 7 | 1.949 | 0.5132 | 9.487 | 4.8684 | 0.2054 | 0.1054 |
| 8 | 2.144 | 0.4665 | 11.436 | 5.3349 | 0.1875 | 0.0875 |
| 9 | 2.358 | 0.4241 | 13.579 | 5.7590 | 0.1737 | 0.0737 |
| 10 | 2.594 | 0.3856 | 15.937 | 6.1446 | 0.1628 | 0.0628 |
| 11 | 2.853 | 0.3505 | 18.531 | 6.4951 | 0.1540 | 0.0540 |
| 12 | 3.138 | 0.3186 | 21.384 | 6.8137 | 0.1468 | 0.0468 |
| 13 | 3.452 | 0.2897 | 24.523 | 7.1034 | 0.1408 | 0.0408 |
| 14 | 3.798 | 0.2633 | 27.975 | 7.3667 | 0.1358 | 0.0358 |
| 15 | 4.177 | 0.2394 | 31.772 | 7.6061 | 0.1315 | 0.0315 |
| 16 | 4.595 | 0.2176 | 35.950 | 7.8237 | 0.1278 | 0.0278 |
| 17 | 5.054 | 0.1979 | 40.545 | 8.0216 | 0.1247 | 0.0247 |
| 18 | 5.560 | 0.1799 | 45.599 | 8.2014 | 0.1219 | 0.0219 |
| 19 | 6,116 | 0.1635 | 51.159 | 8.3649 | 0.1196 | 0.0196 |
| 20 | 6.728 | 0.1487 | 57.275 | 8.5136 | 0.1175 | 0.0175 |
| 21 | 7.400 | 0.1351 | 64.003 | 8.6487 | 0.1156 | 0.0156 |
| 22 | 8.140 | 0.1229 | 71.403 | 8.7716 | 0.1140 | 0.0140 |
| 23 | 8.954 | 0.1117 | 79.543 | 8.8832 | 0.1126 | 0.0126 |
| 24 | 9.850 | 0.1015 | 88.497 | 8.9848 | 0.1113 | 0.0113 |
| 25 | 10.835 | 0.0923 | 98.347 | 9.0771 | 0.1102 | 0.0102 |
| 26 | 11.918 | 0.0839 | 109.182 | 9.1610 | 0.1092 | 0.0092 |
| 27 | 13.110 | 0.0763 | 121.100 | 9.2372 | 0.1083 | 0.0083 |
| 28 | 14.421 | 0.0694 | 134.210 | 9.3066 | 0.1075 | 0.0075 |
| 29 | 15.863 | 0.0630 | 148.631 | 9.3696 | 0.1067 | 0.0067 |
| 30 | 17.449 | 0.0573 | 164.494 | 9.4269 | 0.1061 | 0.0061 |
| 31 | 19.194 | 0.0521 | 181.943 | 9.4790 | 0.1055 | 0.0055 |
| 32 | 21.114 | 0.0474 | 201.138 | 9.5264 | 0.1050 | 0.0050 |
| 33 | 23.225 | 0.0431 | 222.252 | 9.5694 | 0.1045 | 0.0045 |
| 34 | 25.548 | 0.0392 | 245.477 | 9.6086 | 0.1041 | 0.0041 |
| 35 | 28.102 | 0.0356 | 271.024 | 9.6442 | 0.1037 | 0.0037 |

学习记录

**12%的复利系数表**　　附表6

| 年份 | 一次支付 | | 等额系列 | | | |
|---|---|---|---|---|---|---|
| $n$ | $F/P,i,n$ | $P/F,i,n$ | $F/A,i,n$ | $P/A,i,n$ | $A/P,i,n$ | $A/F,i,n$ |
| 1 | 1.120 | 0.8929 | 1.000 | 0.8929 | 1.1200 | 1.0000 |
| 2 | 1.254 | 0.7972 | 2.120 | 1.6901 | 0.5917 | 0.4717 |
| 3 | 1.405 | 0.7118 | 3.374 | 2.4018 | 0.4164 | 0.2964 |
| 4 | 1.574 | 0.6355 | 4.779 | 3.0374 | 0.3292 | 0.2092 |
| 5 | 1.762 | 0.5674 | 6.353 | 3.6048 | 0.2774 | 0.1574 |
| 6 | 1.974 | 0.5066 | 8.115 | 4.1114 | 0.2432 | 0.1232 |
| 7 | 2.211 | 0.4524 | 10.089 | 4.5638 | 0.2191 | 0.0991 |
| 8 | 2.476 | 0.4039 | 12.300 | 4.9676 | 0.2013 | 0.0813 |
| 9 | 2.773 | 0.3606 | 14.776 | 5.3283 | 0.1877 | 0.0677 |
| 10 | 3.106 | 0.3220 | 17.549 | 5.6502 | 0.1770 | 0.0570 |
| 11 | 3.479 | 0.2875 | 20.655 | 5.9377 | 0.1684 | 0.0484 |
| 12 | 3.896 | 0.2567 | 24.133 | 6.1944 | 0.1614 | 0.0414 |
| 13 | 4.364 | 0.2292 | 28.029 | 6.4236 | 0.1557 | 0.0357 |
| 14 | 4.887 | 0.2046 | 32.393 | 6.6282 | 0.1509 | 0.0309 |
| 15 | 5.474 | 0.1827 | 37.280 | 6.8109 | 0.1468 | 0.0268 |
| 16 | 6.130 | 0.1631 | 42.752 | 6.9740 | 0.1434 | 0.0234 |
| 17 | 6.866 | 0.1457 | 48.884 | 7.1196 | 0.1405 | 0.0205 |
| 18 | 7.690 | 0.1300 | 55.750 | 7.2497 | 0.1379 | 0.0179 |
| 19 | 8.613 | 0.1161 | 63.440 | 7.3658 | 0.1358 | 0.0158 |
| 20 | 9.646 | 0.1037 | 72.052 | 7.4695 | 0.1339 | 0.0139 |
| 21 | 10.804 | 0.0926 | 81.699 | 7.5620 | 0.1323 | 0.0123 |
| 22 | 12.100 | 0.0827 | 92.503 | 7.6447 | 0.1308 | 0.0108 |
| 23 | 13.552 | 0.0738 | 104.603 | 7.7184 | 0.1296 | 0.0096 |
| 24 | 15.179 | 0.0659 | 118.155 | 7.7843 | 0.1285 | 0.0085 |
| 25 | 17.000 | 0.0588 | 133.334 | 7.8431 | 0.1275 | 0.0075 |
| 26 | 19.040 | 0.0525 | 150.334 | 7.8957 | 0.1267 | 0.0067 |
| 27 | 21.325 | 0.0469 | 169.374 | 7.9426 | 0.1259 | 0.0059 |
| 28 | 23.884 | 0.0419 | 190.699 | 7.9844 | 0.1253 | 0.0053 |
| 29 | 26.750 | 0.0374 | 214.583 | 8.0218 | 0.1247 | 0.0047 |
| 30 | 29.960 | 0.0334 | 421.333 | 8.0552 | 0.1242 | 0.0042 |
| 31 | 33.555 | 0.0298 | 271.293 | 8.0850 | 0.1237 | 0.0037 |
| 32 | 37.582 | 0.0266 | 304.848 | 8.1116 | 0.1233 | 0.0033 |
| 33 | 42.092 | 0.0238 | 342.429 | 8.1354 | 0.1229 | 0.0029 |
| 34 | 47.143 | 0.0212 | 384.521 | 8.1566 | 0.1226 | 0.0026 |
| 35 | 52.800 | 0.0189 | 431.664 | 8.1755 | 0.1223 | 0.0023 |

学习记录

**15%的复利系数表** 附表7

| 年份 | 一次支付 | | 等额系列 | | | |
|---|---|---|---|---|---|---|
| *n* | *F/P,i,n* | *P/F,i,n* | *F/A,i,n* | *P/A,i,n* | *A/P,i,n* | *A/F,i,n* |
| 1 | 1.150 | 0.8696 | 1.000 | 0.8696 | 1.1500 | 1.0000 |
| 2 | 1.323 | 0.7562 | 2.150 | 1.6257 | 0.6151 | 0.4651 |
| 3 | 1.521 | 0.6575 | 3.473 | 2.2832 | 0.4380 | 0.2880 |
| 4 | 1.749 | 0.5718 | 4.993 | 2.8550 | 0.3503 | 0.2003 |
| 5 | 2.011 | 0.4972 | 6.742 | 3.3522 | 0.2983 | 0.1483 |
| 6 | 2.313 | 0.4323 | 8.754 | 3.7845 | 0.2642 | 0.1142 |
| 7 | 2.660 | 0.3759 | 11.067 | 4.1604 | 0.2404 | 0.0904 |
| 8 | 3.059 | 0.3269 | 13.727 | 4.4873 | 0.2229 | 0.0729 |
| 9 | 3.518 | 0.2843 | 16.786 | 4.7716 | 0.2096 | 0.0596 |
| 10 | 4.046 | 0.2472 | 20.304 | 5.0188 | 0.1993 | 0.0493 |
| 11 | 4.652 | 0.2150 | 24.349 | 5.2337 | 0.1911 | 0.0411 |
| 12 | 5.350 | 0.1869 | 29.002 | 5.4206 | 0.1845 | 0.0345 |
| 13 | 6.153 | 0.1652 | 34.352 | 5.5832 | 0.1791 | 0.0291 |
| 14 | 7.076 | 0.1413 | 40.505 | 5.7245 | 0.1747 | 0.0247 |
| 15 | 8.137 | 0.1229 | 47.580 | 5.8474 | 0.1710 | 0.0210 |
| 16 | 9.358 | 0.1069 | 55.717 | 5.9542 | 0.1680 | 0.0180 |
| 17 | 10.761 | 0.0929 | 65.075 | 6.0472 | 0.1654 | 0.0154 |
| 18 | 12.375 | 0.0808 | 75.836 | 6.1280 | 0.1632 | 0.0123 |
| 19 | 14.232 | 0.0703 | 88.212 | 6.1982 | 0.1613 | 0.0113 |
| 20 | 16.367 | 0.0611 | 102.444 | 6.2593 | 0.1598 | 0.0098 |
| 21 | 18.822 | 0.0531 | 118.810 | 6.3125 | 0.1584 | 0.0084 |
| 22 | 21.645 | 0.0462 | 137.632 | 6.3587 | 0.1573 | 0.0073 |
| 23 | 24.891 | 0.0402 | 159.276 | 6.3988 | 0.1563 | 0.0063 |
| 24 | 28.625 | 0.0349 | 184.168 | 6.4338 | 0.1554 | 0.0054 |
| 25 | 32.919 | 0.0304 | 212.793 | 6.4642 | 0.1547 | 0.0047 |
| 26 | 37.857 | 0.0264 | 245.712 | 6.4906 | 0.1541 | 0.0041 |
| 27 | 43.535 | 0.0230 | 283.569 | 6.5135 | 0.1535 | 0.0035 |
| 28 | 50.066 | 0.0200 | 327.104 | 6.5335 | 0.1531 | 0.0031 |
| 29 | 57.575 | 0.0174 | 377.170 | 6.5509 | 0.1527 | 0.0027 |
| 30 | 66.212 | 0.0151 | 434.745 | 6.5660 | 0.1523 | 0.0023 |
| 31 | 76.144 | 0.0131 | 500.957 | 6.5791 | 0.1520 | 0.0020 |
| 32 | 87.565 | 0.0114 | 577.100 | 6.5905 | 0.1517 | 0.0017 |
| 33 | 100.700 | 0.0099 | 664.666 | 6.6005 | 0.1515 | 0.0015 |
| 34 | 115.805 | 0.0086 | 765.365 | 6.6091 | 0.1513 | 0.0013 |
| 35 | 133.176 | 0.0075 | 881.170 | 6.6166 | 0.1511 | 0.0011 |

学习记录

**20%的复利系数表**

附表8

| 年份 | 一次支付 | | 等额系列 | | | |
|---|---|---|---|---|---|---|
| $n$ | $F/P,i,n$ | $P/F,i,n$ | $F/A,i,n$ | $P/A,i,n$ | $A/P,i,n$ | $A/F,i,n$ |
| 1 | 1.200 | 0.8333 | 1.000 | 0.8333 | 1.2000 | 1.0000 |
| 2 | 1.440 | 0.6845 | 2.200 | 1.5278 | 0.6546 | 0.4546 |
| 3 | 1.728 | 0.5787 | 3.640 | 2.1065 | 0.4747 | 0.2747 |
| 4 | 2.074 | 0.4823 | 5.368 | 2.5887 | 0.3863 | 0.1963 |
| 5 | 2.488 | 0.4019 | 7.442 | 2.9906 | 0.3344 | 0.1344 |
| 6 | 2.986 | 0.3349 | 9.930 | 3.3255 | 0.3007 | 0.1007 |
| 7 | 3.583 | 0.2791 | 12.916 | 3.6046 | 0.2774 | 0.0774 |
| 8 | 4.300 | 0.2326 | 16.499 | 3.8372 | 0.2606 | 0.0606 |
| 9 | 5.160 | 0.1938 | 20.799 | 4.0310 | 0.2481 | 0.0481 |
| 10 | 6.192 | 0.1615 | 25.959 | 4.1925 | 0.2385 | 0.0385 |
| 11 | 7.430 | 0.1346 | 32.150 | 4.3271 | 0.2311 | 0.0311 |
| 12 | 8.916 | 0.1122 | 39.581 | 4.4392 | 0.2253 | 0.0253 |
| 13 | 10.699 | 0.0935 | 48.497 | 4.5327 | 0.2206 | 0.0206 |
| 14 | 12.839 | 0.0779 | 59.196 | 4.6106 | 0.2169 | 0.0169 |
| 15 | 15.407 | 0.0649 | 72.035 | 4.7655 | 0.2139 | 0.0139 |
| 16 | 18.488 | 0.0541 | 87.442 | 4.7296 | 0.2114 | 0.0114 |
| 17 | 22.186 | 0.0451 | 105.931 | 4.7746 | 0.2095 | 0.0095 |
| 18 | 26.623 | 0.0376 | 128.117 | 4.8122 | 0.2078 | 0.0078 |
| 19 | 31.948 | 0.0313 | 154.740 | 4.8435 | 0.2065 | 0.0065 |
| 20 | 38.338 | 0.0261 | 186.688 | 4.8696 | 0.2054 | 0.0054 |
| 21 | 46.005 | 0.0217 | 225.026 | 4.8913 | 0.2045 | 0.0045 |
| 22 | 55.206 | 0.0181 | 271.031 | 4.9094 | 0.2037 | 0.0037 |
| 23 | 66.247 | 0.0151 | 326.237 | 4.9245 | 0.2031 | 0.0031 |
| 24 | 79.497 | 0.0126 | 392.484 | 4.9371 | 0.2026 | 0.0026 |
| 25 | 95.396 | 0.0105 | 471.981 | 4.9476 | 0.2021 | 0.0021 |
| 26 | 114.475 | 0.0087 | 567.377 | 4.9563 | 0.2018 | 0.0018 |
| 27 | 137.371 | 0.0073 | 681.853 | 4.9636 | 0.2015 | 0.0015 |
| 28 | 164.845 | 0.0061 | 819.223 | 4.9697 | 0.2012 | 0.0012 |
| 29 | 197.814 | 0.0051 | 984.068 | 4.9747 | 0.2010 | 0.0010 |
| 30 | 237.376 | 0.0042 | 1181.882 | 4.9789 | 0.2009 | 0.0009 |
| 31 | 284.852 | 0.0035 | 1419.258 | 4.9825 | 0.2007 | 0.0007 |
| 32 | 341.822 | 0.0029 | 1704.109 | 4.9854 | 0.2006 | 0.0006 |
| 33 | 410.186 | 0.0024 | 2045.931 | 4.9878 | 0.2005 | 0.0005 |
| 34 | 492.224 | 0.0020 | 2456.118 | 4.9899 | 0.2004 | 0.0004 |
| 35 | 590.668 | 0.0017 | 2948.341 | 4.9915 | 0.2003 | 0.0003 |

学习记录

**25%的复利系数表** 附表9

| 年份 | 一次支付 | | 等额系列 | | | |
|---|---|---|---|---|---|---|
| *n* | *F/P,i,n* | *P/F,i,n* | *F/A,i,n* | *P/A,i,n* | *A/P,i,n* | *A/F,i,n* |
| 1 | 1.250 | 0.8000 | 1.000 | 0.8000 | 1.2500 | 1.0000 |
| 2 | 1.563 | 0.6400 | 2.250 | 1.4400 | 0.6945 | 0.4445 |
| 3 | 1.953 | 0.5120 | 3.813 | 1.9520 | 0.5123 | 0.2623 |
| 4 | 2.441 | 0.4096 | 5.766 | 2.3616 | 0.4235 | 0.1735 |
| 5 | 3.052 | 0.3277 | 8.207 | 2.6893 | 0.3719 | 0.1219 |
| 6 | 3.815 | 0.2622 | 11.259 | 2.9514 | 0.3388 | 0.0888 |
| 7 | 4.678 | 0.2097 | 15.073 | 3.1611 | 0.3164 | 0.0664 |
| 8 | 5.960 | 0.1678 | 19.842 | 3.3289 | 0.3004 | 0.0504 |
| 9 | 7.451 | 0.1342 | 25.802 | 3.4631 | 0.2888 | 0.0388 |
| 10 | 9.313 | 0.1074 | 33.253 | 3.5705 | 0.2801 | 0.0301 |
| 11 | 11.642 | 0.0859 | 42.566 | 3.6564 | 0.2735 | 0.0235 |
| 12 | 14.552 | 0.0687 | 54.208 | 3.7251 | 0.2685 | 0.0185 |
| 13 | 18.190 | 0.0550 | 68.760 | 3.7801 | 0.2646 | 0.0146 |
| 14 | 22.737 | 0.0440 | 86.949 | 3.8241 | 0.2615 | 0.0115 |
| 15 | 28.422 | 0.0352 | 109.687 | 3.8593 | 0.2591 | 0.0091 |
| 16 | 35.527 | 0.0282 | 138.109 | 3.8874 | 0.2573 | 0.0073 |
| 17 | 44.409 | 0.0225 | 173.636 | 3.9099 | 0.2558 | 0.0058 |
| 18 | 55.511 | 0.0180 | 218.045 | 3.9280 | 0.2546 | 0.0046 |
| 19 | 69.389 | 0.0144 | 273.556 | 3.9424 | 0.2537 | 0.0037 |
| 20 | 86.736 | 0.0115 | 342.945 | 3.9539 | 0.2529 | 0.0029 |
| 21 | 108.420 | 0.0092 | 429.681 | 3.9631 | 0.2523 | 0.0023 |
| 22 | 135.525 | 0.0074 | 538.101 | 3.9705 | 0.2519 | 0.0019 |
| 23 | 169.407 | 0.0059 | 673.626 | 3.9764 | 0.2515 | 0.0015 |
| 24 | 211.758 | 0.0047 | 843.033 | 3.9811 | 0.2511 | 0.0012 |
| 25 | 264.698 | 0.0038 | 1054.791 | 3.9849 | 0.2510 | 0.0010 |
| 26 | 330.872 | 0.0030 | 1319.489 | 3.9879 | 0.2508 | 0.0008 |
| 27 | 413.590 | 0.0024 | 1650.361 | 3.9903 | 0.2506 | 0.0006 |
| 28 | 516.988 | 0.0019 | 2063.952 | 3.9923 | 0.2505 | 0.0005 |
| 29 | 646.235 | 0.0016 | 2580.939 | 3.9938 | 0.2504 | 0.0004 |
| 30 | 807.794 | 0.0012 | 3227.174 | 3.9951 | 0.2503 | 0.0003 |
| 31 | 1009.742 | 0.0010 | 4034.968 | 3.9960 | 0.2503 | 0.0003 |
| 32 | 1262.177 | 0.0008 | 5044.710 | 3.9968 | 0.2502 | 0.0002 |
| 33 | 1577.722 | 0.0006 | 6306.887 | 3.9975 | 0.2502 | 0.0002 |
| 34 | 1972.152 | 0.0005 | 788.609 | 3.9980 | 0.2501 | 0.0001 |
| 35 | 2465.190 | 0.0004 | 9856.761 | 3.9984 | 0.2501 | 0.0001 |

**30%的复利系数表**

附表 10

学习记录

| 年份 | 一次支付 | | 等额系列 | | | |
|---|---|---|---|---|---|---|
| *n* | *F/P,i,n* | *P/F,i,n* | *F/A,i,n* | *P/A,i,n* | *A/P,i,n* | *A/F,i,n* |
| 1 | 1.300 | 0.7692 | 1.000 | 0.7692 | 1.3000 | 1.0000 |
| 2 | 1.690 | 0.5917 | 2.300 | 1.3610 | 0.7348 | 0.4348 |
| 3 | 2.197 | 0.4552 | 3.990 | 1.8161 | 0.5506 | 0.2506 |
| 4 | 2.856 | 0.3501 | 6.187 | 2.1663 | 0.4616 | 0.1616 |
| 5 | 3.713 | 0.2693 | 9.043 | 2.4356 | 0.4106 | 0.1106 |
| 6 | 4.827 | 0.2072 | 12.756 | 2.6428 | 0.3784 | 0.0784 |
| 7 | 6.275 | 0.1594 | 17.583 | 2.8021 | 0.3569 | 0.0569 |
| 8 | 8.157 | 0.1226 | 23.858 | 2.9247 | 0.3419 | 0.0419 |
| 9 | 10.605 | 0.0943 | 32.015 | 3.0190 | 0.3321 | 0.0312 |
| 10 | 13.786 | 0.0725 | 42.620 | 3.0915 | 0.3235 | 0.0235 |
| 11 | 17.922 | 0.0558 | 65.405 | 3.1473 | 0.3177 | 0.0177 |
| 12 | 23.298 | 0.0429 | 74.327 | 3.1903 | 0.3135 | 0.0135 |
| 13 | 30.288 | 0.0330 | 97.625 | 3.2233 | 0.3103 | 0.0103 |
| 14 | 39.374 | 0.0254 | 127.913 | 3.2487 | 0.3078 | 0.0078 |
| 15 | 51.186 | 0.0195 | 167.286 | 3.2682 | 0.3060 | 0.0060 |
| 16 | 66.542 | 0.0150 | 218.472 | 3.2832 | 0.3046 | 0.0046 |
| 17 | 86.504 | 0.0116 | 285.014 | 3.2948 | 0.3035 | 0.0035 |
| 18 | 112.455 | 0.0089 | 371.518 | 3.3037 | 0.3027 | 0.0027 |
| 19 | 146.192 | 0.0069 | 483.973 | 3.3105 | 0.3021 | 0.0021 |
| 20 | 190.050 | 0.0053 | 630.165 | 3.3158 | 0.3016 | 0.0016 |
| 21 | 247.065 | 0.0041 | 820.215 | 3.3199 | 0.3012 | 0.0012 |
| 22 | 321.184 | 0.0031 | 1067.280 | 3.3230 | 0.3009 | 0.0009 |
| 23 | 417.539 | 0.0024 | 1388.464 | 3.3254 | 0.3007 | 0.0007 |
| 24 | 542.801 | 0.0019 | 1806.003 | 3.3272 | 0.3006 | 0.0006 |
| 25 | 705.641 | 0.0014 | 2348.803 | 3.3286 | 0.3004 | 0.0004 |
| 26 | 917.333 | 0.0011 | 3054.444 | 3.3297 | 0.3003 | 0.0003 |
| 27 | 1192.533 | 0.0008 | 3971.778 | 3.3305 | 0.3003 | 0.0003 |
| 28 | 1550.293 | 0.0007 | 5164.311 | 3.3312 | 0.3002 | 0.0002 |
| 29 | 2015.381 | 0.0005 | 6714.604 | 3.3317 | 0.3002 | 0.0002 |
| 30 | 2619.996 | 0.0004 | 8729.985 | 3.3321 | 0.3001 | 0.0001 |
| 31 | 3405.994 | 0.0003 | 11349.981 | 3.3324 | 0.3001 | 0.0001 |
| 32 | 4427.793 | 0.0002 | 14755.975 | 3.3326 | 0.3001 | 0.0001 |
| 33 | 5756.130 | 0.0002 | 19183.768 | 3.3328 | 0.3001 | 0.0001 |
| 34 | 7482.970 | 0.0001 | 24939.899 | 3.3329 | 0.3001 | 0.0001 |
| 35 | 9727.860 | 0.0001 | 32422.868 | 3.3330 | 0.3000 | 0.0000 |

学习记录

**40%的复利系数表** 附表11

| 年份 | 一次支付 | | 等额系列 | | | |
|---|---|---|---|---|---|---|
| *n* | *F/P,i,n* | *P/F,i,n* | *F/A,i,n* | *P/A,i,n* | *A/P,i,n* | *A/F,i,n* |
| 1 | 1.400 | 0.7143 | 1.000 | 0.7143 | 1.4001 | 1.0001 |
| 2 | 1.960 | 0.5103 | 2.400 | 1.2245 | 0.8167 | 0.4167 |
| 3 | 2.744 | 0.3654 | 4.360 | 1.5890 | 0.6294 | 0.2294 |
| 4 | 3.842 | 0.2604 | 7.104 | 1.8493 | 0.5408 | 0.1408 |
| 5 | 5.378 | 0.1860 | 10.946 | 2.0352 | 0.4914 | 0.0914 |
| 6 | 7.530 | 0.1329 | 16.324 | 2.1680 | 0.4613 | 0.0613 |
| 7 | 10.541 | 0.0949 | 23.853 | 2.2629 | 0.4420 | 0.0420 |
| 8 | 14.758 | 0.0678 | 34.395 | 2.3306 | 0.4291 | 0.0291 |
| 9 | 20.661 | 0.0485 | 49.153 | 2.3790 | 0.4204 | 0.0204 |
| 10 | 28.925 | 0.0346 | 69.814 | 2.4136 | 0.4144 | 0.0144 |
| 11 | 40.496 | 0.0247 | 98.739 | 2.4383 | 0.4102 | 0.0102 |
| 12 | 56.694 | 0.0177 | 139.234 | 2.4560 | 0.4072 | 0.0072 |
| 13 | 79.371 | 0.0126 | 195.928 | 2.4686 | 0.4052 | 0.0052 |
| 14 | 111.120 | 0.0090 | 275.299 | 2.4775 | 0.4037 | 0.0037 |
| 15 | 155.568 | 0.0065 | 386.419 | 2.4840 | 0.4026 | 0.0026 |
| 16 | 217.794 | 0.0046 | 541.986 | 2.4886 | 0.4019 | 0.0019 |
| 17 | 304.912 | 0.0033 | 759.780 | 2.4918 | 0.4014 | 0.0014 |
| 18 | 426.877 | 0.0024 | 104.691 | 2.4942 | 0.4010 | 0.0010 |
| 19 | 597.627 | 0.0017 | 1491.567 | 2.4959 | 0.4007 | 0.0007 |
| 20 | 836.678 | 0.0012 | 2089.195 | 2.4971 | 0.4005 | 0.0005 |
| 21 | 1171.348 | 0.0009 | 2925.871 | 2.4979 | 0.4004 | 0.0004 |
| 22 | 1639.887 | 0.0007 | 4097.218 | 2.4985 | 0.4003 | 0.0003 |
| 23 | 2295.842 | 0.0005 | 5373.105 | 2.4990 | 0.4002 | 0.0002 |
| 24 | 3214.178 | 0.0004 | 8032.945 | 2.4993 | 0.4002 | 0.0002 |
| 25 | 4499.847 | 0.0003 | 11247.110 | 2.4995 | 0.4001 | 0.0001 |
| 26 | 6299.785 | 0.0002 | 15746.960 | 2.4997 | 0.4001 | 0.0001 |
| 27 | 8819.695 | 0.0002 | 22046.730 | 2.4998 | 0.4001 | 0.0001 |
| 28 | 12347.570 | 0.0001 | 30866.430 | 2.4998 | 0.4001 | 0.0001 |
| 29 | 17286.590 | 0.0001 | 43213.990 | 2.4999 | 0.4001 | 0.0001 |
| 30 | 24201.230 | 0.0001 | 60500.580 | 2.4999 | 0.4001 | 0.0001 |

**45%的复利系数表**

附表 12

学习记录

| 年份 | 一次支付 | | 等额系列 | | | |
|---|---|---|---|---|---|---|
| n | F/P,i,n | P/F,i,n | F/A,i,n | P/A,i,n | A/P,i,n | A/F,i,n |
| 1 | 1.4500 | 0.6897 | 1.0000 | 0.690 | 1.45000 | 1.00000 |
| 2 | 2.1025 | 0.4756 | 2.450 | 1.165 | 0.85816 | 0.40816 |
| 3 | 3.0486 | 0.3280 | 4.552 | 1.493 | 0.66966 | 0.21966 |
| 4 | 4.4205 | 0.2262 | 7.601 | 1.720 | 0.58156 | 0.13156 |
| 5 | 6.4097 | 0.1560 | 12.022 | 1.867 | 0.53318 | 0.08318 |
| 6 | 9.2941 | 0.1076 | 18.431 | 1.983 | 0.50426 | 0.05426 |
| 7 | 13.4765 | 0.0742 | 27.725 | 2.057 | 0.48607 | 0.03607 |
| 8 | 19.5409 | 0.0512 | 41.202 | 2.109 | 0.47427 | 0.02427 |
| 9 | 28.3343 | 0.0353 | 60.743 | 2.144 | 0.46646 | 0.01646 |
| 10 | 41.0847 | 0.0243 | 89.077 | 2.168 | 0.46123 | 0.01123 |
| 11 | 59.5728 | 0.0168 | 130.162 | 2.158 | 0.45768 | 0.00768 |
| 12 | 86.3806 | 0.0116 | 189.735 | 2.196 | 0.45527 | 0.00527 |
| 13 | 125.2518 | 0.0080 | 267.115 | 2.024 | 0.45326 | 0.00362 |
| 14 | 181.6151 | 0.0055 | 401.367 | 2.210 | 0.45249 | 0.00249 |
| 15 | 263.3419 | 0.0038 | 582.982 | 2.214 | 0.45172 | 0.00172 |
| 16 | 381.8458 | 0.0026 | 846.324 | 2.216 | 0.45118 | 0.00118 |
| 17 | 553.6764 | 0.0018 | 1228.170 | 2.218 | 0.45081 | 0.00081 |
| 18 | 802.8308 | 0.0012 | 1781.846 | 2.219 | 0.45056 | 0.00056 |
| 19 | 1164.1047 | 0.0009 | 2584.677 | 2.220 | 0.45039 | 0.00039 |
| 20 | 1687.9518 | 0.0006 | 3748.782 | 2.221 | 0.45027 | 0.00027 |
| 21 | 2447.5301 | 0.0004 | 5436.743 | 2.221 | 0.45018 | 0.00018 |
| 22 | 3548.9187 | 0.0003 | 7884.246 | 2.222 | 0.45013 | 0.00013 |
| 23 | 5145.9321 | 0.0002 | 11433.182 | 2.222 | 0.45009 | 0.00009 |
| 24 | 7461.6015 | 0.0001 | 16579.115 | 2.222 | 0.45006 | 0.00006 |
| 25 | 10819.322 | 0.0001 | 24040.716 | 2.222 | 0.45004 | 0.00004 |
| 26 | 15688.017 | 0.0001 | 34860.038 | 2.222 | 0.45003 | 0.00003 |
| 27 | 22747.625 | 0.0000 | 50548.056 | 2.222 | 0.45002 | 0.00002 |
| 28 | 32984.056 | | 73295.681 | 2.222 | 0.45001 | 0.00001 |
| 29 | 47826.882 | | 106279.74 | 2.222 | 0.45001 | 0.00001 |
| 30 | 69348.978 | | 154106.62 | 2.222 | 0.45001 | 0.00001 |

# 参 考 文 献

[1] 投资项目可行性研究指南编写组.投资项目可行性研究指南(试用版)[M].北京:中国电力出版社,2002.

[2] 国家发改委,建设部.建设项目经济评价方法与参数[M].3版.北京:中国计划出版社,2006.

[3] 王恩茂.工程经济学[M].北京:科学出版社,2010.

[4] 宋伟,王恩茂.工程经济学[M].北京:人民交通出版社,2007.

[5] 刘晓君,王恩茂,等.工程经济学[M].2版.北京:中国建筑工业出版社,2008.

[6] 全国造价工程师执业资格考试培训教材编审委员会[M].工程造价计价与控制.北京:中国计划出版社,2014.

[7] 全国注册咨询工程师(投资)资格考试参考教材编写委员会.项目决策分析与评价[M].北京:中国计划出版社,2009.

[8] 虞和锡.工程经济学[M].北京:中国计划出版社,2002.

[9] 谭大璐.工程经济学[M].武汉:武汉理工大学出版社,2008.

[10] 赵国杰.工程经济学[M].天津:天津大学出版社,2003.

[11] 朱国防.工程经济学[M].天津:天津大学出版社,2007.

[12] 黄有亮.工程经济学[M].2版.南京:东南大学出版社,2006.

[13] 杜春艳.工程经济学[M].武汉:华中科技大学出版社,2007.

[14] 武献华.工程经济学[M].大连:东北财经大学出版社,2002.

[15] 李南.工程经济学[M].2版.北京:科学出版社,2006.

[16] 王克强.工程经济学[M].上海:上海财经大学出版社,2004.

[17] 杜栋,庞庆华.现代综合评价方法与案例精选[M].北京:清华大学出版社,2005.

[18] 尹贻林,王恩茂.建设工程项目价值管理[M].天津:天津人民出版社,2006.

[19] William G Sullivan, Elin M Wicks, James T Luxhoj. Engineering Economy (Twelfth Edition) [M].北京:清华大学出版社,2004.